【抗日文藝】

抗戰木刻選

資料提供／梅丁衍

封面：李樺〈疏散 〉，（年代未明），21x14.5cm

上圖：劉崙〈同志！還有一個在這裡〉，（年代未明），23.5x15cm

張慧〈敵機轟廣州〉
1938, 13.1x18.3cm

林仰崢〈神聖的教堂〉
1942, 21x33cm

萬湜思〈炸後〉
1939, 17.4x12.5cm

羅清楨〈霧中行進〉
1937, 14.5x10.5cm

（作者不明）〈血戰清紗帳〉
1940, 11x16cm

荒煙〈搜索殘敵〉
1941，22.4x15cm

陸田〈巷戰〉
1943, 19.5x15cm

蔡迪之〈桂林緊急疏散時的北站 〉
1945, 32.5x23cm

謝梓文〈與民休息〉
（年代未明）, 14x11.5cm

1945

黃榮燦〈勝利的黎明〉
1945,（尺寸不明）

彥函〈當敵人搜山的時候〉
1943, 22x18.5cm

人間思想與創作叢刊
2007・夏

學習楊逵精神

〈出發之前〉 朱鳴岡 1939

人間出版社

目錄

【楊逵的文藝戰線】

【胡風與中日文學交流】

【日本法西斯批判與再出發】

【新美日帝國主義批判】

編輯旨趣

編輯部

今年恰是七七·蘆溝橋事變的七十週年，只要是關心歷史關心現實變化的人，必然會有一番感慨；感慨現實世界正走到一個複雜的歧路口時，歷史卻急速地風化，被解構被虛構化了。一個失掉歷史意識的現實世界，一個不知以史爲鑑的社會，將不知何去何從令人擔憂。在台灣，十多年來連國民黨式的教條式的「七七紀念」都已偃鼓終息了，更不要談其他，只剩下中國統一聯盟每年還維繫一個小紀念活動。至於新版歷史教科書中有關「七七」的記載，在「去中國化」的逆潮中，在「台灣論」的風靡中，想必早已形骸化了。甚至在知識社群中一提到「紀念七七」都會被嗤之以鼻，可見它被邊緣化的嚴重程度了。造成這種結果的原因很多，最重要的還是國民黨長期的民族主義式的歷史宣傳和歷史教育，使「七七」教條化僵弊化，只停格在戰爭事件的紀事層次，沒有時代、社會、和文化的觀點，更缺少理解日本軍國主義後的日本社會的視野，這種喪失了歷史生機的七七論，當然容易被遺忘被風化。

「七七」七十週年，對我們中國人來說也許像六十週年、五十週年一樣只是年代不同，但對日本來說卻有特別的意義。從日本的現代化觀點來看，一九三七年恰好是明治維新模仿歐美現代化的七十年，由於不徹底的現代化使社會內部積累了許多矛盾，爲了解決社會內部矛盾終於走上對中國侵略的不歸路，從一九三七年七七事變算起，又是第二個七十年，這期間日本經歷了侵略戰爭、敗戰、親美的經濟發展，終又走上了與戰前相近的道路，社會矛盾增大也產生了社會總保守化的現象。日本經歷的兩個七十年的現代化的成或敗，對我國的現代化來說應是寶貴的借鑑，特別是開放改革後的中國大陸更應該認眞看待日本的現代化的利弊。從這個角度來紀念七七的七十週年，才會有新的廣闊的視野，對今日的問題才會有更積極的意義。

本期的最大特色是刊登了三篇最新出土的楊逵佚文，以及一篇胡風的佚文。前二篇〈對「新日本主義」的一些質問〉和〈期待於綜合雜誌的地方〉是橫地剛先生提供的，再加上另一篇重新翻譯過的〈「第三代」及其他〉，就構成了一九三七年「七七」前後旅日期間的楊逵，如何以一個殖民地作家的立場觀察和批評保守化的日本文壇、文化界的全貌。同時也可以看到，楊逵在東京讀了蕭軍的《第三代》以及胡風的〈我的心境〉等等的中國文學作品後，所流露出來的對中國作家的親近和稱譽，並再三以中國作家的觀點批評日本的作家與文壇。橫地剛的力作〈讀《第三代》及其他〉，以他對七七前後日本文壇文化背景的理解功力，和對中國文學的素養，深刻地解析了楊逵在七七前後的思想，施淑的〈土匪和馬賊的背後──楊逵一九三七〉以她近年對「滿洲文學」的精研，明確地掌握了楊逵與蕭軍文學思想底流共通的水脈，它就是同樣站在受欺壓者立場的文學。我們特別刊登了陳映眞在二〇〇四年大陸作協（在廣西南寧）主辦的「楊逵文學研討會」上發表的〈學習楊逵精神〉一文，也以之作爲本專輯的標題，祈望他早日康復重拾巨筆。我們也轉載了大陸學者樊洛平、趙稀方的兩篇有關楊逵的專論，謹此感謝他們對台灣文學研究付出的努力。

楊逵和胡風這兩位中國文學的重要作家，因爲帝國主義的侵略和民族內戰的歷史悲劇，雖然在文學上早已相知相識相惜，卻只能隔著海峽相望，終其生涯無法相見，這是人類文明史上少有的民族悲劇。胡風在晚年寫過二篇追念楊逵的文章，一是〈介紹兩位台灣作家──楊逵與呂赫若〉，另一是〈悼楊逵先生〉。胡風令媛也寫了〈神交五十年相見在九泉〉，文中提到胡風於一九八五年八月三十日在北京人民大會堂台灣廳參加了楊逵追思會上，寫了〈悼楊逵先生〉後，不過數月竟也溘然去世！這短文也是胡風在世的最後一篇發言了。有名的上海作家、編輯家、評論家范泉，在台灣光復不久爆發二二八事件時聽聞到楊逵失踪了，內心十分憂慮遂發表了〈記楊逵〉一文，是一篇珍貴的史料，我們也把該文收入。上述四篇大陸作家的追思文擴大了我們對楊逵的感性認識。

另一篇最新出土的楊逵佚文〈六月十七日前後——紀念忠烈祠典禮〉，是抗戰勝利；日本投降，台灣光復的時代大鉅變後的一九四六年六月十七日，楊逵在參加新竹縣桃園忠烈祠（當時桃園還未設縣只是鎮仍隸屬新竹縣）「台灣革命先烈」奉安典禮時，發表在《台灣新生報》的一篇文章。這篇文章與前三篇（包括〈《第三代》及其他〉）楊逵寫於日本發動全面侵華戰爭前夜的作品相對照，更可以比較完整映照出楊逵的抗日感情。寫這篇文章之時，楊逵是光復後成立的「台灣革命先烈遺族救援會」的副總幹事，到全島各地訪問慰問先烈遺族進行救援。為了使讀者更清楚理解該文的背景，我們也刊載了當時的二篇史料，一是當時新竹縣長劉啓光的〈「台灣革命先烈遺族救援會」的使命〉，另一是〈台灣革命先烈芳名錄〉這是光復後首度由日據期台灣抗日運動者的手親自完成的工作，把因抗日而犧牲，曾被殖民統治者敵稱「匪」的同志平反為「革命烈士」並奉安於忠烈祠，彰顯了「民族正氣」。關於光復後這二類追悼革命烈士事蹟的活動，官士生的〈奪回我們的歷史〉一文有專門的介紹。

從一九三七年的前二年起，魯迅先生去世前曾積極領導推動中日兩國的文學交流，魯迅先生去世後由胡風接手繼續推動。在七七事件爆發後，胡風曾以日文寫了推動中日文學交流的一些感觸〈我的心境〉，這也是一篇長期未有人發現的佚文，最近該文出土了，由張明杰先生翻譯成中文，曉風女士寫了一篇〈從胡風的一篇佚文看中日兩國作家聯合推動中日文學交流工作〉附上了胡風的這篇佚文，發表在二〇〇六年八月號的《魯迅研究月刊》上。這篇短文讓我們看到在日本軍國主義支配一切的狂暴年代，仍然有一批中日文學工作者、人民作家在戮力推動兩國的文學交流，增進兩國人民的互相理解。因此當時在日本的楊逵得以感受到這股力量，或許受到了鼓舞寫出了〈模範村〉和前載的評論。我們轉載了前述胡風的佚文和令媛曉風女士的文章。橫地先生特爲曉風的文章寫了一篇注釋，以補強讀者對該文的理解。

由於橫地先生的大力推薦，並得到作者的首肯，我們刊載了日本學者胡風研究家近藤龍哉先生的大作〈胡風與矢崎彈——以中日戰爭爆發前夕的雜誌《星座》的嘗試爲主〉，該文全面且深刻地論析了當年中日兩國文學、作家交流的實際情況。大大開啓了我們對「七七」的視野，通過對文學和人的認識，解開我們僵化的「七七」觀點。這是編輯部推荐的一篇必讀論文，特別感謝近藤先生的慨然協助。爲了進一步理解背景，我們也刊載了胡風當年在報紙看到了《星座》被禁刊、編輯矢崎彈被捕的消息後，在他編的《七月》（一九三七年十月十六日出刊）寫的〈憶矢崎彈——向摧殘文化的野蠻的日本政府抗議〉一文，從中更讓我們血肉地感受到「七七事變」殘暴的事實，它不只把槍向著中國人民，也向著日本人民。

爲了紀念「七七」，只看「七七」是不夠的。因爲歷史不會停格，它一直向前進展。本專輯的後半部就是想呈現「七七」以來七十年間歷史詭譎的軌跡，從日本戰敗投降後經過短暫的民族民主勢力勝利的歡唱和對法西斯主義的全面反省與批判，不到一年，戰後世界新霸主——美國，獨佔了亞洲人民以血淚贏得的勝利，在美蘇對立激化的歷史過程中，美國在日本東亞的占領代表麥克阿瑟，壓制日本的新民主力量，再度扶植日本保守勢力的復興，保留日本社會中軍國主義殘餘的爐火，到了一九八五年中曾根首相倡導「戰後總結算」並參拜了日本帝國主義總象徵的靖國神社，當時有一位日本評論家形容說：「又好像回到了戰前」。自此日本加速度地進行了歷史大迴旋。

日本投降，台灣光復後，在台日軍日人共一百五十萬人都成了日俘日僑，在一九四六年十月開始遣返之前，他們經歷了異常的心靈煎熬，不難想像有各種各樣的「戰後」的精神出發，其中不乏有徹底反省的人，本刊選載了一篇木俣秋水的〈反法西斯宣言〉，作為新生日本的聲音。當然付出了五十年國破家亡慘重犧牲的台灣人，在光復後是最有資格說話的，他們如何看待戰敗的日本，對曾經高高在上的壓迫者殖民者他們說了什麼？我們選了幾篇最有代表性的文章，王白淵的〈給日本人諸君〉、李純清的〈給日本人民〉，宋斐如的〈日本軍事法西斯論〉，每一篇都是上上之作，精闢入裡，隔了七十年仍然力透紙背，對我們的歷史認識有振聾啓聵之效。

然而，歷史總是經常隨著掌握最大生產力和物質力量的人們的意志走的。一九四六年四月如此意氣昂揚地寫了〈給日本人諸君〉的王白淵，另一方面也在同年四月看了日本總選舉的結果後寫了〈日本總選舉的結果與今後的政治動向〉，在該文結尾說：

「如此看來，所謂『日本的無血革命』在今日也不得不成空談，只不過是痴人之夢，歷史的進步總是緩慢的，也可以看到人類的理念不是那麼容易變革的，日本的民主化不是馬上可以在敗戰的廢墟重建的，實際上須要長久的忍耐和努力……同時也十分期望麥克那瑟司令部對這問題有恰當的施策。」

但是，麥克阿瑟最終是戰後新世界主人——美國的代表，過了一九四六年六月十七日以後，東西美蘇的對立快速朝向冷戰的方向變化，一直到一九四七年年初美國發出了「冷戰宣言」之前，日本的局勢已開始惡化，我們選刊了那段期間有代表性文章〈論日本的再起〉、〈日本民主的內幕〉、〈麥帥的日本控制〉、〈向麥克阿瑟抗議〉，其中〈向麥克阿瑟抗議〉是台灣人針對當時在日美軍對「澀谷事件」的不公判決，以堂堂正正的態度，義正嚴詞的批判了麥克阿瑟的野蠻作風，可說是「空前絕後」的反美言論。

我們也特別轉載了一九八五年西德總統維茨哲卡的一篇有名的演講〈對過去閉目的人必對現在盲目〉，雖然是對德國人民的演講，但它提出的觀點卻是普世不變的道理。還有面對今日日本急速的右轉，我們摘錄了日本山口大學教授纐纈厚先生的〈新日本軍國主義的新階段〉；並請林書楊先生爲這本研究新日本軍國主義的力作寫了一篇簡潔扼要的書序。林書揚先生翻譯日本學者押村高的〈超強者在戰慄〉則是一篇波瀾壯闊的對美帝國主義批判的宏論。感謝「台灣日本綜合研究所」的李中邦先生，在百忙之中替我們寫了一篇〈戰後的日本愈來愈有戰前的味道〉，全面介紹了日本社會各方面的異常變化，保守勢力從各方面快速支配日本社會的現狀。

由於本期主要集中在歷史問題，因此「文藝創作」顯得不足，幸好有施善繼先生的系列作品〈毒蘋果札記〉，大江健三郎著名的演講〈始於絕望的希望〉，張學鋒先生的〈尾崎秀實與中國〉，使文藝欄有了值得再三閱讀的內容。

本專輯日譯文太多且日本朋友的作品占了很大的篇幅，本地的創作論文太少，文藝創作也薄弱，這是很明顯的不足。

然而，七七抗戰畢竟是中日兩國的歷史問題，大家應站在共同促進兩國人民交流立場，從中學習知識和互相關懷，攜手共築中日兩國人民友好的長城，就像七十年前魯迅、楊逵、胡風以及許多日本進步的文學家的心願一樣。

最後要感謝梅丁衍教授辛苦替我們選輯的「抗戰木刻選」，使本刊更具有歷史的深度。

二〇〇七年六月二十日

【最新出土楊逵佚文】

對「新日本主義」的一些質問

楊逵 著
曾健民 譯

編者叫我寫些有關「新日本主義的謬誤」，或者像「民族主義的缺陷」這類的文章；對這些問題，我並不十分瞭解。雖然我知道，現在正在大力倡導「新日本主義」的東西；我也聽到了，最近成立了「新日本文化會」的消息，然而，不管是那一個，因爲它們都沒說清楚成立宗旨，我怎麼左思右想還是無法完全領會。

也許是像我這種不懂世事的鄉下人先天愚鈍，連那沒有政策政綱的林內閣的「庶政一新」的口號也不懂，對我來說，現在才開始要找綱領的「新日本文化會」，眞是深奧又玄虛的東西。

常識上，不管是什麼主義或什麼組織必定先有什麼目標才成立。文學界也一樣，就像青野季吉所說的，先集合各種傾向的人，互相論議互相批評，有了某種追求眞實的共同目標後再來成立。新日本主義或新日本文化會就不是那樣了。新日本主義或新日本文化會給我們的印象，與其說是文學或文化的，倒不如說是相當政治的東西。當然，它也好像和政黨政治研究會不一樣。群聚在那裡的人，很難令人相信是想要重新學習政治入門的。

因爲對我來說依然是茫然不解的新日本主義，編者要我寫它的謬誤之處，似乎太勉強了；或許錯在自己的無知也說不定。然而，據說和我一樣完全不懂新日本主義的人也不在少數。在此，希望新日本主義諸君再次向大家說淸楚講明白。雖然說，從林內閣以來流行著沒有政綱也沒有政策的作法；但連代表日本知識菁英的團體也仿效這種作風，實在令人難以苟同。

首先，我們感到疑惑的第一點是：

新日本主義諸君在想什麼？到底想要教導國民什麼？

說要用日本人的感覺、日本人的心情看日本、看世界，並以此敎導國民；單單這種說法，很難令人心服。這個日本人的心情、日本人的感覺，到底是德川時代的東西，還是豐臣秀吉時代的東西，或者是完全不同的新東西？日本人的眼光和世界人的眼光的不同到底在那裡？請明白告訴我們。

進一步，我想請教新日本主義諸君，你們到底想要怎樣謀求日本的發展？因爲以人口來算日本國土狹小，當然不得不向海外發展。但是，依據最近下村海南先生在讀賣新聞上發表的文章；移民到朝鮮的日本人有六十萬人之多，從朝鮮併合以來三十年，日本人並沒有什麼大的增加，而流入日本國內的朝鮮人也差不多是同樣的數目（譯者按：六十萬人）。至於台灣，也已四十年了，日本人人口也沒有什麼太大的增長，當然，作爲日本投資地或市場有相當的發展，這從一些資料可以得到證實。很遺憾地，如一些日本主義者所說的作爲解決日本人口問題的方策，已行不通。雖然從台灣朝鮮獲取了龐大的利潤，但這些並不惠及一般國民的生活。其證據是：有許多日本勞動者到了台灣，也和台灣人一樣找不到工作，而淪爲失業者或流浪漢；甚且，由於受到從朝鮮流入的勞動者的影響，日本國內的勞動者反而受到威脅。對於這種現象，新日本主義諸君或民族主義諸位到底怎麼想呢？這問題，不但我們想知道，日本的勞動者也更想知道吧！新日本主義到底想告訴我們和日本勞動者什麼呢？如果，這些都還是「未發現」的話，希望盡早說明淸楚；因爲，這應該是今天最迫切的問題。

（本文原刊自《星座》第三卷第九號，一九三七年九月）

期待於綜合雜誌的地方

楊逵 著
曾健民 譯

像今天這樣，眞實的事情被弄成混沌不清難以理解是從未有過的事。同一件事，甲說這樣，乙說那樣，丙又有不一樣的看法，到處猜測，謠言滿天飛。在報紙、雜誌、廣播電台等報導機關已完備的今天，眞實的事卻被弄成混沌不清。從某一方面來看，這應歸於國民對言論機關和報導機關的不信任吧！而且，事實上，像這種不信任的想法大家都公然談論，眞是情何以堪。

不管是說要「舉國一致」，或是說要「言論統一」也好，其先決問題，第一就是有待報導機關眞實地正確的報導。報導機關首先要以正確的報導克服國民的不信任感，以恢復信用。謠言或猜測不是可以用取締的手段解決的；最好的辦法，還是以報導眞相去解消。

比起報紙，雜誌看起來好像比較冷靜。兼有報導時事與評論時事兩方面的所謂綜合雜誌，大家所知道的大概有《改造》、《中央公論》、《日本評論》、《文藝春秋》再加上《蛇形管》等；翻開這些雜誌的八月號，幾乎都清一色有關蘇聯和中國問題的報導，塞滿了紙面。因爲現在「蘇滿國境問題」（譯按：蘇聯與偽滿洲國的國界問題）和「北支事件」（譯按：華北事件）正在進展中，國民的目光全都注視著這些局勢的變化，看起來似乎是理所當然的作法。

然而，這種作法究竟能把眞相傳達給國民嗎？不禁使人懷疑。

就個人見解，今天的報紙、雜誌對追逐事件的新聞太過於神經質。那就是說，太熱衷於炒作事件的外表。

在報導眞實上，只炒作事件的表象並不是一個賢明的作法。

當然，不可否認的，表現在外表上的事件，其在傳達事件的眞實上也是必要的。與此同時，我們認爲作爲正確判斷的材料，也要讓我們看看隱藏在事件內面的東西。

任何一個事件，都不可能只是偶然突發的。像風雪像地震，這些一般人認爲只是偶然發生的自然現象，其實，在發作以前已經過了相當的過程，這是今天的科學已告訴我們的。

就像我們希望報刊雜誌能夠正確地報導風雪或地震後的慘狀，同時，也希望不要忽忽事前的警報一樣；有關政治、社會、國際上的事件，我們也想知道事前預警的部分和事後的狀態。因爲，這是在瞭解事實的眞相上所不可或缺的要素。

因爲新聞報紙已完全成了發高燒的病患，我們說的話，可能已聽不進去，我們也不再多說了；希望看起來稍稍冷靜的綜合雜誌多加努力。在政治、社會、國際上到底什麼地方情勢不安，其中有各種不同立場的人任意說大話攪局，這我們是無從知道的。於此，一個有客觀性的，把事實當作事實的報導是十分重要的。我認爲今日的綜合雜誌，應該在報導各種不同的地方、不同的居民到底在怎樣的制度、習慣和風俗下過著怎樣的生活的報導文學增加篇幅；或者爲當地的居民所寫的以及堅持客觀見解的人們所寫的報導文學，大大地增加頁數。就這一點，文學雜誌也應爲此盡力，而影響力大的綜合雜誌更應該馬上著手進行才是。譬如像《中央公論》的特輯「暴風雨中的西班牙」，就告訴了我們很多好的東西。我們十分期盼綜合雜誌也能讓我們見到，像暴風雨的「蘇滿國界」或暴風雨的「北支」這樣的東西。與此同時，希望全國各地的報導文學，也要趁機好好地表現一下。

（本文原刊自《星座》第三卷第九號，一九三七年九月）

六月十七日前後

——紀念忠烈祠典禮

楊逵 著
曾健民 譯

日本帝國主義者耀武揚威的六月十七日，已經在去年落幕。當他們意氣揚揚地紀念這一天時，我們的志士們卻經常內心哭泣著紀念。他們這個燦爛光輝的「始政紀念日」，對我們台灣人來說卻是慘澹黑暗的「死・政・紀・念・日」。五十年來，對我們志士而言眞是臥薪嘗膽的漫長日月，更是渾身是血的戰鬥的日日月月。

今天正逢台灣光復後第一次的這個恥辱的日子，於此回想五十年前的此時，追思五十年來前仆後繼毫不間斷的先烈志士們的事蹟，是作爲「鄭成功革命的子孫」的我們當然的權利。也是繼承這個遺志的我們後代的義務。現在我們正在調查把台灣的政治、經濟、社會及文化生活都染紅了的先烈志士的遺蹟，深切期望得到諸位同胞的大力協助。以先烈的血交織出來的這個偉大的台灣革命史，是我們一定要留給後代的寶貴遺產。

一

每當回想六月十七日，首先在腦際中浮現的，就是滿清的大官們把我們和我們的山河出賣給日本的事，以及，成立了東亞第一個民主國反抗日本的我們祖先不屈不撓的英雄抗爭事蹟。與此同時，無法令我忘記的是，汪精衛的台灣版第一號漢奸的名字。依據日本政府留下來的記錄，在明治二十八年的六月七日，第一任樺山總督向日本總理大臣的報告中，有下面的一節：

「六月四日下午二點，傳來了高千穗號軍艦攻陷基隆的報告，橫濱丸於五日後從三貂灣出發開入基隆港，六日總督府移到基隆海關，而且暫時設置了基隆支廳，以福島大佐領導開始執行民政事務，人民大都歡迎我們。在此之前，有一位台北商賈跑來我方，尋問他結果，得知台北府所在地的文武百官全都逃走了，沒剩一兵一卒，以致附近土匪蜂起，燒掉了巡撫官廳，到處掠奪，他請求我方迅速派遣官兵（日本兵）去鎮壓。」

這報告中所說的「一商賈」，就是其後得到了日本當局的許多利權，最後還被勅選為日本貴族院議員的辜顯榮。當時他隻身從台北跑到基隆港，請求日本軍首腦的接見，日本軍把他送交給總督府當局。日本的文獻追加說明了，當時日本當局曾懷疑過辜顯榮是不是刺客，關於如何處置他也有許多的意見，終於在幕僚的會同下水野民政局長接見了他，據說辜顯榮在詳細地說明了台北附近的狀況後，自薦擔任日本軍的嚮導。

把辜顯榮的通報，和一個叫「韓生」（譯按：音譯）的台北電信局事務員的電信通報相對照後，日軍方面得到了台北附近的詳細情況，這對爾後日本軍的軍事行動有相當大的貢獻。之後西洋人「韓生」和辜顯榮一起接受了日軍的敘勳，得到「勳六等」的他們應是相當得意的罷。接著，六月六日，日軍小島聯隊長親自率領若干精兵向台北進軍，在水返腳（譯按：今「汐止」）與前來相迎的「德彼頓」（譯按：音譯）等三位西洋人相會，第二天破曉時份，這一隊日軍開進了台北城。

二

再來，依據六月七日樺山總督給內閣的電報，提到：

「六月六日從基隆登陸，在舊海關內設置了總督府，台北府城文武百官都已逃走不剩一兵一卒，土匪燒燬了巡撫官衙，到處掠奪，一般良民都迎接我軍到來。又，居住該地的外國人來到本師團前進部隊，請求我軍迅速進軍，我軍於本日早上進入了台北城，人民簞食壺漿迎接我們。另外，該地有一些英、德兩國的海軍兵，英國海軍不日將撤走。打算兩三日中把總督府遷往台北，風聞淡水的支那軍砲台的火藥庫被燒毀後逃走，若真是這樣的話，在台島南部若干征戰將不可免。」

依據上述文獻，可以清楚地看到：首先是，有一部份外國人和漢奸很快地依附並投靠日本軍，為日軍效勞；其次是，日軍所說的「土匪」到處蜂起的這個事實。

而這個「土匪」到底是什麼呢？

其實，就是血染的五十年間台灣革命史中我們的革命先烈和志士。他們都是對逃得快的清朝文武百官的絕望，只有用自己的力量和現有的武器，保衛自己山河的悲壯的人民自衛軍。

在日本也有「勝者為王，敗者為寇」的諺語，在台灣，日本統治者為了殺戮、侮辱被稱為「土匪」或「匪賊」的革命志士，還特別制定了「匪徒刑罰令」。然而，這種事也並不是日本軍閥的專利，滿清政府稱太平天國的革命為長毛賊之亂，也把孫文國父稱為賊等等，這與現在的軍閥把人民的革命力量稱為什麼「匪」或什麼「賊」的作法都一樣，是什麼人都知道的。

於此紀念先烈之際，必須先著手的是，把被冠以什麼什麼「匪」或某某「賊」的罪名加以殺害、侮辱的人們的事蹟，調查清楚公諸於世。必定要以此糾正被歪曲的民衆的認識。

三

回到前面的叙述，日本的文武官員於六月十四日下午一點，搭上特別準備的列車，駛向滿清文武百官一個都不在的台北，因爲鐵軌到處被民衆破壞，有些地方不得不下車步行，在水返腳附近火車頭終於脫軌，受盡折磨一直到晚上六點才到達大稻埕的停車場。日本人是這樣記錄著。

於是，在六月十七舉行了開始行使統治的典禮，他們號稱這一天爲「始政紀念日」。實際上，在風光的典禮後面有人正計畫著暗殺樺山總督以下的日本軍官。

其中心人物是一個名叫吳得福的人。最初他投身義民兵阻擋日本軍在基隆的登陸，但在基隆的一戰被打敗了，被日軍捕去，辮子被日本綁在柱子上，但他乘機用藏在身上的小刀切掉辮髮逃脫了。他一方面罵滿清官兵沒志氣，一方面在三角湧（譯按：今三峽）附近出沒，暗地裡到處糾集同志，暗中策謀再一次與日本軍抗戰。那時台北城已逐日落入日軍之手，策謀難以開展。終在台北城附近村落出沒募集義勇兵，其時有一位住在廈門的同志經常與他保持連絡，發出了一個開戰的指令說「如果有兵三千，迅速襲擊台北城」，吳得福等與大安庄的黃賜方會面，把這事與衆人策劃，結果是，兵雖已足但兵器彈藥的補給不繼。焦心苦慮也是沒辦法。終於放棄了全面襲擊的策劃，改爲企劃暗殺日本要人。同時，台北城附近到處響著槍聲，群情騷動謠言四起，譬如像有三十名間諜進入艋舺，大稻埕出現義軍等等。實際上也發生了幾起大小事件，使日軍的警戒愈來愈嚴。吳得福深深潛入地下繼續活動，八月上旬吳得福在自己家中召集了二十多名同志，激勵大家說：「倭軍猖狂，住民生活塗炭，若不予以掃除，何顏見祖宗」，慷慨陳詞，悲憤不已。由此來看，不難想像日軍是怎樣地殘虐至極了。

四

一般而言，商人大多敏於利而缺乏氣節，這是什麼地方都一樣的。這時候，以辜顯榮爲首的商人，都志於當日本人的買辦，大大地活躍著。他們稱人民的義軍爲「土匪」設立了像保良局一類的日本政府的御用機關，盡力於仰日本人的鼻息。他們或擔當日本人的間諜，從內部偵探義民軍的動向，「聞知有吳得福等人的陰謀事件，如果不迅速予以逮捕，將來必定會造成大事件」，日本人向他們警告。於是他們到處佈置密探，僞裝混入義民軍，巧言計誘志士們落入他們所設的圈套。首先與吳得福等幹部接觸的密探，巧言欺騙說：「自己在大稻埕有家，對於台北的情況知之甚詳，因爲生意關係可以自由進出總督府，可以圖各種方便，首先殺掉倭酋的大頭，等總督府內騷動起來後，內外呼應一舉起事」。吳得福等人全都被騙而落入其圈套中。最後，信其言的志士們，三三五五分別化裝進入艋舺、大稻埕，過了不久志士們在會合的時候，本來就聯絡好的憲兵上士木下龍吉所率領的一隊從前門，另一個憲兵上士率領的一隊從後門，分別變裝侵入包圍，志士們在激戰後有九位中心人物被逮捕，日軍以人民軍事犯處分法加以審判，被判死刑的有吳得福、周扁、王裸、王清四人，九月九日在東門外被斬首。

五

這只不過是許多事件中的一件而已，單單從六月十七日前後來看，我們的先烈有被出賣被斬首的，但仍然發揮不屈不撓的精神不斷戰鬥。依日本人的記錄，當時的狀況是：

「始政式後的本島情勢，以現有的軍隊已不可能完成討平全台之功，這是相當明白的。總督發了電報請求增援，更派遣幕僚到中央與大本營或其他有關係的中央各部會進行交涉。中央當局也理解到本島施政的焦眉之急，乃在討平跋扈的敗殘軍隊以及土匪，與總督通過電報討議後，決定暫時中止民政，企圖以軍事的組織，恰似在戒嚴令的狀況推行政務」

就這樣地，大大小小無數的武力抗爭在台灣島的這個小天地中，毫不畏懼地反復發生。這是由統治者稱爲土匪，而我們尊崇爲先烈志士的人們，五十年間前仆後繼地延續至今的志業。

（本文原刊自《台灣新生報》一九四六年六月十七、十八日，藍博洲、曾健民提供）

【歷史背景文獻】

《第三代》及其他（新譯）

楊逵 著
曾健民 譯

最近我讀了蕭軍的《第三代》，感受到一種難以言喻的愉快。雖然該書只發表到第二集，我一口氣讀完了已發表的部分，現在已迫不及待地想看續集。

住在台灣的我們和中國只相隔一天的旅程，與到東京來要花五天的時間相比，中國是相當的近。雖然是這麼近的鄰居，卻因爲「疆界」的關係，使我們感到相隔遙遠。沒有「旅行券」（譯按：相當於今日的護照）不能去，而申請「旅行券」又相當麻煩，甚至不知道會不會發下來，因此不是簡單就可以去的。這樣，單程要花四、五天時間的東京，我已來過多次，卻從未踏上中國大陸的土地。這是非常遺憾的一件事。

說到《第三代》，這本書也是我這次來東京才得以弄到手。在台灣，不但不容易去大陸，甚至連書刊或雜誌、報紙也很難進得去，可以說幾乎是買不到，結果使大陸那邊的情況比東京更不容易了解。這也許是把漢文欄從台灣的報紙雜誌排除出去的台灣總督府當局的政策，這並不是一個賢明的政策。像暗語般地日本政府當局口口聲聲說「東洋，東洋」一直喊到現在，今天也這麼喊。這麼喊的當局，自己卻製定了那樣的文化界線，眞令人難於苟同。

去年郁達夫來日本時，從東京繞道台灣回去。那時我在台中與他見面，好像他在日本受到了東京知識界熱烈的招待。根據《星座》雜誌的報導，最近矢崎彈到上海去時，也受到了相當的款待。小田嶽夫也好像是受到款待的一人。除了文學家以外，舞蹈家石井漠一行到華北去時也同樣受到熱烈的招待，這是他們一行到台灣來時當面聽說的。我想還有很多人也曾受到熱烈的款待或熱情的招待。在與石井漠見面時，他說藝術沒國界，這應是自然的趨勢吧。然而，實際上，藝術的國界線卻不斷被強化，這眞是可悲。

藝術的偉大之處，原本就在於它超越國界不斷擴大出去，也在於它打破冥頑不化、迷信偏執；而新日本主義之流卻好像要把這個不斷擴大的藝術的友愛力量套上外殼，阻止它的擴大；這個由文化人自己所策謀的事，比政府當局所實行的政策更叫我們感到悲痛。然而，我們認爲最後這個外殼只會把那些提倡的人閉鎖起來吧。這是我根據新日本主義理論上的薄弱以及反對聲浪很高等等原因，所歸納出來的結論。

這是我個人的見解：我們台灣人在風俗習慣和生活樣式上和中國人幾乎沒什麼不同；在文字上，一直到這回遭到禁用爲止，也都一直使用著相同的文字。而且，因爲我們從小就不得不學日本話，在對日本語的理解上，比年紀大才學日本話的人有許多方便之處；如果我們站在中間，能夠把中國文化介紹給日本，也把日本的文化介紹給中國，那眞是再好不過了。

《星座》雜誌正在提倡中國和日本的文化交流，三十日的《都新聞》上，足立先生也倡議用這種方式可豐富日本的文化。《星座》也徵求了幾位日本作家的意見，青野、中野、中村、神近、平林、永松、阿部等先生都表達了相同的感想。雖然不知道新日本主義諸君的看法如何，但是，我認爲這恐怕是一般文化人的共同期待吧！

至於中國的文化人那邊，從他們熱烈歡迎日本的文化人這一點，還有《星座》上王統照的信，胡風的文章以及在《文藝》上發表的蕭軍寫給中野重治信上的意見等等來看，也都可感受到他們的期待。

我期待，不管在日本或在中國，所有的文化人都能盡最大的努力去貫徹這個有意義的計畫。我也希望絕對不要因爲某些人的私益而退縮或放棄；因此，我可以保證年輕的我們今後一定能分擔某一部分的工作。

關於《第三代》作者蕭軍，小田（文藝春秋）、鹿地（文藝）、長野（中國文學月報）等先生都曾介紹過，他像蕭洛霍夫一樣是個堅毅不拔的人。他的作品第一集在今年二月初版，第二集在三月出版，四月兩集都再版了。我拿到手的是第二版，雖然不知道後來是否有再版。據說日本的純文學作品能賣完五百本的，十個人中只有一個人。相比之下，《第三代》似乎有相當多的讀者。

日本文人即使口中喊著「好苦好苦」的人也都住在小而整潔的房子裡，我的朋友看到這情形都很驚訝；與此相比，蕭軍似乎生活在更困苦的環境中寫完這部作品。譬如在第一集的序文中，他寫道：「在（上海）一個日間也要點燈火的屋子裡」。在這樣的逆境中寫長篇小說，這是日本作家難以想像的情景吧。

「總覺得日本作家好像太早安定而失去鬥志，換言之，令人感到老氣……」有人曾這麼說過。大家都喊著「好苦好苦呀！」，嘴巴也都說著「好黑暗呀！好黑暗」，既然是這樣，那麼爲了不再那麼苦，是不是要努力爭取提高稿費，說到要努力打開黑暗的局面，但是除了發些牢騷以外好像什麼也沒做；那麼，既然那麼苦，是不是大家咬緊牙關準備面對更苦的日子，可是這樣也做不到。看起來日本作家在小而整潔的紳士般的生活中，腰已動不起來了。日本文學的貧血不是多半來自這裡嗎？有朋友這麼說，我也覺得有它的道理。「不顧成敗，以身相試」的精神，日本作家不能只用嘴巴說說而已，必須身體力行，不是這樣嗎？

說到「紳士」這句話，讓我想起了八月號的《星座》上胡風的文章中也有這麼一段話。

「我們也知道過去的日本文壇不願承認中國現代文學，可是我們絕非打算以泥腳進入紳士的客廳（筆者旁點）。換言之，我們並非只面向日本文壇，而是想通過尚且幼稚的文學傳達給日本的讀者，特別是進步的讀者：

中國文學是如何受難？如何奮起？又是如何通過失敗和犧牲來改造自我的。因為我們相信，猶如洪爐般沸騰的中國社會，會多多少少地反映在文學作品裡，而且日本進步的讀者一定會對此抱有共鳴……」

胡風這麼說。在最後的地方他寫道：

「我不知道日本的進步讀者如何看待我們的工作。但看一看報紙和雜誌上出現的時評，似乎並沒有怎麼重視……」

我們殖民地的人也大有相同的感慨。我想，在地方上一邊工作一邊寫作的日本無名作家，大概會有相同的感慨吧。

日本文壇也經常議論文學的社會性或大眾化的問題。然而，這種議論完全沒有付諸實踐。對於這種現象，我下面的看法對不對？「把那種沒有技巧的東西當做一回事，就像把泥腳的人請進客廳一樣眞不識體統」，像這種紳士意識，不管有意識或無意識已成了最根本的原因，不是這樣嗎？

只要不放棄這種紳士的高尚意識，那麼文學的社會性或大衆化問題，就如片岡鐵兵所說的，不管反覆議論千萬遍也都沒有用。

在《第三代》中看不到這種高尚意識。甚且，小說裡面絲毫沒有欺騙或諂媚的庸俗性，而且我們讀起來又很有趣，讀完後留下深刻的印象。作品中描寫被欺壓的人民不斷加入所謂「馬賊」的故事。所謂的「馬賊」，並不是我們常常聽到的可怕的強盜，而是相對於壓迫者而成長起來的一股對抗勢力。日本也有「勝者爲王，敗者爲寇」的說法，依這句話的含意，我們天天被灌輸的「土匪」、「共匪」、什麼什麼「匪」、什麼什麼「匪」，其實是……。

總之，《第三代》是有趣的好小說，希望有一天可以向大家介紹。

（七月三十一日夜）

（本文原刊自《文藝首都》第五卷第九號，一九三七年九月）

附記：本譯文參考了《楊逵全集》第九卷（彭小妍主編，文資保存研究中心籌備處出版，二〇〇一年十二月），涂女士的譯文，特此感謝。

〈中國傑作小說〉小引（註一）

魯　迅

中國的新文學，自始至今，所經歷的年月不算長。初時，也像巴爾幹各國一樣，大抵是由創作和翻譯者來扮演文學革新運動戰鬥者的角色，直到今天，才稍有區別。但由此而增長了一部分所謂作者的馬虎從事。從這點看來，是頗為不幸的。

一般說，目前的作者，創作上的不自由且不說，連處境也著實困難。第一，新文學是在外國文學潮流的推動下發生的，從中國古代文學方面，幾乎一點遺產也沒攝取。第二，外國文學的翻譯極其有限，連全集或傑作也沒有，所謂可資「他山之石」（註二）的東西實在太貧乏。

但創作中的短篇小說是較有成績的，盡管這些作品還稱不上什麼傑作，要是比起最近流行的外國人寫的，以中國事情為題材的東西來，卻並不顯得更低劣。從真實這點來看，應該說是很優秀的。在外國讀者看來，也許會感到似有不眞實之處，但實際大抵是眞實的。現在我不揣淺陋，選出最近一些作者的短篇小說介紹給日本。——**如果不是徒勞無益的話，那真是莫大的幸運了。**

魯迅　一九三六年四月三十日

編註：原文刊登於日本《改造》月刊（一九三六年六月號）。收入《魯迅全集》第八卷「集外集拾遺補編」，人民文學出版社，二〇〇五年十一月版。也是蕭軍小說〈羊〉的「引言」。

台灣革命先烈遺族救援會的使命

——五月三日在台灣廣播電台廣播詞

劉啟光

各位同胞，今晚我想藉這廣播的機會，來向各位報告我們正在進行的一個極有意義而又重大的工作，這個工作就是救援台灣革命先烈的遺族。

我們知道：自從甲午戰爭，李鴻章和日本人簽定馬關條約，把我們台灣的錦繡山河送給了野蠻又貪婪的日寇以後，我們台灣同胞便開始在暗無天日的環境中過著日子。於是乃有台灣民主國的獨立抗戰，和其後的歷次暴動，乃至台灣文化協會，農民組合，民衆黨，工會等等團體的反日運動。日人對於我們的反抗運動，企圖壓制，不惜報之以極端殘酷的拘捕與屠殺。

根據兒玉總督對內閣的報告，明治二十一年十一月十二日至十二月十四日的三十餘日間，台中縣受理的反日案件則有一三四件，燒毀的房屋三〇〇七所，逮捕革命志士一八四五人，殺害二〇四三人。

又同年的台南縣知事報告，亦說在該年末之第一第二兩次革命運動中，日本人放火燒毀房屋二七八三所，燒至半毀三〇三〇所，殺死二〇五三人，傷害不計其數。這兩處地方在很短的時間內，被殺害的人有如此之多，其他更何只百倍於此。但是這種慘無人道的獸性行爲，並不能遏阻我們台胞的革命行動，相反的刺激了台胞痛恨的情感，而加強了鬥爭。革命志士前仆後繼，其間死難之衆，眞是口不盡述。不過當時逼處於日寇淫威之下，對於殉國的烈士大家都避隻不惶，不敢對之以正視。對於烈士們的遺族更談不到救濟和援助，則有人存著此心，當時事實也不容許。

以至於這些革命烈士死難以後，家屬便在家破人亡的悽慘環境中，過著悠長的歲月，眞是含苦茹辛，至堪憐憫。

現在台灣收復了，痛苦解除了，我們同胞在欣幸之餘，應追念先烈犧牲之英勇壯烈，而面對其遺族或受刑殘廢及年老無恃的志士有所安慰，有所援助，才合道理。所以同仁發起組織「台灣革命先烈遺族救援委員會」，負起對先烈遺族和後人教養生息的責任，這就是本會的使命和組織的動機。

本會現在已經正式成立了。四月二十一日在桃園開發起人會議，選舉過去參加革命運動的人物四十五人爲委員，以後即繼續舉行第一次委員會，推定常務委員七人，本人添被推爲主任委員內部組織設總幹部一人，副一人，下分救援調查總務三組，推定專人負責辦理救濟援助事宜，並聘請革命先進以及各縣市長暨各方首長爲本會顧問或協助本會推行業務。

至於本會今後工作計劃，大約有下列幾點：

一、獎助先烈子弟升學及調查——登記先烈子弟就學情形，依其需要，分別獎助，必要時自辦夜學或補習學校，從事教導，務期先烈子弟不失教養。

二、指導先烈遺族或革命烈士就職就業——先烈遺族或革命志士中有需就職就業者擬應其聲請，隨時代爲介紹擔保或予以其他必要之援助。

三、協助建立生活基礎——先烈遺族或革命志士中有意建立生活上必須之事業，而缺乏資金或有其他困難者，本會擬應其聲請，隨時設法玉成之，並擬舉辦合作農場，合作工廠或其他合法之生產事業，藉以達成此項任務。

四、救濟非常災害——先烈遺族或革命志士中有遭遇天災地變，或其他不尋常之災害，健康或生活蒙受重大打擊者，本會擬斟酌情形，予以必要之救濟，並擬酌量委託地方開業醫爲醫藥顧問，爲貧苦遺族或革命志士免費治病。

五、補助必須之生活——革命志士自身因受刑殘廢不能自立，或奔走革命，不治家產，年邁無依，確難自活者，本會擬斟酌情形，其接津貼其生活費用，務使老弱殘廢之老志士得有所養。

六、其他——除上列各項外，先烈遺族或革命志士如有所請求，本會當斟酌情形，在不超出本會宗旨之範圍內，予以各種必要之援助。

希望能盡所有的力量去做，務期烈士的遺族幼有所育壯有所事老有所養。

最後對於本會的立場本人有一點要聲明：就是本會很單純的是一個慈善性質的救濟機關，不帶任何色彩。救援的對象，只要是過去在日人統治台灣時參加反日運動，受了犧牲的同志的遺族或現尚生存的志士，本會決盡力援助救濟，一視同仁，對於革命志士以往的派別絕無歧視。這一點特別要提請各位同胞了解。

本會成立伊始，工作艱鉅，今後基金的籌募事業的進行，都有賴於各位同胞的協助和指導，無論在精神或物質上，都希望各位同胞鼓勵和捐助，本人僅代表無數先烈的遺族和本會同仁敬致無上的謝忱。

（本文原刊自《台灣新生報》一九四六年五月九日，曾健民提供）

作者簡介

劉啟光（一九〇五—一九六八）。本名侯朝宗，嘉義六腳鄉人。日據期，畢業於嘉義商業學校，曾擔任農民組合中央委員。後赴上海，抗戰期間在重慶軍事委員會政治部工作。台灣光復後返台，擔任新竹縣縣長，後轉任金融界服務。

台灣抗日革命先烈芳名錄

人民導報

〔桃園訊〕台灣革命先烈遺族救援委員會自成立以來，工作不遺餘力，近以呈奉民政處核准備案，正式取得法團地位，各幹部工作情緒更趨熱烈，除保送趙港烈士之遺孤趙炳煌入省立桃園農林學校就學，分派幹部調查先烈遺族及往日志士近況外，復派該會副總幹事楊逵出發各地慰問先烈遺族，又該會前承新竹縣政府委託，推薦本年度入祠該縣忠烈祠之先烈芳名，亦經根據：

一、生前曾爲解放台灣而從事反日運動因而壯烈犧牲者。

二、生前始終一貫爲解放台灣而從事反日運動業績卓著者。

等標準擬定，但以時間匆促，調查尚欠周詳，錯誤遺漏自屬不免，特先將名單公佈希望各方提供意見及材料，藉資修正補充云。

新竹縣忠烈祠本年度入祀先烈芳名

姓名	籍貫	年代	事件
丘逢甲	新竹	民主國時代	滿清進士，台灣民主國建國元勳，被選爲副總統兼義軍大將軍，統率民軍擔任北部抗戰，失敗後逃回祖國從事教育事業念念不忘台灣。民國元年含恨謝世。遺有詩集等著作甚富。
劉永福	廣西	民主國時代	滿清提督兼台灣軍務幫辦，台灣民主國大將軍，後被選爲第二大總統統率官軍擔任南部抗戰，創辦銀行郵局發行公債鈔票郵票等民主國體制大備，台南被圍美領事勸降不允城陷化裝逃回祖國，民初病歿廣東。
蔡清琳	新竹	民國前世三年至民國五年	北埔事件首領，民國前五年十一月襲擊北埔支廳，十一月十六日于北埔山地被殺。
劉　乾	台中	民國元年以前	林杞埔事件首領，民國元年三月二十三日襲擊林杞埔支廳，三月三十日被殺。
黃　朝	台南	民國元年以前	糾合同志密謀驅離日人，民國元年九月秘密暴露被處死刑。
賴　來	台中	民國二年以前	東勢角事件首領，民國二年十二月二日襲擊東勢角支廳戰死。
張火爐	台中	民國三年以前	大甲及太湖事件首領，民國二年組織革命黨，民國三年被捕，被押送中投海自殺。
羅福星	新竹	民國三年以前	苗栗事件首領，民國元年，糾合同志準備舉義，民國三年三月二日被處死。
羅嗅頭	台南	民國三年以前	大甲支廳管內派出所襲擊事件首領，民國三年與警察戰鬥後自殺。

羅　俊	台南	民國四年以前	西來奄事件首領之一，企圖驅離日人建設大明慈惠國。民國四年六月被捕處死。
余淸芳	台南	民國四年以前	西來庵事件首領，襲擊甲仙埔支廳，民國四年八月於噍吧哖被捕處死。
江　定	台南	民國五年以前	西來庵事件三首領之一襲擊甲仙埔支廳，民國五年九月十三日於台南獄被刑死。
周合成	台北	民國十六年以前	台灣黑色聯盟幹部，民國十六年二月被捕受刑致死。
花岡一郎	台中	民國十九年以前	民國二十一年霧社高山族大革命事件首領，失敗後自殺於山中。
花岡二郎	台中	民國十九年以前	民國二十一年霧社高山族大革命事件首領，失敗後自殺於山中。
蔣渭水	台北	民國二十年以後	文化協會及民衆黨領導人物，事蹟昭著，民國二十年病死。
蔡秋宗	台中	同	台灣勞動互助社幹部，民國二十年被捕受刑致死。
潘　盧	彰化	同	文化協會，農民組合，勞動互助社幹部，於廈門日警署內被拷打致死。
劉　千	台南	民國廿一年以前	農民組合幹部，民國二十年被捕民國廿一年受刑致死。
董抱(蒼)	台南	同	農民組合幹部，民國二十年被捕，于嘉義獄中被打斷左手後復于台南獄受刑致死。
黃春生	台南	同	文化協會及農民組合幹部，民國二十年被捕受刑致死。
李明德	嘉義	同	文化協會及農民組合幹部，民國二十年被捕受刑致死。
張茂良	台中	同	農民組合及反帝同盟幹部，民國二十年被捕受刑致死。
劉細松	台中	同	工會幹部，民國二十年被捕受刑致死。
陳　結	台中	同	農民組合幹部，民國二十年被捕死獄中。

林　寵	嘉義	同	農民組合幹部，民國二十年于嘉義獄中受刑致死。
陳神助	台中	同	農民組合幹部，民國二十年被捕于嘉義獄中受刑致死。
吳　久	台南	同	農民組合幹部，民國二十年被捕毒打後咯血而死。
劉纘周	新竹	同	船員工會及反帝同盟幹部，民國二十年被捕，于台北留置場受刑致死。
康續（至誠）	台南	同	廈門台灣青年反帝同盟幹部，民國廿二年被捕，拒供同志姓名，受刑不過，自殺。
高水生	台南	同	廈門台灣青年反帝同盟及上海台灣青年團幹部，民國二十一年被捕受刑重傷保釋後不久即死。
董文霖	台南	同	廈門台灣青年反帝同盟及上海台灣青年團幹部，民國二十二年被捕受刑致死。
陳麗水	台南	同	上海台灣青年團幹部，民國二十一年被捕受刑致死。
邱天送	新竹	民國二十三年以前	農民組合幹部，民國二十一年被捕，民國二十三年于新竹獄中受刑致死。
趙　港	台中	民國廿四年以前	農民組合最高幹部之一，民國二十年被捕，民國廿四年受刑致死。
郭　常	新竹	同	文化協會及農民組合幹部，民國二十一年被捕受刑致死。
吳拱照	新竹	同	文化協會及反帝同盟幹部，民國二十年被捕受刑致死。
陳德興	高雄	民國廿四年以前	農民組合幹部，民國二十年被捕受刑致死。
劉雙鼎	新竹	同	農民組合幹部，民國二十一年大湖事件被捕民國廿四年受刑致死。
劉慶雲	新竹	同	農民組合幹部，民國二十一年被捕受刑致死。
徐阿番	新竹	同	農民組合幹部，民國二十一年被捕十六個月釋放後不久因刑傷死亡。

吳盛連	新竹	同	農民組合幹部，民國二十一年被捕受重刑釋放後不久即死。
曾宗	台中	同	衆友會組織者，民國廿二年被捕受刑致死。
呂清池		民國廿四年以前	曾參加西來庵事件，民國廿三年衆友會幹部，民國廿四年被捕受刑致死。
蔡雙		民國廿四年以前	衆友會幹部，民國廿四年被捕受刑致死。
楊馬		民國廿四年以前	衆友會幹部，民國廿四年被捕受刑致死。
劉喜順	新竹	民國廿四年以前	農民組合幹部，民國二十一年大湖事件被捕受刑致死。
劉俊木	新竹	民國廿五年以前	農民組合幹部，民國二十一年被捕廿五年因病釋放後不久即死。
莊垂郎	高雄	民國廿六年以前	農民組合幹部，被捕受重刑民國廿六年死亡。
莊雲漢	新竹	民國廿六年以前	農民組合幹部，大湖事件被捕，民國廿六年病重釋放後不久即死。
陳盛麟	新竹	民國廿六年以前	農民組合幹部，大湖事件被捕，民國廿五年五月受刑致死。
陳天麟	新竹	民國廿八年以前	農民組合幹部，大湖事件被捕，民國廿七年病重釋放後不久即死。
陳哲生		民國三十一年以前	中國國民黨台灣黨部籌備處組織科長，民國三十一年被捕受刑致死。
林銳	台南	同	農民組合幹部，民國二十年被捕受刑致死。
黃信國	台南	同	台灣農民組合第一屆中央委員長，事蹟昭著。
賴和	彰化	同	文化協會幹部，被捕受刑重傷釋放後不久即死。
王敏川	台中	同	文化協會最高幹部之一，被捕後繫獄多年，釋放後不久即死。
洪朝宗	台北	同	黑色青年聯盟幹部，被捕後受刑致死。
翁澤生	台北	同	上海台灣青年團幹部，民國廿年刑死獄中

（本文原刊自《人民導報》一九五七年六月三日，曾健民提供）

入祠先烈追加一批

〔桃園訊〕台灣革命先烈遺族救援委員會，十二日追加發表於本月十七日奉安新竹縣忠烈祠之先烈或先賢名單如下：

姓名	籍貫	事件
翁明俊	台南	加入國父領導之同盟會後，憤袁世凱篡國，攜毒藥上京，企圖毒殺國賊未果，抗戰中任中國國民黨台灣黨部主任委員，民國三十三年冬中毒暴卒於彰州任所，有被害嫌疑。
林幼春	台中	從事人民啓蒙運動，任文化協會協理及民報發行人。雖未壯烈犧牲，然其賢勞誠足衆冠後世。
薛玉虎	台北	台北工友協助會領袖，後被日拘捕暗殺。
盧清潭	台北	台北工友協助會，文化協會幹部。民國二十年被捕受刑重傷，出獄後即死。
蘇有志	台南	噍吧哖事件主要首領之一，失敗後被處以死刑。
謝　成	台北	噍吧哖事件志士，失敗後被處以死刑。

（本文原刊自《人民導報》一九五七年六月二日，曾健民提供）

記楊逵

范　泉

楊逵失踪了。

這是一個從台灣來的朋友告訴我的。他說楊逵在「二二八」事件發生以後，當國軍的增援部隊抵達台灣時，楊逵就宣告了失踪。

也許楊逵是已經犧牲了。

但如果楊逵眞的已經死去，那不僅是台灣文藝界的損失，更將是中國文藝界的損失。

在日本帝國主義者統治台灣的時期，楊逵曾用日文寫文藝作品。當一般人俯首於日帝國主義者的威武時期，楊逵始終獨樹一幟，並不曾被任何人御用，也從沒有爲軍閥的侵略政策宣傳。正相反，他爲了台灣的新文學運動，爲了開辟台灣的革命文學的道路，他——作爲編輯人之一的資格，主持了《文藝春秋》月刊的編輯和發行，也因此數度入獄，但始終未能磨滅他光輝的鬥志。他很驕傲地直立著。黃鳳炎先生在寫給我的一篇關於記述楊逵的文字裡，他說：「楊逵，他的確很驕傲，正因爲驕傲他才有耿直的個性。他說：『因爲我貧窮，所以我驕傲。』他常常用這句話來自詡他的行爲。而這，也正是他可敬的『驕傲』的由來。」

勝利以後，楊逵立志不用日文寫作，開始學習漢文。在短短的兩年間，楊逵居然能寫非常鋒利的魯迅式的雜文。他準備從短文章發展開去，最後他希望能運用漢文寫作他渴望寫作的長篇和短篇。

然而他的志願才剛剛開始，卻就遭逢了致命的打擊！

在楊逵的許多朋友裡，都稱頌楊逵的爲人和個性。他是一個沉默寡言，埋頭苦幹的中年人。在朋友們開會討論的時候，他會默然諦聽朋友們的意見。在開座談會的時候，一等到他發言，鄭重而有力的語調，常常會令人聽了肅然起敬，鴉雀無聲。然而楊逵決不是一個冷面的「假道學」，決不是一個目空一切的無聊紳士。只要在一個熟朋友的面前，他會滔滔不絕地談話，熱情得像一個孩子。他雖然已是久經滄桑的中年人，然而他卻是每一個年青人的朋友，是一個眞正熱愛著祖國的文化鬥士。

現在，離「二二八」事件已經有半年之久，詢問了許多台灣的朋友，楊逵的消息卻依舊是杳然無聞。我每次用顫抖的手，翻閱著他親筆簽字贈送給我的遺著，一陣難堪的感受湧上了我的心頭，我幾乎不能相信他會眞的死在那次無言的「傷害」裡。

活著，我相信楊逵還活著——至少像楊逵那樣的人永遠會活著，永遠會活著……

一九四七年九月十七日

（原文載於《遙念台灣》（范泉散文集），人間出版社，二〇〇〇年二月）

介紹兩位台灣作家

——楊逵和呂赫若

胡　風

一九三五年，我在日本《普羅文學》發現了台灣青年作家楊逵的短篇小說《送報伕》，非常高興。馬上搶讀了，受到了感動。小說寫一個青年農民的經歷。貧農家庭，一點活命的土地被辦農場的日本資本家利用警察權力霸占去了。可憐的父親不肯賣（折價低到幾乎等於白送），這就被抓去關起來，挨了毒打。結果，土地還是被占去了，人也在痛苦中抛下無告的妻兒死去了，無法活命，這個青年帶著可憐的母親對他的囑咐，漂流到了東京。在東京同樣找不到活路。好容易找到送報伕的工作，但僅有的一點錢被派報所的老板當作保證金搶去了。上了工，但生活苦得和牲畜的處境一樣。幸而得到了情況和他差不多的同事的日本人的幫助，算是勉強活了下來。但因爲無法達到資本家老板的剝削條件，又被趕了出來。還是靠日本人同事的幫助才免於凍餓。但是，在家鄉的母親窮得沒有任何辦法，三個弟妹死了兩個，母親自己也上吊死了。死前把變賣家產的一點錢寄給了他，給他寫了遺書，反覆囑咐他要好好用功，好回去救救和他家一樣的村子裡的窮苦人。在這樣走投無路的情況下，還是依靠窮苦的勞動者兄弟日本朋友才找到了活路，也看到了團結起來的送報伕們逼著老板改善了待遇，廢除了那種等於搶劫的剝削規則。不難想見，幫助他的日本工人是有革命組織關係的。像他老母親囑咐他的，他用了功，有了階級覺悟。他帶著這種覺悟回到故鄉台灣去，走上了改變和他一家一樣，和他村子裡的窮苦人一樣的，受苦受難的人尊嚴的命運的道路。

我趕快譯出，投給當時銷數相當大的《世界知識》上發表了。引起了廣大讀者對台灣同胞的深摯的關心和同情。

後來，又在日本什麼刊物上發現了台灣青年作家呂赫若的《牛車》。寫的是在鄉村靠趕牛車為人搬運東西過活的一家人陷於絕路的經歷。日本人的運貨汽車來了，牛車就陷進了無人雇用的地步。加上老婆在小工廠做苦工的所謂工資，也還是不能活命。到了絕路，只好逼老婆去賣身。依然不能活命，又只好自己照和他同命運的受苦人的樣子，去做小偷，但一開始就被日本警察抓住了。結果如何，就用不著問了。我讀了很感動。

又趕快譯出了，但不記得是否在刊物上發表過。

我把這兩篇和從日本譯出的四篇朝鮮小說（也都是在日本帝國主義者壓迫下的受苦人的故事）合

在一起，出了一本書，題爲《山靈》，一九三六年在巴金辦的文化生活出版社出版了。我在序裡說：「……漸漸地我走進了作品裡的人物中間，被壓在他們忍受著的那個龐大的魔掌下面，同他們一道痛苦、掙扎，有時候甚至覺得好像整個世界正在從我的周圍陷落下去一樣。在這樣的時候看到像……《送報伕》等篇裡的主人公的覺醒，奮起，和不屈的前進，我所嘗到的感激的心情實在是不容易表達出來的。」它們在讀者中間加強了對台灣同胞的深摯的同情和殷切的懷念。

後來，新文字研究會還把《送報伕》譯成了拉丁化新文字本。我的譯本算不得好的普通話，把它譯成了新文字，當是由於對台灣同胞的命運的深切關心。

近年來，出國參加國際作家會見的中國作家，有的遇見了楊逵先生，他對我的情況表示了關注。

通過這點工作情況，我想說明什麼呢？

祖國人民對台灣同胞是非常關心和懷念的。我手邊這本書是一九五一年上半年印的，注明第五版，可見它的讀者是不少的。這兩篇作品從抗戰前到解放初，在讀者中間起了抗日的積極影響。它們是祖國人民了解當了「亡國奴」的台灣同胞怎樣痛苦的活的記錄，加強了祖國人民對台灣同胞的關心和懷念。

楊逵、呂赫若兩位如果能爭取到台灣當局的允許回到祖國觀光一次，我們文化文藝團體一定會竭誠地接待，提供方便送他們到任何他們願意到的地方去觀光。大陸同胞一定熱心傾聽他們關於台灣同胞生活情況的報告，他們回到台灣後向台灣同胞介紹親自見到的祖國情況也一定會加強台灣同胞對祖國的認識和懷念，加快台灣回到祖國懷抱的步驟。

一九八四年一月七日

（原文收入《胡風晚年作品選》，漓江出版社，一九八七年一月）

悼楊逵先生

胡　風

三〇年代初，我在日本的《普羅文學》上讀到了楊逵先生的中篇小說《送報伕》。在日本侵略者的長期迫害之下，台灣人民過著痛苦的生活甚至家破人亡。終於覺悟到了非組織集體力量進行鬥爭不可。這篇作品深深地感動了我，我當即譯了出來，發表在當時銷數很大的《世界知識》上。後來，新文字研究會還把它譯成了拉丁化新文字本，介紹給中國的工友們閱讀。從這篇小說，大大增進了祖國同胞對台灣同胞的瞭解和同情。它的影響是很大的。

我雖然在三〇年代就介紹了楊逵先生的作品，但與他卻從未見過面，連他的情況也不瞭解。直到近幾年來，我才聽到了關於楊逵先生的點滴情況。他本人正像他小說中的送報伕一樣，帶著從革命的日本工人那裡獲得的進步思想，回到故鄉參加抗日農民運動和文化運動，曾多次被日本警察逮捕入獄。

抗戰勝利後，他又爲台灣新文學運動做了很多有益的工作。被台灣當局囚禁十年後，生活窮困，只得靠種花來維持生活。人們稱他爲「壓不扁的玫瑰花」，這使我心裡十分感慨。我想，玫瑰花是美麗芳香的，但它又是有刺的，楊逵先生是以玫瑰花寄寓了他對生活的熱愛和對壓迫者的反抗。

兩年前，一位美國女學者對我說，在美國舉行的一次學術會議上，她見到了楊逵先生，他對我的情況表示關注和欣慰。在台灣回歸祖國運動正在旺盛展開的今天，祖國人民和我都熱切地期待著楊逵先生的處境能夠得到改善，能夠來到大陸觀光，並爲這個運動做出更多的貢獻。我自己更是熱切期待著和他的會面。但不幸，噩耗傳來，楊逵先生竟去世了！我們的期待沒有能夠實現。在悲痛之際，我僅向楊逵先生的家屬和台灣同胞表示深切的慰問和哀悼。同時，希望台灣人民和祖國人民在一起，學習楊逵先生的精神，繼續加強台灣和大陸的文化聯繫，爲台灣回歸祖國做出貢獻。

一九八五・三・三十

【楊逵的文藝戰線】

讀〈《第三代》及其他〉

——楊逵，一九三七年的再次訪日

橫地剛　著
陸平舟　譯
曾健民　校譯

此前，我曾前後兩次提到楊逵的〈《第三代》及其他〉（註一）。的確，如果把楊逵的視角當作分光儀，並透過它來看一下周邊的話，日中戰爭前夜，兩國的文學工作者的形象便會象各具不同色彩的浮雕一樣呈現在眼前。因此，本文希望以此視角為基礎，重新思考該文所要傳達的眞正意義。從楊逵如何接觸到蕭軍的《第三代》開始，進一步探討他究竟為什麼要對該作品作出如是的評論。

一、楊逵的再次訪日

楊逵於一九三七年六月十日再次來到日本。他抵日之時近衛內閣已經成立。不久蘆溝橋事件爆發，他一度被捕。保釋後，甩掉尾隨者，藏身於橫濱的鶴見溫泉，完成〈模範村〉後離日。離日時間是九月幾號尚未找到明確記載（註二）。台灣光復後發表的〈模範村〉記有擱筆日「八月」（註三）。如果這個說法沒錯的話，可以推測他大約是在八月被捕，九月匆匆離開日本的吧。

《星座》的主編矢崎彈以涉嫌違反治安維持法於八月十八日被捕，拘留至翌年的十一月。該雜誌編輯山本和夫也於二十四日被捕。被拘留的理由爲：有「反戰言論」和「前往上海與左翼分子進行聯絡」（註四）。十五日日本政府發表了〈斷然討伐聲明〉，矢崎被捕前一天，以新日本主義爲旗幟的新日本文化會成立，這背後似乎隱藏著被捕的另外一個理由。據胡風說，九月十八日的《申報》報導了矢崎彈被捕的消息。「矢崎今春曾遊上海，與中國左翼作家王統照、胡風等往來，歸國後與中國人民戰線派聯絡，以文藝謀大衆左傾化，故致被捕（註五）」。楊逵的被捕蓋關乎於此。《星座》被迫以九月號停刊（八月二十一日印刷樣本，九月一日發行）（註六）。

楊逵在此短暫逗留期間的作品，至今已發掘出九篇：

一、〈談台灣文學——〈植有木瓜樹的小鎮〉及其他〉楊逵、龍瑛宗對談，《日本學藝新聞》第三五號，一九三七年七月十日。

二、〈輸血〉揚，同上。

三、〈攤販〉林泗文，同上。

四、〈文學和生活〉楊逵，《星座》第三卷第八號，一九三七年八月。

五、〈緩和考試壓力的方法〉楊逵，《人民文庫》第二卷，第十號，一九三七年九月。
六、〈《第三代》及其他〉楊逵，《文藝首都》第五卷，第九號，一九三七年九月。
七、〈對新日本主義的一些質問〉楊逵，《星座》第三卷，第九號，一九三七年九月。
八、〈期待於綜合雜誌的地方〉楊逵，同上（＊以上二篇《楊逵全集》中未收錄）。
九、〈模範村〉楊逵（＊預定發表於《文藝》，未刊載）。

楊逵再次來日的目的是，在日本的「刊物內開闢『台灣新文學』專頁」，並順利得到《文藝首都》、《日本學藝新聞》、《星座》等雜誌的承諾（註七）。《日本學藝新聞》於七月十日即組編了「台灣文化特集」。楊逵在抵達東京的當天落腳於《日本學藝新聞》的川合仁家，次日即出席了該社的第一屆文藝思想演講會。七月二日與龍瑛宗會面，七日與《台灣文藝》的吳坤煌結伴出席了「星座會」（註八），後來並加入《星座》一伍（註九）。此外，他還拜訪了《文藝首都》的保高德藏，好像也拜訪過改造社的《文藝》。在此期間，從牛込區鶴卷町的台灣留學生宿舍到本鄉的旅館，都留下了他投宿的印記，與石川達三，中野重治，德永直，宮本百合子等人也均有謀面。這裡順便提一下，石川達三也是《星座》的同仁之一。

當初，爲《台灣新文學》編輯「全島作家徵文競作號」的準備工作（註十），楊逵曾預定於一九三六年四月中旬來日。但是由於與夫人雙雙病倒在床，出發日期推遲了一年多。在此期間，台灣的狀況發生了根本的變化。一九三七年四月漢文欄被廢止，《台灣新文學》六月停刊。儘管如此，他還是「為了替台灣文學界謀出路，我仍未灰心（註十一）」，目的自然也就改變了。但是，在確保開闢「專頁」後，他打算以其為據點要做些什麼呢？其答案似乎就隻鱗片爪地隱藏於《第三代》的評論與〈模範村〉的創作過程之中。

向日本雜誌謀求發表場所，這可以有幾種考慮的理由。其中，中國新文學及殖民地文學的介紹在當時的日本漸趨盛行即是其一。滿洲事變後，隨著對華侵略的進展逐漸喚起日本人對中國的關心，「支那熱」在當時的新聞界可以說是沸沸揚揚。在此潮流中，對中國新文學的介紹，從一九三六年開始，中間夾著魯迅的去世，到三七年達到高峰。介紹雖說「非常不充分（註十二）」，但還是「突破了迄今為止的無產階級文學家的局限，滲透到普通民衆讀者層」（註十三）。同時，殖民地文學的介紹也隨之興盛起來（註十四）。《文學案內》於一九三六年的一月號編輯了「朝鮮・台灣・中國新銳作家集」特集。甚至有稱「台灣・朝鮮・中國——新文學的豐富源泉」（註十五）。與此同時，在中國日本文學的介紹也隨之推進（註十六）。台灣・朝鮮的文學作品以日語為媒介被介紹到中國也是在這個時期。胡風翻譯了楊逵的〈送報伕〉發表於《世界知識》（一九三五年六月），後與呂赫若〈牛車〉又與楊華〈薄命〉一併收錄於《朝鮮台灣短篇小說集——山靈》（文化生活出版社，一九三六年四月）與《弱小民族小說選》（生活書店，同年五月）。

楊逵也認識到「台灣新文學運動正在波及日本內地和中國本土（註十七）」（註十八），故對此滿懷希望。他說到，「今後本社也將與他們（中國方面——筆者）建立聯繫，如果是漢文就寄原作，日文就翻譯以後寄去，這樣做是非常好的（註十九）」，並著手準備將台灣文學「分別在著名的雜誌上加以介紹（註二十）」。於是來到日本，「如果我們站在中間，能夠把中國文化介紹給日本，也把日本文化介紹給中國，那眞是再好不過了」，對《星座》提倡的「日華文化交流」深表贊同。以「我可以保證年輕的我們今後一定能分擔某一部分的工作」的積極態度嘗試著投身於所有這些交流活動。並向日本和中國的「所有的文化人」呼籲「不管在日本或在中國，所有的文化人都能盡最大的努力去貫徹這個有意義的計劃，我也希望絕對不要因為某些人的私利而退縮或放棄」（註二一）。

然而，隨著蘆溝橋事變的爆發，眼看著這些交流場所瞬間走向消失。《星座》以社告宣稱：「當今之形勢又使文化交流不得不暫止」，宣稱「日華文化交流」遭到「頓挫」（註二二）。王統照與《文學》、《星座》以及日高清麿瑳等人結成的「中國文學研究小組（註二三）」的合作尙未經月即告結束（註二四）。在《文藝》上連載的〈文藝通訊〉也以蕭軍與中野重治、夏衍與久保榮二郎的通信結束而告「中止」，丁玲和宮本百合子的通信則未能刊載。《文藝》在九月號發表了聲明（註二五）。中野重治表示贊同的「魯迅文學獎金募款」也以些許呼聲而告結束（註二六）。

事件儘管「聲明不擴大」，但七月十一日還是更名為「北支事變」，二十七日更是形勢急轉，提出〈撤回事變不擴大方針聲明〉，隨之總攻擊開始。八月十五日又發出〈斷然討伐聲明〉，事件上升爲「支那事變」。楊逵即是在「七月三十一日夜」——即北平、天津地區淪陷的第二天——將自己的感慨寫入了〈《第三代》及其他〉，爲《星座》的下一期寫了對〈新日本主義的一些質問〉並於戰火進一步向華中擴大的形勢下完成了〈模範村〉的創作。

二、與《第三代》的相遇（註二七）

楊逵是在戰火不斷擴大的局勢下，在東京偶然讀到《第三代》的。

最近我讀了蕭軍的《第三代》，感受到一種難以言喻的愉快，雖然該書只發表到第二集，我一口氣讀完了已發表的部分，現在已迫不及待地想看續集。

《第三代》是從一九三六年六月開始在《作家》上連載的，第一部於三七年二月、第二部於三月由文化生活出版社出版發行，四月兩部都再版。楊逵拿到手的正是第二版（註二八）。就當時的狀況判斷，楊逵很可能是從與蕭軍會面後剛剛回國的矢崎彈那裡得到的。矢崎從五月十六日在上海逗留直至六月十日（註二九）。

首先我們應該注意到這樣兩點。第一楊逵讀到的是原文，其二「這本書也是我這次來東京才得以弄到手的」。這些均傳達著台灣當時所處的狀況。

日譯版於翌年五月出版（註三十）。比較〈序〉中的最後一句，日譯者小田獄夫譯成：「或る日中キ燈の要る部屋ベ誌す」「在（上海）一個日間也要燈火的屋子裡記」，和楊逵此前的翻譯：「晝なほ灯を要部屋にへ誌す」「誌於白天也要燈火的房間」便不難看出楊逵對白話文的理解能力，以及他日文譯文的優秀。他在此直言台灣當局「把漢文欄從台灣的報紙雜誌排除出去」，「這並不是一個賢明的政策」。並指出，一直以來把「東洋」掛在嘴上，「口口聲聲」「東洋東洋」的日本的當局，其實，拒絕自由往來，甚至設定了連書籍都難以購得的「文化界線」。楊逵感慨「實際上，藝術的國界線卻不斷被強化，這眞是可悲」。這也是對在不久的將來日本文壇必將步台灣之轍的預見。

正是在這樣的狀況下，楊逵是經由東京和魯迅、胡風、蕭軍等人相遇，在文字上結合在一起。一九三六年五月十八日晚，魯迅開始發燒躺在床上。恰在此日，胡風將剛出版的《山靈》送到了魯迅處。十日後，魯迅仍高燒不退，於是，從二十八日起，由胡風接替了已開始連載的〈中國傑作小說〉的編輯工作。魯迅把蕭軍的〈羊〉選爲首篇，並親自徹夜校閱鹿地亙和日高清麿瑳的譯稿，同時附上〈作家小傳〉和〈《中國傑作小說》小引〉於《改造》六月號推出。在鹿地將第二篇柏山所著〈崖邊〉的譯稿送到魯迅那裡的第一天，胡風拜訪了鹿地，告訴他是魯迅讓他代爲幫忙。從此，便與鹿地和日高以「忘我的熱情」開始共同翻譯，最後由鹿地完稿。在此期間，他們一同翻譯完成了周山〈父子之間〉、歐陽山〈明鏡〉、艾蕪〈山峽中〉以及沙汀〈老人〉，胡風代魯迅各爲其完成〈作者小傳〉後一一送交給《改造》。連載曾因魯迅的逝世而一度中斷，但還是持續到了翌年一月（註三一）。魯迅試圖以〈《中國傑作小說》小引〉讓日本讀者來看一下「眞實」的中國，並說到，「如果不是徒勞無益的話，那是莫大的幸運了」（註三二）。胡風代替魯迅完成了「將現代中國的年輕文學介紹給日本」這一使命，並在魯迅死後，傾全力於《大魯迅全集》（全七卷，改造社，一九三六年二月～三七年八月發行）的翻譯和編輯出版。在蘆溝橋事變的前夜，他又應矢崎彈所請寫了〈我的心境〉一文，再一次問日本讀者，我們所作的「工作」眞的是「徒勞無益」嗎？這可以看作是魯迅遺志的代言吧。

我不知道日本的進步讀者是如何看待我們的工作的。但看一看報紙和雜誌上出現的時評，似乎並沒有怎麼重視，尤其是左翼評論家們根本不願意接觸它的樣子讓我覺得備受冷落。難道我們的工作真的是徒勞無益嗎？儘管這樣想，但作為《星座》諸賢的參考，可能被真正的文學者嘲笑為俗人的我還是想闡述一下我自己的心境。（註三三）

針對很多日本作家並不想看中國的「眞實」這一事實，魯迅和胡風選擇了直接呼籲日本的讀者，但是，反響「很小」（註三四），這讓胡風感到「備受冷落」。但事實上影響並不是「很小」。「中國文學研究會」（一九三五年三月成立）便是一例證明。蕭軍通過附於〈羊〉前面的〈作者小傳〉第一次被介紹給日本的讀者，「中國文學研究會」的成員對此即有反響。如竹內好的〈最近的中國文學〉（《文藝》一九三六年十二月），武田泰淳的〈昭和十一年的中國文壇展望〉（《支那》一九三七年一月），千田九一的〈《第三代》的蕭軍〉（《中國文學月報》一九三七年七月），小田嶽夫的〈抗日支那的作家・知識階層人士〉（《文藝春秋》一九三七年八月），長野賢的〈蕭軍的人道主義〉（《中國文學月報》一九三七年八月），武田泰淳的〈抗日作家及其作品〉（《文藝》一九三七年九月）等等。在此期間，小田嶽夫、矢崎彈、鹿地亙都曾有與蕭軍謀面，並傳達了見面情形（註三五），及至〈蕭軍致中野重治／中野重治致蕭軍〉（《文藝》一九三七年七月號）等往來書信的發表，蕭軍已成爲一般讀者所熟知的人物。其間，日華學會召開的「《第三代》演講會」（一九三七年五月），以及「中國文學研究會」的例會（同年七月八日），專題討論了「《子夜》和《第三代》」（竹內好）的事實更應受到關注。

楊逵正是在他們提供的這些交流活動中得以與蕭軍以及《第三代》相遇。他讀了小田（《文藝春秋》）、鹿地（《文藝》）、長野（《中國文學月報》）、《星座》、《都新聞》，以及蕭軍與中野重治的往返書信，並見到了與蕭軍素有往來的矢崎彈和中野重治。其中所謂「鹿地」（《文藝》）指的就是付於蕭軍與中野往返信中的〈蕭軍小傳〉。

讀了《第三代》和上述評論之後，楊逵從正面回應了胡風的「心境」。在胡風的〈我的心境〉中，讓楊逵深表同感的是下面這樣一段話。

> 我們也知道過去的日本文壇不願承認中國現代文學。可是我們絕非打算以泥腳踩進紳士們（筆者旁點）的客廳。換言之，我們並非只面向日本文壇，而是想通過尚且幼稚的文學傳達給日本的讀者，特別是進步的讀者：中國文學是如何受難，如何奮起？又是如何通過失敗和犧牲來改造自我的。因為我們相信，猶如烘爐般沸騰著的中國社會，會多多少少地反映在文學作品裡，而且日本進步的讀者一定會對此抱有共鳴……（註三六）

「《第三代》及其他」所表達的正是殖民地台灣對魯迅、胡風等的「工作」的最大的共鳴。楊逵在較長地引用了胡風上面一段文字後寫下了他自己的話。

> 我們殖民地的人也有相同的感慨。我想，在地方上一邊工作一邊寫作的日本無名作家，

大概會有相同的感概吧。

楊逵將其對《第三代》的評論歸納爲數行，以此作爲結語。

三、土匪的「真實」

作品中描寫被欺壓的人民不斷加入所謂「馬賊」的故事，所謂「馬賊」，並不是我們常聽說的可怕的強盜，而是相對於壓迫者而成長起來的一股對抗勢力。日本也有「勝者為王，敗者為寇」的說法。依這句話的含意，我們天天被灌輸的土匪、共匪、什麼什麼匪、什麼什麼匪，其實是……（註三七）。

楊逵的看法並不是站在旁觀者的角度，而是作爲一個當事者。這與其他從那裡尋求「異國情趣」或是「人道主義」，並以此保持它與自身距離的議論者們大有不同。他是從稱妻子爲「土匪婆（註三八）」的角度來讀《第三代》的。他把小說的主題明確地揭示給讀者，指出了小說所揭示的「眞實」；說道「小說裡面絲毫沒有欺騙或諂媚的庸俗性」，並毫不諱言「我們讀起來又很有趣」。

武田泰淳曾這樣評價道：「《第三代》不是抗日作品，描寫的是滿洲農民的生活……雖說在二十世紀還會出現描寫山賊生活的作品有些異樣，但這裡的山賊，其作爲自然人的行爲卻毫不令人感覺突兀（註三九）」。武田在此表示「不是抗日作品」是爲了與一般的「國防文學」加以區別，也可以說是爲了說明這是一部「民族解放戰爭中的大衆文學」作品。小田嶽夫認爲，「貫穿《第三代》的恐怕是類似人民戰線的思想體系（註四十）」。如果說這些就是專家對中國文學的介紹的話，那麼淺見淵的看法則代表著知識階層的普遍認識。他負責《文藝》的「匿名月論」，武田的文章不用說，他對前面提到的中國文學作品的介紹自然都很瞭解。他在讀了小田嶽夫的譯文後寫過一篇名爲〈支那〉（註四一）的文章。他首先長篇大論地討論了〈支那民族精神的頹廢〉，以〈日支事變正是由於支那民衆陷入一種仿佛《阿Q正傳》的狀態〉，人人「利己主義」至上，缺乏「對國家的獻身精神」，而「正是這種國家觀念的喪失，構成了招致支那今天悲慘命運的重大原因」開始展開了他的議論。接著以此爲前提開始介紹《第三代》。據他的理解，在那個社會「只有農民是健全的」，他們「一邊默默地甘受著貪得無厭的統治者的剝削，緊咬著大地」，他們「以生活踐行生活」。於是，「爲了自由他們或當土匪，或去坐牢而再無其他選擇」。因此作品表現了「《水滸傳》裡所描繪的，仗義而耿直的俠義精神」。

他們的理解都只停留在「被欺壓的人民」加入了「所謂『馬賊』」，而未能深入到與欺壓者相對「成長起來的一股對抗勢力」這一層面。特別是淺野以未能深入的理解，強加給讀者中國是「土匪、軍閥、貪婪與迷信支配的封建社會這樣一種見解（註四二）」。

似乎從《第三代》想到《水滸傳》的讀者並非少數。但從中我們也可看到差異。楊逵說，「不要因爲有很多山賊」，「就瞧不起或懼怕」，「我們應該要透過這部小說接觸中國社會的眞實面，深入探討山賊的眞面目才行」。光看這些似乎與淺野的差距還不是很大。但問題在後面，《水滸傳》在日本、台灣無法完全與《三國志》相比的理由「我認爲恐怕有政治因素」，因爲其主題是暗示「替天行道」（註四三）。這裡順便說一下，在「漢文欄廢止」後，爲了阻止「心靈的征服」，爲了表示台灣人既不會成爲奴隸也不會成爲奴才的氣概，黃得時與楊逵曾分別將《水滸傳》和《三國志》譯成日語。民衆亦是如此。楊雲萍曾記錄，甚至到了「決戰期」，「農民們」仍在《三國演義》或《水滸傳》——而不是以日語演出的「皇民劇」中尋求娛樂（註四四）。

是什麼導致這樣的差異呢？其一是不願正視現實。另一則是忘記了台灣的經歷——日本帝國的殖民地史。對楊逵來說，他有台灣的經歷，而他從那段歷史中所學習到的「邏輯」，現今正在滿洲進行中。滿洲事變以來，日本所謂的「討伐暴戾，以確乎不同的決心，凡抗日、侮日等一切勢力」（註四五）均「被灌輸」爲「馬賊」、「土匪」、「共匪」，而這些匪如何就成了被「慘殺」的對像是不需任何說明的，這些楊逵所看到的事實淺野卻看不到。

楊逵是試圖以小說形式把顚倒了的台灣史加以糾正作爲其文學的出發點的。

我九歲時（民國四年），台南發生噍吧哖抗日事件，我親眼從我家門縫裡，窺見日軍的砲車轟隆而過，其後又聽聞日軍的鎮壓與慘殺，稍大後，我在書店買到一本日本人寫的「台灣匪誌」，也看到所謂「匪徒刑罰令」，我才明白了日本人如何歪曲歷史與法律（註四六）。

在其他場合他也明確地談過這種「鎮壓與慘殺」邏輯。日本人「把我們民族主義者叫做『土匪』」，「有一本記載台灣革命史的書就題爲《台灣匪誌》」，「有專門對付我們民族革命運動的法律就叫著『匪徒刑罰令』」（註四七）。這些可以看到他與《第三代》如此相像的原質。

接下來，我們應該進一步討論一下在他的原質和讚賞《第三代》之間所傳達的他對時代的認識——特別是他對中日戰爭的認識。首先他是怎樣認識所謂「支那問題」的？對此雖然沒有直接的資料。但文中還是有些微的線索留了下來。從消息嚴密封鎖的台灣（註四八）來到東京，他如饑渴般地閱讀報紙雜誌。譬如《改造》、《中央公論》、《日本評論》、《文藝春秋》以及《蛇形管》的八月號，以這些「作爲正確的判斷材料」，探求「潛藏在事件背後的事實」。特別對「暴風雨中的蘇滿國境及暴風雨中的北支」表現出極大興趣（註四九）。日本逗留期間他始終如此，這從〈《第三代》及其他〉文中也可略見一斑。

從前面引用的內容可以看到，他在文中曾特意標出了參考著作的作者及雜誌名。小田嶽夫介紹了從「國防文學」的爭論到「團結禦侮和言論自由的宣言」的經過，蕭軍、胡風、中野重治等人也提到了對此的見解。此外，從他的著作中也能看到矢崎彈在《星座》的七月例會上彙報歸國談的情況。《中國文學月報》（一九三六年九月號，八月二十五日發行）刊出了日高清麿瑳所譯「文藝家協會與文藝工作者」二團體的「主張・構成・活動等」。胡風在《大魯迅全集》第五卷（一九三七年八月二十一日發刊）的「解題」中談了「文藝界同人爲團結禦侮與言論自由宣言」的意義，並指出，「至於華北五省掀起的自治運動，輿論界首次提出了言論自由的要求，國民黨也難以再像以前那樣進行壓制」。統一是爲了「民族的解放和民族的進步」，是「不願做奴隸的中華兒女」的戰鬥。這二篇也都應該是楊逵唾手可得的文章。

關於中日戰爭和內戰，中野重治在《文藝通訊》上介紹了埃德加・斯諾的〈中國共產黨的領袖・毛澤東會見記——中國共產黨的對日政策〉和艾格尼絲・史沫特萊的〈西安事件與國共合作〉（《改造》一九三七年六月），並寫道，「現在已將日本讀書人看中國的視野大爲開拓了。日本人也在熱心地閱讀」。他進一步說明了「被一分爲二的中國」及「日中文學的聯繫」（註五十），並說道，「希望從中國她自身的歷史中看中國支那（註五一）」。中野見到楊逵，「打聽了很多台灣的事」（註五二），不過可能沒有談到「中國的國民解放戰爭」中的政治和文學的問題？同時，在這前後見到的龍瑛宗在光復後寫道，「尾崎秀實（原台北一中出身）的中國研究是非常正確的（註五三）」。我們認爲他與楊逵共同有著這種認識一點也不足爲奇吧。在楊逵標有閱讀記錄的《改造》八月號上就有尾崎發表的〈北支問題的新階段〉。尾崎在文章中論述到，「支那最近的統一運動既是國家的統一問題，同時也是民族統一戰線的問題」（註五四）。

楊逵這篇書評誠可謂傑出之作。這種傑出工作如果缺乏對殖民地台灣的自覺以及對不斷發展的抗日民族統一戰線的認識恐怕是不可能產生的。在當時所能允許的文字表達範圍內，我們是否應該這樣解讀楊逵的表述，即：雖然戰火的進一步擴大將「被欺壓的人民」從台灣擴大到「滿洲」，從華北擴大到華中，但這也是致使「相對於欺壓者而成長起來的一股對抗勢力」的戰線擴大的結果。〈模範村〉共有過三次修改，但在事件剛結束時只寫了「被欺壓」三個字的地方，而後來又插入了下面這樣一句話，這便是上述理解的最好證據。

> 日本人奴役我們幾十年，但他們的野心越來越大，手段越來越辣，今年來，滿洲又被她佔領了，整個大陸也許都免不了同樣的命運。這不是個人的問題，是整個民族的問題（註五五）。

楊逵對於蕭軍將被歪曲了的「土匪」的世界作爲一種正常生活進行刻畫而感受到「一種難以言喻

的愉快」。這也就是胡風所說的，「對於生活如何創造文學的同感（註五六）」。楊逵在文章的最後寫道：「總之，《第三代》是有趣的好小說，希望有一天可以向大家介紹」。在引導日本的讀者睜開眼睛面對「教育」所遮蓋的「眞相」和眼前的事實的同時，作爲一個殖民地的文學家，楊逵表達了自己對祖國抗日民族統一戰線和那裡所討論的大衆文學的贊同。

四、「官民一致的美德」

此後楊逵開始著手修改〈模範村〉。目前尚不能確認現存的〈模範村〉手稿（註五七）是楊逵再次來到日後，將相當於〈模範村〉前一半部分的〈田園小景〉（註五八），修改後又增添了後半部分呢？還是來日本時就帶來了「模範村」的成稿，只是在此進行了修改。從有限的時間來考量，我以爲後者的可能較高，由於原稿並沒有保留下來，所以我們無法探討蘆溝橋事變對它的直接影響，但是《第三代》帶給他的激勵是毫無疑問的。他在〈模範村〉的前半部分中描寫了殖民統治者和封建勢力聯手壓榨農民的實際狀態，後半部分則刻畫了一群「相對於欺壓者成長起來的一股對抗勢力」的青年。

一直在本村派出所工作的勞苦功高的木村警員，一下子就升為警長了。最近縣裡的警務部長閣下又要頒給「模範村」的褒狀，本村的第一位地主阮固爺打算領獎。這當然是本村的

無上光榮

村子裡官民一致的良風美俗十分貫徹——這是局外人的話。可是村裡的官員們卻似乎並不滿意，認為還有很長的路要走。

「村裡的百姓都像牛一樣的，要拉著鼻子才肯動，稍稍放鬆一點，就要懶惰起來了。譬如說公路兩旁的樹木，枯了倒了也沒人管」

對那些「不肯自動用力的人」、「怠惰的人」都要罰款，「有時還要賞他們幾個耳刮子」。資本家們稱讚產業道路的修補，「在捐獻國防獻金的時候，就捐了一筆頗爲不小的數目，以示大方」。農民們則「一聽到公家令下，放下剛剛開犁的水田不顧，便立刻動身去修築公路」。還有「捐派突然增加許多」，「財主們所納的捐款……賺回幾倍的錢來，可是中農以下的人，錢捐了出去，多半永無復歸之期了」。甚者，財主們把來自百姓的土地收回而租給製糖公司「和擁有大資本的糖業公司密切聯絡，不論在土地的灌溉上，或是其他和官府有關的事情上，總可以多佔一些便宜」。

楊逵這樣描繪著殖民地台灣的社會結構和生產結構，然後逐漸將讀者引導到「警察局長巡行」這一高潮部分。「平常修補完好的公路要重新檢查，路邊樹木要修整，街巷和庭院要打掃，圍牆要修補，家裡內內外外要收拾好，全村上下因此天翻地覆地忙碌起來了」。於是「在警察局長還沒到來的時候，這裡早已整理得煥然一新了」，然而「就外表看雖然是夠整潔的，每家屋子裡面呢，因遵守嚴令而沒有地方安置的農具、雜物和柴火，一股腦兒都搬了進來，卻變得雜亂不堪」。「大廳的頂桌上，一向是供奉媽祖娘娘，觀音菩薩的佛像和香爐，如今擺設著日本式的神龕和寫著『君之代』的掛幅」。老人們因爲不拜佛便吃不下飯去，所以會時常悄悄地拉出佛像點上香流淚。但一聽到腳步聲，便又將之藏入雜物中。「可怕的是，一起搬家到屋子裡的蛇，常在半夜裡鑽出來，驚醒農人的好夢，譬如林金土便是爲此而送了一條命」。「官民一致」最終是讓「蛇」潛入到自己家中。「蛇」象徵著日本帝國主義進入到生活得每個角落。巡行的次日，該村被評定爲模範村。「警察局長在談話裡強調的是泰平鄉官民一致的美風，並且對這個模範村的飛躍發展表示感激」。楊逵對滿洲事變以來，台灣社會的諸矛盾，從「生活中」毫不留情的挖掘出來，將所有這些矛盾展現給我們，並以民衆自己的語言對官方將所有的矛盾硬塞給民衆；用「美風」遮蓋的「官民一致」的實態進行了徹底揭露。

這也是對再次來日的楊逵來說，眼前的不斷擴大的「舉國一致」的本質。滿州事變以來，日本「國內對立相克」的情況不斷擴大。由軍費膨脹帶來了物價飛漲和稅收增加，在此背景下，從一九三六年到三七年，勞動糾紛，主佃爭議不斷激化。作爲此狀況的反映，在第二十次全國大選（四月三十日實施）中，社會大衆黨和日本共產黨獲得了三十八個議席。接著在地方的選舉中，也表現得異常活躍，這給當政者以強烈震撼。以「緩和國內對立相克」爲旗幟的近衛內閣於六月四日成立。這是楊逵來日一周前的事。正當國民的民主化要求進一步擴大時，蘆溝橋事件爆發了。內閣十一日擬定了「帝國政府對北支事變的的根本方針」，十二日分別召集言論機關代表、貴衆兩院議員、工商金融界代表會談，取得了「舉國一致」的合作意向。社會各界紛紛舉行了「舉國一致」的宣誓。於此「經濟、政治、社會以及思想（文化言論）的舉國一致（註五九）」的「果實」宣告結成，「對立相克」一夜之間得到「緩和」。十五日，社會大衆黨聲明改變方針，第七十一次帝國議會通過了高額的事變「追加預算案」和「特別稅法案」，於是，對「北支」（譯按：華北）的進攻就成了「國民全體的意見」和爲了「保全國體精髓歸一」以及爲了「東亞永遠和平的確立」。勞資糾紛和佃耕爭議從上半年有史以來地激化變得有史以來地緩和，緊接著內閣會議又於八月二十四日推出「國民精神總動員運動要點」，「於是，儘管人們對現實很清楚，但卻又只能順應顚倒的現實中」（註六十）。

楊逵將「舉國一致」比擬爲「官民一致」，而對「出兵」、「追加預算」、「特別稅法」以及「國體之精髓」分別比擬爲「勞役」、「國防捐款」、「捐款」以及「美風」寫入了「模範村」。因此，作品揭露了所謂的「舉國一致」就是將諸矛盾以「國體之精髓」加以遮蓋，就是以「東亞永遠和平」的美名粉飾對華侵略。以此爲背景，他在小說的前一部分，通過村裡官員的話暗示了「國民精神總動員運動」——台灣則爲「皇民化」運動——的開始，在後段則寫了青年們反抗的開始。這些應該是他打算冒險在日本發表其〈模範村〉的理由吧。

十月末，《文藝》編輯部暫不發表，將原稿退回（註六一）。〈模範村〉不為殖民地台灣所容，當然在宗主國日本也不能容。魯迅曾這樣鼓勵過在租界地上海的氣氛中的無所適從的蕭軍：「『土匪氣』很好，何必克服（註六二）」。同時，在蕭紅所著《生死場》的書評裡也曾這樣寫道，「如果還是擾亂了讀者的心呢？那麼，我們絕不是奴才（註六三）」。魯迅和楊逵總是將自己放在「匪」的一側。因此他們的著作總是被視為是擾亂「舉國一致」，威脅「東亞永遠和平之確立」的東西而被排斥。

五、「泥腳」與「黏土之足」

據胡風說，「某匿名的批評家」於一九三七年四月發表過有關對中國文學的批評。遺憾的是至今未明所指，但胡風和楊逵都分別引用過其中不同的兩處，並可看出他兩人分別閱讀了該文。估計可能是矢崎彈給二人看的。本文在此對二人引用部分再次謄錄如下。「中國的作家們膚淺地以為以此就登上了世界文壇」（註六四）、「把那種沒有技巧的東西當做一回事，就像把泥腳的人請進客廳一樣眞不識體統」（註六五）。這裡所謂的「以此」指的應該是在《改造》連載的〈中國傑作小說〉，不知道是否還包含著《大魯迅全集》的出版。在此前，我們還可以看到小林秀雄的這樣的見解，「要說在啃過日本的馬克思主義文獻出身的抗日作家的作品裡，能看到支那人的本來面目，我不相信」（註六六）。他就是這樣拒絕魯迅等人提供的中國的「眞相」的。

兩者的隔閡顯著地表現在無產階級文學運動解體後開始的兩個文學爭論上，即小林秀雄和正宗白鳥之間的「思想與現實生活的爭論」（一九三六年一月～六月），以及小林秀雄和中野重治的文學爭論（一九三四年四月～三七年三月）。中國新文學是「泥腳」這種批評的依據，是小林秀雄所謂「如果偉大的思想最終超越現實生活的時刻尚未到來，那麼思想這種東西到底能發揮出什麼力量」（註六七）這一論調。這與胡風與楊逵所考慮的「生活如何創作文學」之間自然不能相容。

楊逵借對方所謂「泥腳」的批評，反過來對日本作家們的「安於過小康的紳士生活」、「紳士意識」、「紳士式的高尚意識」給予了有力的反駁。他首先質問，為打破文壇的「貧血狀態」（註六八），「『不計成敗，做了再說』的精神，我覺得日本作家不應該只是掛在嘴巴上，而是應該眞正地去身體力行。難道這樣想錯了嗎？」而「不計成敗，做了再說！」這句話正是以新日本主義領袖自居的林房雄所說的。接著，楊逵把矛頭指向了片岡鐵平的所謂「文學要大衆化，是沒有希望的」（註六九）的認識，說道，「不是用雕蟲小技和象牙塔內的創作，而是應該腳踏實地用社會的眼光來進行，這一點要求是針對所有口口聲聲說進步的作家的」（註七十）。楊逵清楚地看到了該「轉向」後的二人的「檄」與「沒有希望」均來自「超越現實生活」的思想。楊逵和胡風認為這是「逃避現實」，並給與了批判，而自負地以為日本的文壇即為「世界的文壇」的匿名批評家，卻蔑視拒不接受這一思想的中國新文學是帶著泥土氣味的落後文學。

兩個爭論自然而然地從「思想與現實生活」的爭議，發展到「傳統性與現代性」的爭議。在此期間小林將「思想是超越現實生活的」改為「思想要求現實生活為其犧牲」（註七一）。（註七二）在此過程中，論者們也常常被追問到有關對中國的認識。因為怎樣看今天的中國社會直接關係到怎樣評價日本的近代化，因此，實際上這也是當時的論點之一。

魯迅早就看到了問題的本質，他曾指出日本的文學家「害怕遇到和他的成見相抵觸的事實」，在「迴避」（註七三）這些事實的同時，「的確發揮了古風的人道主義者的特色」（註七四）。正宗正是從魯迅的作品中看出了作家這種「不可不直視周圍現實」的心境，從而才提出了自己對中國新文學應有的存在方式和應該理解中國現實的看法（註七五）。魯迅也對正宗的見解「頗有同感」（註七六），並通過他對小林的言詞提出了異議。

中野轉向後，返回了福井的「鄉村的故鄉」開始審視自己的父親。他通過父親的人生從新思考「國」與「家」的關係，並從此視角審視明治以來的近代化。父親在甲午戰爭從軍，戰後在台灣總督府和朝鮮總督府的臨時土地調查局工作，在殖民地經營之初做出了貢獻。中野以此作為了考慮朝鮮、台灣和中國問題的出發點。他在與蕭軍的往返書信中從「我的父親，甲午戰爭中作為一名炮兵一等兵曾去參戰，發射過大炮」，日本如果「沒有甲午戰爭就不會有今天的國家」，一直談到應該正視日本的侵略戰爭，認眞考慮「『日本文學的現狀和日本作家對中國的關心』這一複雜的大問題」。他對小林的理論作出了如下的批判。《文學界》座談會認爲，「將日本分爲兩個，這也不符合事實，所以無論怎樣，應該作爲一個整體來看日本，並把愛情傾注給它」，但是「中國卻有兩個政府，或者說有兩個政權。（中略）兩個對立的政權卻同在一個支那」。「小林秀雄等人可能會說我又再說謊」，但是我的關心確實「不僅在於雙方，更在於對兩者關係的理解」。接著他又進一步指出日本文學和中國文學的關係，特別是日本無產階級文學和中國新文學「在內部具有共通的性質」，並在最後說道，應該根據事實看中國的歷史，至少太平天國革命「是支那資產階級民主主義革命的先導」。並斷言「我以爲這不僅是日本文學接受中國和中國文化的途徑，也是日本國民降低高騰稅金的途徑」（註七七）。這是他對「日支文學的聯繫」的重要性和兩者之齟齬的看法，也是他與小林的「爭論」的基點。

對於身處監視觀察下中野的冒險直言，小林承認現狀但卻不肯回顧歷史與傳統。事件的一年多後，他去了「滿洲」，據他說「望著幾千萬難民的人群」，除了「讓他聯想到《詩經》桑柔篇所表現的情形」以外而再沒有別的，無論是在「滿洲」還是在北京街頭都沒有見到「阿Q面孔」（註七八）。甚至連戰爭對手的中國和中國人都看不見了。他「對今日之中國無所知」（註七九），甘心麻木，拒絕以他人爲鑒。

克萊門特．艾德禮的《日本泥足》是當時國際上倍受關注的一部作品。尾崎秀實引用過，馮仲足在胡風編輯的《七月》上的文章中也提到過。「泥足」就是用泥做成的腳，比喻日本國薄弱。現在被翻譯成「粘土之足」（註八十）。「泥腳」指沾著泥的腳，形容〈中國傑作小說〉在日本文壇登場。前者是對以脆弱的「粘土之足」來進攻中國，「決沒有支援長期戰爭的力量」（註八一）的分析，而後者則是對日本文壇既脫離日本的現實也脫離中國的「眞相」自我說明的批判。雖然這個分析和批判之間看似並無直接關係，但都揭示了日本的近代化的貧弱。楊逵和胡風對匿名批評家的反駁，最終的結論也似乎在說明他們也不過是「粘土之足」吧。

六、隱居首陽

蘆溝橋事變後，胡風獲知矢崎彈被捕的消息，知道了日本政府「壓迫民衆和侵略中國」終於二合爲一。他指出這便是「日本帝國主義底強盜政策底兩面」（註八二）。揭穿了「舉國一致」的詭計。楊逵也以自身被捕的經歷瞭解了這一本質。中野重治也是最早注意到事變重大性的人物之一。「這次在性質上比以往任何一次『事變』都更大、更重，恐怕是爲徹底解決過去所有事變遺留問題的又一次『事變』吧」。他隨即認識到「事變」將成爲甲午戰爭以來的總結算。並說道，雖然「中國的武力」與日本相比「暫且占劣勢」，但「如果『事變』拖長，在『事變』的進程中這種優劣的差距會急速消失」（註八三），預測到「事變」會成爲長期的戰爭，認爲對應日本「速戰速決」方針的將是「支那民族戰線的全面抗日戰爭」。一般認爲這種觀點來自尾崎秀實「北支問題的新階段」的分析，楊逵也持同樣看法。

小林秀雄認爲，「對這次事變日本國民採取了默然處之的方式，這是這次事變最大的特徵。」他說，「舉國一致」的思想「並非只是所謂日本民族血緣的、無意識的團結這麼簡單的事情，而是隨著長期並著實複雜的傳統而來，又經明治以來急劇西化影響之錘煉而後形成的一種異常的聰明和異常的智慧」。我們已經知道，中野和小林均早在事件前就一直關注日本的「近代化」問題，然而小林還是繼續含糊其詞地說道，「這種智慧，因爲才剛剛體現還不能明確描述。也還沒有任何一位思想家描述過它。我也只是有這種感覺」（註八四），終究也沒有明確他所謂的「智慧」究竟爲何物。他到達了自己開闢的場所，但卻繞開這個場所而只是拋出了問題。因此，他所謂的「智慧」也就只能停留在「超越現實生活」，並「犧牲」現實生活的思想上，充其量不過是使國民「沈默」的一種意識形態裝置而已。

在中野發表「感想」的《改造》九月號上，戶阪潤寫了一篇題爲「舉國一致與國民生活」的文章，對煽動「思想動員」的小林的非邏輯性言辭進行了揭露，他說道：我們已經淸楚地看到，一條通往新日本主義的道路就擺在眼前。「形成舉國一致，並不是所謂自由主義和自由主義反對派之間矛盾相互轉化統一的結果，而是前者向後者轉化的完成」，「日本主義不得不將它以自由主義改觀的形式進行，這就是最近的文化形勢」（註八五）。

在事件期間，藝術院成立，文化勳章設立，接著文藝座談會解散，取而代之的是中央文化聯盟的結成。隨後，根據佐藤春夫的提議，八月十七日新日本文化會誕生。前者是半官半民的財團法人和後者的民間團體一同開始推進文化界的「舉國一致」和民衆的思想動員。中央文化聯盟成立的宗旨中這樣寫道，現代日本文化有「急於模仿、追從，而有缺乏創造性和進步性傾向」，使得「思想對立階級的鬥爭徒然激化」，以致「民心動搖，社會不安」。爲此應充分認識「我國國民性的特質」，取「東西文化」之長捨棄其短，建設「新日本文化」。新日本文化會則得到了中央文化聯盟會長松本學的贊助，由林房雄等爲中心的二十三名會員組成，沒有規章，綱領，會章等規定，加退會均屬自由。但據發起人之一的林房雄說，他們的目的是「從根本上探求『屬於日本性的東西』到底是什麼」，現在對「屬於日本性的東西」的探求就是「作爲二千年的傳統和明治以來七十年間熱心吸取西歐及世界文化的成果。今天我們迎來了可以創造新的日本文化的關鍵時刻。」（註八六）並且冠冕堂皇地說，「愛日本，必然就是排他的，狹隘亦屬自然」。（註八七）

楊逵關注到這一系列「文化界人士所圖謀的事實」，指責道，這「比當局的政策更叫我們感到悲痛」，他們所圖謀的新日本主義「好像要給這個不斷擴散的藝術的親和力套上外殼，阻擋它擴散」，指出了其封閉性和鎖國性。他說「新日本文化」不僅不能包括戰爭對手中國，甚至連作爲殖民地的台灣、朝鮮也不能包括。「結果，那個殼子終究只會把這種主張的人自己封閉起來吧。這是我根據新日

本主義的理論基礎薄弱以及反對的聲浪很高等因素，所歸納出來的結論」。（註八八）

於是他向《星座》九月號寄去了〈對新日本主義的一些質問〉一文，羅列出對「深奧又玄虛的東西」和新日本主義的曖昧的「質疑」。他責問：「新日本主義者諸君在想什麼，到底想要教導國民什麼？」「這個日本人的心情、日本人的感覺，到底是德川時代的、還是豐臣秀吉時代的東西，或者是完全是不同的新東西？」「日本人的眼光和世界人的眼光的不同到底在哪裡？」「新日本主義諸君到底想要怎樣謀求日本的發展？」「新日本主義到底想告訴我們」也就是殖民地的人們「以及日本的勞動者什麼呢？」。

針對沒有綱領和規章的對象，雖然批評也不系統，但我們還是可以把他的批評集中歸納如下，第一，文化人對思想動員的支援，第二，支撐思想動員的新日本主義的曖昧性，第三，集中於其鎖國性乃至排他性。「在大東亞文學者會議時」楊逵遇到了同樣的文化人士。他們「所圖謀的事實」讓楊逵看到的「不再是藝術家，而只是個自吹自擂的『廣告販子』」。（註八九）當然，這是以後的事情了。

最後想談一下矢崎彈。他從上海回國後爲《星座》九月號編輯了「特輯：民族主義再檢討」，對新日本主義進行了批判，其中就包括前面提到過的楊逵的那篇短文。雖因印刷樣書的同時矢崎等被捕故而未得廣泛刊行，但它還是在日本文學史上留下了寶貴的一頁。

基於「現代的人道主義一方面是由於無產階級文學遭到壓制而被迫後退的一種抵抗方法」，同時也是「由現今的政情所激發的知識分子良心的自覺表現」這樣的信念。矢崎以人道主義作爲基調對「日華文化交流」進行了嘗試。對此王統照向他詢問的是「具體的方向」，胡風則表示異議。蕭軍稱其「避實攻虛」（註九十）。回國後，矢崎應對他們的批評，開始努力擺脫「舊的人道主義」所表現的「逃避現實」，呼籲《星座》同人，應該像西班牙內戰喚起歐洲知識人的人道主義那樣做。（註九一）但同時，他又流露出日中戰爭的原因乃是「近來的中國的軍事性、政治性行動的態度」（註九二），遂招致了胡風的不屑（註九三）。

矢崎的被捕和《星座》的停刊作爲新日本主義（民族主義）摧毀人道主義的一個瞬間，雖然給人們留下了較深刻的印象，但就象逮捕的理由所顯示的那樣，他的人道主義的有效是因爲他在星座卷頭語說了「現代日本主義陷入鎖國的過失和在剿滅方言鄉土之愛的任務中的果敢」（註九四）而並不是人道主義本身。由於日中戰爭的擴大，他的人道主義對中國，對日本，都已失掉了立足之地。（註九五）

楊逵再次來日所面臨的是新日本主義與抗日民族統一戰線的關頭以及兩者間的衝突，就是說是在這種衝突下的「階級與民族」問題。從《第三代》的評論和〈模範村〉中我們看到了他對這些問題的思考以及關於這些思考的發展方向。他返回台灣沈潛入「首陽農園」，他的想法恰恰表現在此。「首陽」二字不僅是爲了「公開表明反日的態度」（註九六），表示對日本文壇的死心，同時也顯示了他對抗日民族統一戰線的確信和對「民族解放戰爭下的大衆文學」的期待。楊逵據此預測了戰爭的長期化，

「爲了免於餓死」，決心在此「聽從規勸厚顏采薇而食」。（註九七）

在「轉向」後的文學家之間，曾對比議論過林房雄的「不計成敗，做了再說」和魯迅的「隱居首陽山」。有一篇題名爲「魯迅與林房雄——轉向者的冗舌和沈默」（註九八）的匿名批評，其討論的內容流傳至今。文章說，「對於轉向者，魯迅的所謂以無言的抗議而應戰，我們對此不無疑問。（中略）以容許佩戴的最後的短劍去鬥爭，不僅是悲壯的，同時難道不也是重要的嗎？」。評論認爲，「隱居首陽山，還是戰鬥到底？」不得不選擇其一，「這也許就是支那人和日本人不同」。評論的是非我們暫且先放到一邊，但如果確如文章所言的話，楊逵作爲中國人的確選擇了魯迅的道路。

（二〇〇六年十月三十日完稿，同年十一月二十六日改定）

註釋

註一：拙稿〈范泉的台灣認識——四十年代後期的台灣文學狀況〉《境外的文化》汲古書院二〇〇四年十二月，《人間》二〇〇三年十二月，《復旦學報》二〇〇四年第三期。以及拙稿〈由《改造》連載〈中國傑作小說〉所見日中知識分子之姿態——從魯迅佚文／蕭軍《羊》所附〈作者小傳〉說起〉《人間》二〇〇五年四月。

註二：關於〈楊逵再次訪日〉有以下先行研究。河原功〈楊逵——及其文學的活動〉《台灣近現代史研究》創刊號，龍溪書舍，一九七八年四月。張季琳〈台灣無產階級文學的誕生——楊逵和《大日本帝國》〉（博士論文）東京大學大學院人文社會系研究科，二〇〇〇年六月。黃惠禎《楊逵及其作品研究》麥田出版，一九九四年七月。及〈左翼批判精神的鍛接：四〇年代楊逵文學與思想的歷史研究〉（博士論文）國立政治大學文學系，二〇〇五年七月。

註三：楊逵〈模範村〉《台灣文學叢刊》第三卷，台灣文學社，一九四八年十二月。

註四：近藤龍哉〈胡風與矢崎彈——以日中戰爭前夜的雜誌《星座》的嘗試為中心〉《東洋文化研究紀要》第一五一冊，二〇〇七年三月。矢崎拘留的理由出自《特高外事月報》（昭和十二年八月分）。承蒙著者賜閱發表前之原稿，並提供《特高外事月報》。特此鳴謝。

註五：胡風〈憶矢崎彈——向摧殘文化的野蠻的日本政府抗議〉《七月》週刊第三期，一九三七年九月二五日／半月刊，第一卷第一期，一九三七年十月十六日。《申報》〈東京民眾覺悟，反軍閥空氣濃厚〉一九三七年九月十八日，文中有關矢崎的報道摘自《東京朝日新聞》一九三七年九月一日〈評論家矢崎彈氏《因反戰演說受審／及其渡支前後的情況》〉。

註六：〈出版法〉規定書刊發售或分發三日前有義務送往內務省。由此可以得出，矢崎彈是在八月十八日提交稿件後被捕的。

註七：宋澤萊〈不朽的老兵〉陳芳明編《楊逵的文學生涯》前衛出版社，一九八八年九月。

註八：〈星座通訊〉《星座》一九三七年八月號。

註九：〈新人介紹〉《星座》一九三七年九月號。

註十：楊逵〈編輯後記〉《台灣新文學》一九三六年四月及一九三六年五月。

註十一：宋澤萊〈不巧的老兵〉同前。

註十二：中野重治〈中野重治致蕭軍〉《文藝》一九三七年七月號。

註十三：飯田吉郎〈關於現代中國文學的介紹——來自無產階級文學者的觀點〉《東洋大學紀要》第十二集一九五八年二月。

註十四：白川豐〈日本雜誌所刊舊殖民地作家的文學〉《殖民地時期朝鮮的作家和日本》大學教育出版一九九五年年七月。

註十五：足立〈台灣・朝鮮・中國〉《都新聞》〈大波小波〉，一九三七年七月三〇日。

註十六：可參照以下資料，如：江口渙〈日本無產階級文學的支那譯文及其譯者〉《文學評論》一九三四年十一月，小田嶽夫〈日本文學和支那〉《文藝座談會》一九三六年六月。

註十七：河原功〈台灣新文學運動的展開〉《台灣新文學運動的展開》研文出版社，一九九七年十一月。

註十八：〈將作家培養與編輯交於大眾之手——本社第二次商討會決定方針〉《台灣新文學》第一卷第一號，一九三六年二月。胡風譯《朝鮮台灣短篇小說集——山靈》的發行廣告見《台灣新文學》第一卷第八號，一九三六年九月，第二卷第一號，一九三六年十二月，第二卷第四號，一九三七年五月。

註十九：〈將作家培養與編輯交於大眾之手——本社第二次商討會方針決定〉同前。

註二十：楊逵〈寫在《全島作家競賽作品號》的計劃發表之際〉《台灣新聞》一九三六年三月六日。

註二一：楊逵〈《第三代》及其他〉《文藝首都》一九三七年九月號。

註二二：《星座》編輯部〈社告〉《星座》一九三七年八月號。

註二三：竹內好〈《中國文學月報》後記〉《中國文學月報》一九三六年八月號。

註二四：〈日華文化的交流和今後的星座〉《星座》一九三七年七月號。

註二五：輯輯部〈諸位讀者〉《文藝》改造社，一九三七年七月號。

註二六：魯迅先生紀念委員會籌備會〈魯迅文學獎金募集〉《改造》夏季特大號，一九三七年七月。〈日華文化交流調查意見〉《星座》一九三七年八月號。

註二七：除腳註外本節引用全部來自楊逵〈《第三代》及其他〉同前。

註二八：蕭軍《第三代》巴金主編〈新時代小說創刊之二〉文化生活出版社，第一部，一九三七年二月初版，同年四月二版，第二部一九三七年三月初版，同年四月二版。

註二九：矢崎彈〈上海日記抄〉〈續上海日記抄〉《星座》一九三七年七月號、八月號。

註三十：蕭軍著·小田嶽夫譯《第三代》大陸文學叢書——二，改造社，一九三八年五月二十日。

註三一：拙稿〈由《改造》連載〈中國傑作小說〉所見日中知識分子之姿態〉同前。

註三二：魯迅〈《中國傑作小說》小引〉《改造》一九三六年六月號。原文無標題。

註三三：胡風〈我的心境〉《星座》一九三七年八月號。

註三四：矢崎彈〈關於中國的新文學〉《星座》一九三七年八月號。

註三五：小田嶽夫〈上海通訊〉《文藝》一九三七年五月號；〈支那藝術界的報告〉《日本評論》一九三七年五月號，矢崎彈〈中國和支那〉《朝日新聞》一九三七年六月二十一日；〈中國的新文學一瞥〉《報告新聞》一九三七年六月二五~二七／二九日；〈上海日記抄〉〈續上海日記抄〉《星座》一九三七年七月號／八月號；〈關於中國的新文學〉《星座》一九三七年八月號等參照。鹿地亙〈交友錄第一頁（註一）（註二）〉《報告新聞》一九三七年七月十五日／十六日。

註三六：楊逵〈《第三代》及其他〉同前。胡風〈我的心境〉參照。

註三七：楊逵〈《第三代》及其他〉同前。

註三八：楊逵〈太太帶來了好消息〉《新生月報》一九五六年四月，林曙光〈楊逵與高雄〉《文學界》一九八五年五月。

註三九：武田泰淳〈抗日作家及其作品〉《文藝》一九三七年八月號。

註四十：小田嶽夫〈《第三代》小感〉《中國文學月報》一九三八年七月。
註四一：淺見淵〈支那〉《市井集》一九三八年十二月。
註四二：尾崎秀實〈對支那論的貧困與事變的認識〉《蛇形管》一九三七年十月號。
註四三：楊逵〈為了水滸傳〉《台灣新聞》一九四二年八月二四日。
註四四：楊雲萍〈派遣作家的感想〉《台灣文藝》一九四四年八月。
註四五：〈第七十一次帝國議會眾議院決議案〉一九三七年八月七日。
註四六：楊逵〈沈思，振作，微笑〉《自立晚報》一九八三年四月三〇日。
註四七：楊逵〈太太帶來了好消息〉同前。
註四八：河原功〈日本統治期台灣《檢查》的實態〉《東洋文化》第八六號二〇〇六年三月。
註四九：楊逵〈期待於綜合雜誌的地方〉《星座》一九三七年九月號。
註五十：中野重治〈被一分為二的支那〉、〈日支文學的聯繫〉《報知新聞》一九三七年一月二十二日／二十三日。
註五一：中野重治〈憶去世的魯迅〉《報告新聞》一九三七年一月二十四日。
註五二：〈寫在一台灣作家七十七年後再次來日之際〉《文藝》一九八三年一月號。
註五三：彭智遠（龍瑛宗）〈認識中國的方法〉《中華日報》〈文化〉，一九四六年八月八日。
註五四：尾崎秀實〈北支問題的新階段〉《改造》一九三七年八月號。
註五五：楊逵〈模範村〉《文季》文季雜誌社，一九七三年十一月十五日。
註五六：胡風〈我的心境〉同前。
註五七：楊逵〈模範村〉日語手稿一九三七年八月，《楊逵全集》第五卷，國立文化資產保存研究中心籌備處，一九九九年六月。以下無特別注明者均引自該文。

註五八：楊逵〈田園小景——來自寫生簿〉《台灣新文學》一九三六年六月五日。
註五九：戸阪潤〈思想動員論〉初見《日本評論》一九三七年九月號，林淑美校訂《作為增補世界一環的日本2》平凡社，二〇〇六年八月。
註六十：林淑美〈象徵化了的國民——通往〈翼贊〉之路——昭和十二年的意義〉《昭和思想體系——作為思想的文學》平凡社，二〇〇五年八月。
註六一：〈寫在一台灣作家七十七年後再次來日之際〉同前。
註六二：魯迅致蕭軍書簡，一九三五年九月一日《魯迅給蕭軍蕭紅信簡注釋錄》黑龍江人民出版社 一九八一年六月。
註六三：魯迅〈蕭紅作《生死場》序〉《奴隸叢書》容光書局出版，一九三五年十二月。
註六四：胡風〈我的心境〉同前。
註六五：楊逵〈《第三代》及其他〉同前。
註六六：小林秀雄〈滿洲印象〉《改造》一九三九年二月號。
註六七：小林秀雄〈作家的容顏〉《讀賣新聞》一九三六年一月。
註六八：楊逵〈《第三代》及其他〉同前。
註六九：片岡鐵兵，題不明《日本學藝新聞》第三十三號，一九三七年六月二十日。
註七十：楊逵〈文學與生活〉《星座》一九三七年八月號。
註七一：小林秀雄〈思想和現實生活〉《文藝春秋》一九三六年四月號。
註七二：林淑美〈〈小林秀雄〉的思想體系〉《昭和思想體系》同前。
註七三：魯迅致增田涉書簡，一九三二年一月十六日。
註七四：魯迅致增田涉書簡，一九三五年七月十七日。

註七五：正宗白鳥〈讀《論語》而不知《論語》〉《讀賣新聞》一九三五年五月二十五日；〈摩拉藹思與魯迅（日文）〉一九三五年七月二十日。〈摩拉藹思與魯迅（中文）〉《雜文》第三號，一九三五年九月二〇日。魯迅讀完二篇後在給增田涉的信中寫了感想。

註七六：魯迅致增田涉書簡一九三五年八月一日。

註七七：中野重治〈被一分為二的支那〉，〈日支文學的聯繫〉，〈憶去世的魯迅〉同前。

註七八：小林秀雄〈滿洲印象〉同前。

註七九：矢崎彈〈在中國眺望的日本性格〉《新潮》一九三七年九月號。

註八十：Fred Utley《Japan's feet of clay》Faber & Faber 1936。董之學譯《日本的透視》世界知識叢書十四生活書店，一九三七年四月。該書於一九三七年在日本被禁。石阪昭雄等人譯《日本的粘土之足》日本經濟評論社，一九九八年三月。尾崎秀實《敗北支那的進路》《改造》上海勝利紀念・臨時增刊號，一九三七年十一月。馮仲足〈《泥足》已在脆裂了〉《七月》週刊，第二期，一九三七年九月十八日。

註八一：馮仲足〈《泥足》已在脆裂了〉同前。

註八二：胡風〈憶矢崎彈〉同前。

註八三：中野重治〈附有條件的感想〉《改造》一九三七年九月號。該期受到禁止發行處分。〈模範村〉的退稿蓋恐與此相關。《文藝》九月號上刊登〈社告〉〈文藝通訊〉中止。小川五郎（高杉一郎）為當時編輯。

註八四：小林秀雄〈滿洲印象〉同前。

註八五：戶阪潤〈昭和十二年前半期的日本思想〉，《自由》一九三七年七月號；〈舉國一致與國民生活〉《改造》一九三七年九月號，林淑美校訂《作為增補世界一環的日本》同前。

註八六：林房雄〈新日本文化之會／對其成及目的的個人見解〉（上／下）《讀賣新聞》一九三七年七月二十七日／二十九日。
註八七：林房雄〈一九三七年的感想〉《新潮》一九三九年十二月號。
註八八：楊逵〈《第三代》及其他〉同前。
註八九：楊逵〈寫在大東亞文學者會議之際〉《台灣時報》第二七五號，一九四二年十一月。
註九十：矢崎彈〈關於中國的新文學〉《星座》一九三七年八月號。
註九一：〈北支事變及人道主義〉《星座》一九三七年九月號。
註九二：《星座》編集部〈社告〉同前。
註九三：胡風〈憶矢崎彈〉同前。
註九四：卷頭語〈為了昭和日本〉及〈特輯，民族主義再檢討〉《星座》一九三七年九月號。
註九五：《特高外事月報（昭和十二年八月分）》同前。
註九六：楊逵〈日本殖民統治下的孩子〉《聯合報》一九八二年八月十日。
註九七：楊逵〈後記〉《鵝鳥出嫁》三省堂一九四六年三月。
註九八：物見高〈魯迅與林房雄〉《都新聞》〈大波小波〉一九三六年四月五日。

土匪和馬賊的背後

——楊逵・一九三七

施　淑

日本友人橫地剛先生新近發現的〈對「新日本主義」的一些質問〉和〈期待於綜合雜誌的地方〉，是楊逵於一九三七年六月重訪日本，發表於東京《星座》雜誌的文章，這兩篇未及收入中央研究院文哲所出版的《楊逵全集》的隨筆，不論就楊逵的文藝思想或就他的創作歷程來看，都有不可忽視的意義。

首先，由兩篇文章發表時的背景來看，一九三七年正是日本發動蘆溝橋事變，開啓中日戰爭的關鍵時刻，爲了因應侵略戰爭的需要，日本近衛內閣於事變後迅速擬定「對北支事變的根本方針」，全方位促成日本國民在經濟、政治、社會及思想領域的「舉國一致」宣誓，並於是年八月二十四日頒佈「國民精神總動員運動要點」作爲戰爭的思想整備的總指標。與此相應，日本言論機關把進攻中國塑造成「國民全體意見」，而侵華戰爭的目的是爲「保全國體精髓歸一」及「確立東亞永久和平」，部分文化人於是成立鼓吹「新日本主義」的「新日本文化會」。（註一）台灣方面，除了附合相同的精神動員指令，總督府更於蘆溝橋事變前率先下令廢止島內報章雜誌使用漢文，試圖從根本上斷絕台灣與中國大陸的文化臍帶。前述楊逵於一九三七年九月發表在東京《星座》上的兩篇文章，就是在這樣的文化思想氣壓下，對整個時局的反彈和回應。

〈對「新日本主義」的一些質問〉，楊逵把當日大力提倡的新日本主義及未說清楚宗旨而在成立後才開始找綱領的新日本文化會，不客氣地形容爲：「眞是深奧又玄虛的東西」，接著指出這個由日本知識精英組成的團體，給人的印象，「與其說是文學或文化的，倒不如說是相當政治的東西」，而主張「用日本人的感覺、日本人的心情看日本看世界，並以此教導國民」的新日本主義，是很難令人心服的。以上這些在調侃語氣中透露著的一針見血的見解，顯示楊逵對教導日本國民走向法西斯道路的新日本主義的警覺和清醒的認識，這樣的認識並不是因一九三七年日本進軍華北才產生的，而是作爲社會主義者的他必然具有的思想視野。

根據現存資料，楊逵早在一九二八年寫的〈當面的國際情勢〉一文即關注日本帝國主義的發展問題。文中指出當時世界情勢的主要特點是資本主義列強與蘇俄勞、農聯邦關係的緊張，日本、英國等帝國主義對中國革命運動的干涉、彈壓和戰爭的狂暴化。在中日關係方面，他著重分析日本因資本主的急激發展，中國成了它的主要市場和投資地，而中國的革命必然對這造成直接影響，所以日本會以狡獪的外交手段，或公然用武力干涉來壓抑中國的解放，這會牽涉到英、美在中國和太平洋地區的利害矛盾。在這篇因思想檢查而打上許多××的文章末了，楊逵以國際主義精神熱切呼籲：「全世界的無產階級是要動員全勢力、集中全勢力來守衛中國××和無產階級的×××勞農聯邦。對於帝國主義戰爭的危機要徹底鬥爭。這是今日的國際情勢所給於全世界無產階級的急務。」

在階級革命和國際主義精神的帶領下，一九三〇年代，當楊逵由社會運動轉入文藝工作，他的論述一直在「藝術是大衆的」的前提下，強調文藝創作的實踐性、前瞻性和作家的積極意志。因此他一方面摒棄封閉在象牙塔的「高級藝術觀」，批判高唱純文學的作家作品已遁入「桌上文字」；另一方面，面向人類解放的前景，提倡世界性的」進步作家的共同戰線，以之克服神族主義和民族主義的狹隘局限及法西斯思想的毒害。這些信念集中表現在他一九三五創辦《台灣新文學》雜誌後，排除「台灣文藝聯盟」內部的宗派主義傾向，呼籲建立台灣文化藝術運動的統一戰線，積極推動台灣和日本文藝工作者的交流，響應日本左翼雜誌《文學案內》推出的台灣、朝鮮、中國作家特輯，編集「全島作家徵文觀摩號」推介給日本、中國文壇等等具體行動上。（註二）相同的思想意識，使他關注包括電影、美術在內的文藝動向，如一九三五年他先後寫了兩篇文章論述由法國作家紀德，馬爾侯（Andre Malraux）等人發起而在日本文壇引起熱烈討論的「行動主義」，檢討它所涉及的文藝創作的能動性、社會性與無產階級文學發展方向的問題。（註三）此外，他又討論中國電影《人道》及蘇聯電影《五年計劃》，指出一九三二年由上海聯華電影公司拍攝，卜萬蒼導演的《人道》，是一部傑出的寫實主義作品，裡頭探討的中國農村旱災和買辦階級問題，可以激起觀衆對世界的憎惡，並察覺到必須對這不合理的社會做一些改革。由此，他希望《人道》下片後能繼續上演《五年計劃》，這部描繪蘇聯改天換地、創造新社會的電影。（註四）

相較於上述開闊的精神和思想視野，一九三七年日本文化人提出的新日本主義及其所謂「用日本人的感覺、日本人的心情看日本看世界」的日本中心觀念，對楊逵來說，無疑是背道而馳無法叫他信服的。而這就牽涉到新日本主義的政治傾向的核心問題。

從日本現代思想史來看，日本主義是甲午戰爭後由亞細亞主義蛻變出來的思想流派，它標榜「日本精神」，以大和魂、大和心、國體論和日本特殊論爲主導思想，它是二十世紀二十年代日本右翼團體的思想根源和理論基礎。有關這對立於明治維新的文明開化和西洋觀念的日本主義的日本精神，研究者曾指出要具體表達它如同「水中撈月」，不過它的思想基調之爲國粹主義、復古、排外，國家主義的擴張、侵略，倒是不爭的事實。（註五）楊逵一九三七年旅日所見的新日本文化會的新日本主義，應即這一脈思想的重新包裝，它與同年九月成立的「日本主義文化同盟」，或一九四〇年十月響應近衛內閣建立「國防國家新體制」的號召而成立的「純正日本主義派」，名目雖異，思想及政治要求則一。此外，由日本現代文學史來看，一九三〇年代中期成爲文壇主流之一的「日本浪漫派」，即以「古典近衛隊」爲己任，以回歸「故鄉的歷史和風景」等感性語言鼓吹國粹和民族主義情緒，最後與當時的「國民文學論」主張的文學「必須是爲了認識作爲民族的、日本人的自己」，文學「不是世界的、個性的、階級的，而是國民的東西」等論調靠攏，（註六）而提倡新日本主義的新日本文化會的領導者林房雄正是日本浪漫派的要角。熟悉日本文學思潮，曾與該派理論大師龜井勝一郎就浪漫問題交鋒過的楊逵，（註七）會把新日本文化會判斷爲與其說是文學或文化團體，倒不如說是「相當政治的東西」，可謂一語中的，深得其實。這與同年九月，《送報伕》的中譯者胡風因爲提防「鼓吹日本的東西」，不敢冒然與訪問上海的《星座》編輯矢崎彈交往，（註八）同樣是洞察了隱藏在這日本的政治東西背後的危害亞洲人民和世界和平的法西斯精神眞象。

要求眞象，是新發現的楊逵另一篇文章〈期待於綜合雜誌的地方〉的主題。針對中日戰爭爆發後，在「舉國一致」宣誓效忠和「言論統一」政策下，日本國民對新聞媒體和言論機關的不信任，楊逵指出：「最好的辦法，還是以報導眞象去解消。」他以一九三七年八月號日本各雜誌清一色塞滿有關蘇聯與「滿洲國」國界問題、日本進軍華北事件的報導，都只在炒作事件的表象爲例，提出：「作爲正確判斷的材料，也要讓我們看看在事件內面的東西」，並希望雜誌報導政治、社會、國際的事件時，不能只當成「偶然突發」的現象處理，必須讓人知道它們的「過程」，也就是「事前預警的部分和事後的狀態。因爲，這是在瞭解事實的眞相上所不可或缺的要素。」根據這動態地、辯證地觀看事物的觀念，文章末了，楊逵要求雜誌增加報導文學的篇幅，並期盼有關蘇、滿國界和華北戰爭的報導文學作品。

楊逵對報導文學的重視，雖非來自對上述現象的直接反應，但卻極有可能是他對中日戰爭爆發前後，日本軍國主義政府加緊言論控制的意識上的反制。因爲他在一九三七年上半年重訪日本前即發表了〈談「報導文學」〉、〈何謂報導文學〉、〈報導文學問答〉等三篇文章，詳細論述報導文學的重要意義，並認爲它是開拓台灣新文學的「一個基本領域」。在一九三七年五月到年底又陸續發表了一些帶有報導文學性質的隨筆，如〈小鬼的入學考試——台灣風景（一）〉、〈飲水農夫〉、〈攤販〉、〈台灣舊聞新聞集〉。這思考和寫作上的新動向，除了顯示楊逵受當日左翼作家熱切從事報導文學影響，試圖尋找直接有效地傳達現實的藝術形式，在這之上，這思考和寫作的新動向之所以會在一九三七年發生和密集出現，應該還包含有揭露「隱藏在事件內面的東西」，也即是被宣傳機器塗改消音的戰爭罪惡和殖民暴行的深刻考慮。這一切集中反映在他一九三七年九月發表於東京《文藝首都》的《第三代》及其他。

《第三代》及其他，風格上雖不如雜文式的匕首與投槍的凌厲，但卻處處顯現輕騎兵的游擊鋒芒。文章由日本傀儡政權「滿洲國」成立後，流亡關內的中國東北作家蕭軍及其表現東北人民反壓迫，反侵略的長篇《第三代》爲引信一一突襲日本帝國主義的要害及日本文化人的精神危機。日本據台製造出來的台灣與中國的空間的、文化的「疆界」障礙，台灣總督府廢止報刊漢文欄，剝奪台灣人的主體意識及文化權力，與日本宣傳機器口口聲聲念誦的「東洋」（亞洲一體）的信念上的反差，新日本主義者的冥頑偏執，擴大和強化了藝術的國界，阻止不同國家民族的精神溝通，使自己陷入「閉鎖」的絕境，墮落成政府當局文化政策的馬前卒。與此同時，楊逵以中日進步作家間友愛交流的實例及其建設性意義，對照生活在黑暗的時局中，失去鬥志，只會發牢騷的日本作家和日本文學的貧血現象，並引述胡風以「泥腳」和「紳士的客廳」比喻中、日文學，諷刺日本漠視中國文學的受難、奮起、犧牲的情況，同樣發生在殖民地台灣甚至日本本土不懂得紳士的「高尚意識」，只知道生活鬥爭的作家的身上，就是在這裡，楊逵把胡風的「泥腳」踏入蕭軍《第三代》的「馬賊」世界，介紹這本描寫被欺壓的人民不斷加號入馬賊的故事的小說，雖看不到紳士的高尚意識，但也看不到「欺騙或諂媚的庸俗性」。而後以這些文字總結這篇隨筆：

所謂的「馬賊」，並不是我們常常聽到的可怕的強盜，而是相對於壓迫者而成長起來的一股對抗勢力。日本也有「勝者爲王，敗者爲寇」的說法，依這句話的含意，我們天天被灌輸的「土匪」、「共匪」，什麼什麼「匪」，什麼什麼「匪」，其實是……。

這神來之筆，讓人想起楊逵少年時候讀了日本人寫的剿匪記而知道被屠殺的所謂土匪原來就是台灣人的故事。至於土匪和馬賊的背後，連同句末意味深長的刪節號，隱藏著的二十世紀的兩岸人民共同走過的歷史眞象，也就不言而喩了。

註釋

註一：以下情況的分析詳見橫地剛著‧陸平舟譯：〈讀《第三代》及《其他》——楊逵，一九三七年的再次訪日〉。

註二：相關論述見《台灣新文學》一九三六年六月號卷首社論〈談「促進台灣藝術運動之統一」〉及〈進步作家與共同戰線——對《文學案內》的期待〉，〈迎接文聯總會的到來——提倡進步作家同心團結〉，〈請投寄可代表台灣的作品。〈發布「全島作家徵文觀摩號「計劃之際」〉等文。《楊逵全集》第九卷，中央研究院文哲研究所，二〇〇一。本文所引楊逵文章俱收於此卷。

註三：〈擁護行動主義〉，發表於東京《行動》雜誌，一九三五．三。〈檢討行動主義〉，發表於《台灣文藝》，一九三五．三。

註四：〈推荐中國的傑出電影——《人道》〉，發表於《台灣新聞》一九三五年九月五日。

註五：王屏：《近代日本的亞細亞主義》，頁一四四—一四八，商務印書館，北京，二〇〇四。

註六：葉渭渠、唐月梅：《二十世紀日本文學史》，頁二〇七，二一五—二二二，青島出版社，青島，一九九八。

註七：楊逵：〈新文學管見〉，「批評新浪漫派」一節，《楊逵全集》第十九卷，頁三一二—三一五。

註八：胡風：〈憶矢崎彈〉，詳細分析見近藤龍哉：〈胡風與矢崎彈——以中日戰爭爆發前夕的雜誌《星座》的嘗試為主〉。

附記：感謝曾健民先生寄給楊逵兩篇新出土文章的譯文，使我先讀為快，並重見楊逵的精神光華。

奪回我們的歷史

官土生

台灣光復之初，民間對過去欺壓台灣民衆的日人施行報復是相當普遍的事，報復的對象大多是日本警察。同時相對於個人的行動，以集體的或團體的方式對殖民歷史的清算或對待台灣抗日烈士的追悼會也都相當熱烈地進行。這些團體大多是日據期抗日反日社會運動團體成員在光復後的再集結。日本殖民統治五十年間，爆發過大小無數次的武力或非武力抗日事件，犧牲都不下數十萬，是中國反抗日帝的先鋒。被日本殖民者目爲「匪」的犧牲者，殖民者倒台後，未死者追悼爲革命先烈，把被顚倒的歷史顚倒過來，從殖民者手中奪回我們的歷史。

譬如，在日本投降不久的一九四五年十月中旬，台灣省行政長官公署還未成立之前，台灣的律師協會便自主地決定著手調查戰前因政治思想問題被日本警察檢舉、慘刑，屈打成招而入獄或致死者的事蹟，希望本人或遺族至急通知律師協會。

成立「台灣革命先烈事蹟調查會」

接著，在光復典禮後不過幾天（一九四五年十月三十日），前台灣文化協會、農民組合、民衆黨、工友會及其他原革命團體幹部都齊聚到劉啓光寓所舉行座談會。到會者有連溫卿、鄭明祿、張信義、簡吉、王萬得、蔣渭川、張士德等二十餘人。會上議決組織「台灣革命先烈事跡調查會」，並推選連溫卿爲總會長，鄭明祿爲祕書。該會決定，全力調查五十年來爲反抗日本統治而犧牲的所有先烈事蹟及遺族狀況，並編印紀念册、發動全島舉行追悼會，並請求政府在原台灣神官舊址上建忠烈祠，舉行春秋二祭，且設立革命先烈遺族教育基金，獎助、撫卹先烈遺孤遺族等。

全島各地紛紛舉行「台灣革命先烈追悼會」，通過追悼會除了平復日據期間受欺壓的怨氣之外，還彰顯台灣的抗日革命歷史，發揚台灣的民族正氣。

原《民俗台灣》編輯池由敏雄的《敗戰日記》，對光復初期台灣社會的變化有很生動的記錄。在十一月十七日中他記道：

> 今天在大稻埕有「台灣革命先烈追悼會」，遊行隊伍會來到榮町，恐怕會加害日人，要

注意！

隔不了幾天，十一月二十七日在新竹市的新世界戲院也舉行了一場「革命先烈追悼會」。為了追悼一九二六年「新竹事件」的犧牲者和五十年來的抗日犧牲者，由三青團台灣區團第二科科長洪石柱和台灣革命先烈事蹟調查會會長連溫卿，以及新竹市代理市長陳建文的共同主持下，在有許多先烈遺族出席的盛況中舉行了追悼會和演講會。

「瑞芳慘案」追悼會

接著，一九四六年一月二十日在瑞芳舉行了「瑞芳慘案」追悼會。「瑞芳慘案」與「東港慘案」（或稱高雄、鳳山慘案，因該案廣及高雄、鳳山、東港等地）一北一南性質類同，都是在戰爭末期太平洋戰爭爆發前後（一九四一年），日警特高揑造出來的大規模冤案。瑞芳慘案是日警揑造稱瑞芳台灣人透過中國政府要人，祕密組織抗日軍，待中國軍隊登陸時裡應外合攻打日本。於是日警在瑞芳抓了七百多人，嚴刑逼供，凌虐致死者有七十多人。「東港慘案」則是日警揑造稱台灣人密謀乘英美攻台之時，發動暴力革命打倒日本政府實現台灣獨立，日警發動了大規模搜捕，被抓的人擴及各階層，除醫師、律師、地方士紳等「有力人士」外，還有一般民衆百姓數百人，惡毒日警施以殘暴絕倫的偵訊逼供，有四人被刑致死，該案持續了二年之久，南部地方風聲鶴唳，人心惶惶。

在「瑞芳慘案」追悼會上，除了有「台灣革命先烈事蹟調查會」代表王萬得，三青團陳逸松等人出席之外，還有「東港慘案復仇會」受難者代表郭國基，特地從高雄趕來參加。他在席上激動地說：「我們的仇必定由我們來報，英靈呀！請安息！」

成立「台灣革命先烈遺族救援會」

四月二十一日，新竹縣縣長劉啓光在縣政府樓上成立了「台灣革命先烈遺族救援會」，有六十多位先烈遺族親友與會。該會工作主要在獎助先烈子弟升學、就業、救濟緊急災難，扶助受刑致殘廢老邁失恃之志士，使死者得含笑九泉，而生者免受痛苦。該會會址設桃園，全島各地都設有分會。

六・一七「恥政紀念日」

六月十七日是日帝殖民者於一八九五年佔領台灣開始殖民統治台灣的日子，殖民者把這一天定爲「始政紀念日」，五十年間每年逢此日都盛大舉行紀念。但對被殖民者的台灣民衆而言，卻是一個痛苦、恥辱的日子。作家楊逵在日本戰敗後的一九四六年六月十七日所寫的〈六月十七日的前後〉文中說道：

「當他們意氣洋洋地紀念這個日子時，我們的志士們總是內心哭泣著紀念這一天。對他們來說燦爛光輝的這個『始政紀念日』，對我們台灣人而言卻是一個慘澹的『死、政、紀念日』。」

同一天，作家賴明弘也寫了〈六一七有感〉，該文開頭便說道，「『六・一七』是台灣人最傷心痛苦的日子，不僅是台灣的恥辱，而是我們中國的國恥日」。五十年來令台灣民衆傷心痛哭的六月十七日，光復後成了「死政紀念日」或「恥政紀念日」、「國恥日」，爲了追悼抗日犧牲者，爲了奪回我們的歷史，許多團體在這一天舉行了盛大的集會。

新竹縣忠烈祠革命先烈奉安典禮

六月十七日新竹縣忠烈祠（原桃園神社舊址），舉行了盛大的台灣革命先烈奉安典禮。有新竹縣各局科人員、省黨部人員、各機關、各學校學生，以及「台灣革命先烈遺族救援會」、遺族丘念台、簡吉等五千人參加。典禮上把七十二位台灣革命烈士入祀忠烈祠。典禮結束後舉行大遊行，有各種陣頭、獅陣、音樂團以及學生、警察、軍隊的化裝遊行，隊伍綿延數里長，桃園的市場、大廟口也演戲放電影，人山人海熱鬧非凡，據說這是桃園鎮有史以來最熱鬧的一天。

《新生報》記者「菱舟」以〈淒風冷雨弔忠魂〉爲題，記實報導了新竹忠烈祠奉安典禮的情形。文中描述了一則革命烈士的感人事蹟。

六月十七日一大早，記者與另一位同事一起從台北搭火車到桃園鎮，準備採訪奉安典禮。他的同事還帶著他的小孩戈民一起去，記者奇怪地問他，同事沈鬱地答說：

「讓他有這麼刺激。」

下面是記者「菱舟」在文中寫到同事為什麼帶小孩參加奉安典禮的經過，茲抄錄如下。

我說：

「這極小的年紀會感到刺激嗎？」

「不，他今天是遺族代表，帶他去看看他為民族殉難的父親。」

他不給我因駭異而提出詢問的機會，源源地告訴我這件事：

當九一八事變一起，他們便聯合在日本留學的一個台灣人組織了一個台灣革命黨，後來便漸漸地減少到兩個人，除了他自己，另外一個便是現在排在忠烈祠中的陳哲生（本名義順），他倆在日本站不住腳，便跑到上海，又由上海跑到香港，在台灣黨部籌備處工作。陳哲生還潛入日本辦的香港日報去。以後機關漏洩，在一九四二年一月二十九日陳哲生與其他兩個同志同時被捕，日寇一直要他招出同黨，可是陳哲生不但不招，還把責任集在一身，解救了那兩位同志，以後日寇把他關在台灣，嚴刑拷打，可是得不到一句供詞，陳哲生在一九四三年二月十六日給日本人打死了。

一種含恨的聲音在喉嚨裡。陳先生指著小孩說：

「為了革命，他沒有想到家，他到死是個光身漢，我因為見他是二十多年的朋友，所以把這孩子過繼給他。」

我除了嘆息之外，還能說什麼呢？車中又是一場沉寂，我們已經到了桃園站了。

一九四六年六月三日的《人民導報》刊登了「新竹縣忠烈祠本年度入祠台灣革命先烈芳名」，陳哲生名列其中，芳名錄上簡單記載著他的革命事蹟：

「民國三十一年以前中國國民黨台灣黨部籌備處組織科長，民國三十一年被捕受刑致死」

當天下午，「台灣革命先烈遺族救援會」招得前來參加先烈奉安典禮的遺族們，舉行了茶話會，包括曾從事抗日的老同志在內共有百餘人參加。會上，劉啓光縣長報告了籌辦先烈奉安典禮的經過，他說：修建新竹忠烈祠是為了彰顯民族正氣，選定先烈先賢入祠特別是以其革命意識、行動事蹟為準，且確曾為解放台灣不惜犧牲生命者。而且在修建忠烈祠時，也同時將鄭成功和抗戰中犧牲的將士合祠，因為台灣的光復是犧牲了二千尊貴的生命而得的。

同一天，由省政治建設協會主辦省黨部協辦，在台北市第一劇場召開了「本省革命先烈追悼會」，有一千多人參加，會後接著進行紀念演講，有蔣渭川講〈台灣革命三百年史〉，張晴川講〈台灣革命先烈的血淚〉，黃朝生講〈追憶蔣渭水先生〉等。

同日下午，政治建設協會基隆分會與基隆市婦女會，共同在基隆市聖主廟前舉行了台灣革命先烈追悼會。嘉義法院和第一分監所，也於該日早上在同監獄的說教室內，舉行了「先烈慰靈祭」。

第一次也是最後一次

一九四六年六月十七日，是台灣民衆五十年來第一次自主地把日本殖民者的「始政紀念日」改為「恥政紀念日」，並把殖民者稱為「匪」的抗日犧牲者以「台灣革命烈士」之名奉安忠烈祠，並舉行了盛大的追悼會。然而，由於歷史的作弄，這也可說是最後一次了。

實際上，這時台灣的知識份子在高昂的民族感情的底層己感受到新問題的存在，早已表露出對現實的不滿，譬如，作家賴明弘的〈六・一七有感〉中透露到：

「回顧我國內的情形，更使人傷心，同胞相殘的事實，不斷發生，政治無從走上軌道，民生問題的嚴重己臻頂點，這一切悲慘現實，表示我中國人民對實現民主政治所付出的代價太大了。

……

台灣不應該有統治與被統治者的存在，再不應該有政治壓迫、經濟壓迫、文化壓迫的現象發生。」

緊接著國共內戰和東西冷戰的新狂嵐襲捲了一切。

二〇〇七年六月十八日

楊逵小說與台灣本土論述

趙稀方

一、階級的維度

有關台灣本土論述，可以追溯到一九七七年葉石濤在《夏潮》雜誌發表的《台灣鄉土文學史導論》（註一），更早則可追溯至一九三〇—一九三二年台灣鄉土文學論爭（註二）。陳芳明以本土／殖民爲線索而展開的台灣後殖民文學史論，是當下台灣本土論述較具典型的表達。台灣文學史上的重要作家楊逵是陳芳明本土論述的重要依據，在與陳映眞的「獨」「統」論爭中，陳芳明曾經讓對方好好溫習楊逵有關台灣的本土論述。事實上，陳芳明選擇楊逵作爲支持應該說是一個誤會。在我看來，楊逵不但不能構成對於陳芳明的支持，而且正相反，楊逵讓我們發現了陳芳明本土論述的漏洞。

楊逵的成名作《送報伕》的故事可以分爲兩個部分：一是關於「我」的家庭的故事，二是關於

「我」在日本打工的故事。「我」的家在台灣農村，父母原來依靠土地自食其力，但日本殖民者對於台灣土地的掠奪導致了「我」的家庭的家破人亡。殖民者歷來將殖民地作爲其原料來源，日本之於台灣正是如此，日本侵略者爲了本國的工業發展，拚命地在台灣兼併農民的土地發展蔗糖種植，這造成了台灣農民的不幸。在《送報伕》中，我的父親因爲拒絕出賣自己的土地，被罵爲「支那豬」拖到警所，遭毒打而死。失去了土地之後，「我」的弟妹先後死去，母親最後也含恨自殺。這種遭遇並非「我」一家的遭遇，「我」家所在的鄉村整個都在日本殖民統治下日益凋亡。母親在臨死之前給「我」的最後一封信中寫道：「村子裡的人們的悲慘，說不盡。你去東京以後，跳到村子旁邊的池子裡淹死的有八個。像阿添叔，是帶了阿添和三個小兒一道跳下去淹死的。」（註三）迫於家境，「我」流落日本，希望依靠做工維持生計。「我」找到了一份送報的工作，但起早貪黑幹了二十多天，卻只掙了四元多錢，而自己的五元保證金卻被老板扣掉了，「我」也被逼上了生活的絕路。在《送報伕》這篇小說中，如果說我的家庭的遭遇反映了日本人對於台灣農村的掠奪，「我」的遭遇則反映了日本老板對於台灣工人的壓迫。由此看來，《送報伕》的確是一部揭露反抗日本殖民統治的傑作。也許正因爲如此，陳芳明以「楊逵的反殖民精神」爲題命名他的楊逵論（註四），作爲他的本土論述的依據。

《送報伕》的確是「反殖民」的，但「反殖民」卻不足以概括這篇小說的思想。《送報伕》雖然揭露了殖民統治，但卻沒有整體化地以本土「台灣」對抗外來「日本」，而是以階級解放作爲出路的。

《送報伕》中的「我」的階級意識是從兩個方面實踐經驗中得來的。一個方面的例子是「我」的哥森，我的一母同胞的哥哥，雖然是台灣人，卻擔任巡查，幫助日本人欺壓鄉親，我的母親爲此和哥哥斷絕了母子關係，並且至死不願接受哥哥的照顧，「哥哥當了（巡查），糟蹋村子底人們，被大家厭恨的時候，母親就斷然主張脱離親屬關係，把哥哥趕了出去。」另一個方面的例子是與「我」同爲送報伕的日本人田中君。田中很同情「我」，在「我」吃不上飯的時候，田中請「我」吃飯，並借錢給我。在「我」受到日本老板欺騙的時候，田中設法聯合起窮兄弟來對抗老板。這讓「我」看到了日本人之間的差別，「一面是田中，甚至節省自己的伙食，借錢給我付飯錢，買足袋，聽到我被趕出來了，連連說『不要緊！不要緊！』把要還他的錢，推還給我；一面是人面獸心的派報所老板，從原來就因爲失業困苦得沒有辦法的我這裡把錢搶去以後，就把我趕了出來，爲了他自己，把別人殺掉都可以。」「我」的建立在民族對立基礎上的台灣「本土意識」由此「轟毀」：原來台灣與日本並不是一個同質的整體，台灣既有「我」哥哥這樣的敗類，日本也有田中君這樣的好人。「在故鄉的時候，我以爲一切日本人都是壞人，恨著他們。但到這裡以後，覺得好像並不是一切的日本人都是壞人。木賃宿底老板很親切，至於田中，比親兄弟還……不，想到我現在的哥哥——巡查——什麼親兄弟，根本不能相比。拿他來比較都覺得對田中不起。」伊藤這樣對「我」說：「日本底勞動者大都是和田中一樣的好人呢。（日本的勞動者）反對壓迫台灣人，糟蹋台灣人。使台灣人吃苦的是那些……對了……就像把你的保證金搶去了以後，再把你趕出來的那個老板一樣的畜生。到台灣去的大多是這種根性的人和這種畜生們底走狗！但是，這種畜生們，不僅是對於台灣人，對於我們本國底窮人們也是一樣的（朝鮮人和中國人）也一樣地吃他們底苦頭呢。」正是在這種認識的基礎上，「我」投入了階級鬥爭的行動中，聯合不同國度的窮兄弟，反抗日本老板，終於獲得了勝利。

很明顯，楊逵在《送報伕》中主要並不是從本土的角度考慮問題的，而旨在強調階級的分野和解放，這正是作爲左翼作家楊逵的特徵所在。陳芳明單以「反殖民」爲線索敘述楊逵及其台灣文學史，顯然不足以概括作爲台灣文學重要部分的以楊逵等人爲代表的左翼文學立場。《送報伕》中「我」從實踐中獲得的認識，正是對於陳芳明所強調的本土主義立場的局限性的說明。當然，這並不是說，台灣不需要反抗日本殖民統治的民族解放運動。在《送報伕》中，「我」最終還是回台灣去投身於革命運動了。從台灣歷史及文學史的實踐來說，反抗殖民主義和反抗階級壓迫是兩個不可偏廢的維度，民族和民主運動缺一不可。陳芳明的問題在於以本土的維度遮蔽了階級的維度，這在日據時期看起來還不太嚴重——這一時期民族解放運動是首要的任務，但推及光復以後的台灣歷史，其後果就十分嚴重了。它以所謂的「本省人」反抗「外省」（中國）殖民者爲線索敘述台灣歷史，事實上是以族群之爭取代了幾十年來的黨外民主運動，這就完全抹殺了由本省人和外省人聯合構成的反對國民黨專制統治的階級鬥爭的歷史。在我看來，族群與省籍問題，只是人爲製造出來的一種政治策略。將「外省人」

等同於「中國」等同於「殖民者」，「本省人」等同於「台灣」等同於「被殖民者」，在台灣內部製造本省人與外省人的鴻溝，目的只在於煽動本省人對於外省人的仇恨，從而爲本土統治者，具體說是爲了陳芳明所服務的民進黨拉攏本省人的選票。族群的幻象，其實掩蓋不了台灣內部的階級分野。十分明顯，無論本省人還是外省人，都不是劃一的，本省和外省人中都有階級之分，有統治者和被統治者。就外省人而言，難道窮困潦倒無家可歸的外鄉流落人是殖民者嗎？就本省人而言，目下顯赫一時的統治階級民進黨黨閥是被殖民者嗎？因而，我們需要追問的是，「台灣意識」到底是誰的意識？所謂的「台灣人」到底是什麼人？

對於本土立場的執著，接著又導致了陳芳明對於楊逵認識的另外一個更爲嚴重的錯誤，即虛構了楊逵以本土「台灣」對抗「中國」的立場。上文提到的陳芳明勸陳映眞溫習楊逵的一段話，出自楊逵的《台灣文學問答》，它刊登於一九四八年《新生報・橋副刊》，原文如下：

自鄭成功據台灣及滿淸以來，台灣與國內的分離是多麼久？在日本控制下，台灣的自然、政治、經濟、社會教育等在生活上的環境改變了多少？這些生活環境使台灣人民的思想感情改變了多少？如果思想感情不僅只以書本上的鉛字或是官樣文章做依據，而要切切實實的到民間去認識，那麼，這統一與相通的觀念，就非多多修正不可了。這，不僅我們本地這樣想，就是內地來的很多的朋友都這樣感覺到的。所謂內外省的隔閡，所謂奴化教育，或是關於文化高低的爭辯都是生根在這裡的。

楊逵的這段話，是爲了反駁錢歌川關於台灣文學的概念不能成立的說法，他認爲因爲歷史的原因，台灣文學獲得了與中國文學並不完全相同的品格。孤立地看這段話，我們的確很容易將楊逵視爲陳芳明「文學台獨」的支持者。無怪乎陳芳明爲找到這段話而自鳴得意，他接著說：「請陳映眞謙卑地好好溫習這段文字，楊逵的立場是如此耳提面命地對傲慢的統派作家嚴正教訓」。（註五）在我專門找到楊逵的《台灣文學問答》並通讀之後，才發現事實遠非如此，陳芳明其實割裂了楊逵的文章而爲我所用。楊逵的確認爲台灣文學有其與中國文學相隔膜的地方，但楊逵並未像陳芳明那樣由此否認台灣是中國的一個部分，台灣文學是中國文學的一個部分。楊逵在文章的開頭就申明：申訴台灣文學的概念並不是爲了「樹立其分離的目標」。而在陳芳明引文的後面，緊接著就是「台灣是中國的一省，台灣不能切離中國」的話，陳芳明卻因其不合乎自己的需要而不加引用。楊逵在後文回答「你是不是以爲台灣新文學可與中國文學日本文學對立的」的問題時，又嚴正申明：「台灣是中國的一省，沒有對立。台灣文學是中國文學的一環，當然不能對立。」（註六）由此看，楊逵的思想顯然並不能構成對於「統派」作家的「嚴正教訓」，倒是對於陳芳明等分離主義思想是一個「嚴正教訓」。

其實，楊逵的思想一直是「統派」的。楊逵一以貫之的認同中國的立場，可以在他的小說創作中看得很清楚。楊逵的《模範村》寫於三〇年代末，描寫日本人在台灣農村建立「模範村」的過程中欺榨台灣農民的故事。這部小說仍然採取了階級對立的結構，對立的雙方是一對台灣父子，代表農民的革命者阮新民與他的依靠日本人爲非作歹的父親阮老頭。因爲時在「七．七」蘆溝橋事變之後，小說中多次涉及到日本人與台灣及中國的關係。在此我們可以淸楚地聽到楊逵借人物之口表達的台灣與中國共爲一體的思想。比如阮新民在對農民談到他的父親的罪惡時說：「日本人奴役我們幾十年，但他們的野心愈來愈大，手段愈來愈辣，近年來滿州又被它占領了，整個大陸也許都免不了同樣的命運。這不是個人的問題，是整個民族的問題。我父親這種作風的確是忘祖了。他不該站到日本人那邊去，這是不對的。我們應該協力把日本人趕出去，這樣才能開拓我們的命運！」在阮新民出走後，大家在看阮新民留下的書刊時，小說中有這樣的敘述：「這些青年人既沒有讀過書，也沒有看過報紙，很多事情自然是聽不入耳的。不過，台灣人是中國人，日本人把台灣佔領了，叫台胞過著牛馬不如的生活……這是大家由日常生活得來的很切實的經驗，不會不知道的。台灣雖然被日本人管了，不過，我們還有祖國存在，就是在隔海那邊……這是大家約略知道一點的。今天聽到日本想把整個中國都要呑下肚裡去，免不了要發生深切的感觸。」這些話明確無誤地告訴我們，台灣與大陸同屬中華民族，大陸是台灣的祖國，台灣民衆應該和大陸人民聯合起來抵禦日本侵略者，捍衛我們共同的民族。這些思想不僅體現在口頭上，更體現在行動中。在結尾的時候，阮新民「本想在城裡準備當律師，爲窮苦同胞爭取一點權益的。但是，炮聲在蘆溝橋響了。但說，做律師是無濟於事的……」小說暗示我們，阮新民奔大陸而去了，直接投入了捍衛中華民族的抗日戰爭。而對上述材料，再看陳芳明的論斷，不禁讓人啞然失笑。陳芳明以「反殖民」概括楊逵，並且將中國與日本並稱爲「殖民者」，這與楊逵的現實不能不說謬以千里了。

二、文化觀與民族主義

陳芳明等台灣本土論者之所以孜孜於「去殖民」、「去中國化」，旨在強調台灣本土的獨特性，爲最終建立台灣民族國家作理論準備。但無論從文化觀還是從現代民族主義理論來看，陳芳明等人的理論都是狹隘而膚淺的。

有關台灣本土論述的思想，我們最早可以追溯到三十年代的鄉土文學論爭。從這次最早的建立台灣鄉土文學的論爭的不了了之，我們即可以認識到狹隘的台灣本土論述的窘境。這次論爭的第一篇文章是發表於一九三〇年九—十一號的《伍人報》的黃石輝的《怎樣不提倡鄉土文學》，文章的一開頭就提出了後來引發論戰的宗旨：

你是台灣人，你頭戴台灣天，腳踏台灣地，眼睛所看見的是台灣的狀況，耳孔所聽見的是台灣的消息，時間所歷的亦是台灣的經驗，嘴裡所說的亦是台灣的語言；所以你的那枝如椽的健筆，生花的彩筆，亦應該去寫台灣的文學了。台灣的文學如何寫呢？便是用台灣話做文，用台灣話做詩，用台灣話做小說，用台灣話做歌曲，描寫台灣的事物……

作者強調台灣的獨特經驗，提倡產生於這一片土地的鄉土文學，這是正確的，但將此推向極端則不免走向了荒謬。為表現台灣的獨特性，作者主張台灣話文學。與中國各地方言一樣，台灣話與普通話只有語音的不同，並無獨立的書面文字，作者因此主張專門為台灣語音另鑄文字。這是一種試圖剝離中國，建立「徹底」的台灣鄉土文學的設想。這種設想既不符合邏輯，也沒有可操作性。如果說因為台灣的獨特性，而要建立台灣語文學，那麼是否因為台灣內部就有多種方言的不同，就還需要建立台北文學或台南文學等多種地域的文學呢？按照它的追尋本質起源的邏輯推衍下去，我們馬上就會想到以何種語音作為台灣語的標準呢？黃石輝的文章發表後，立刻招來這類的質疑。克夫在一九三一年八月十五日《台灣新民報》發表《「鄉土文學」的檢討——讀黃石輝君的高論》一文，指出：「台灣的話有好幾種，如廣東人的廣東話，福建人的泉州話及漳州話，福州話……等等。雖然是泉州人較多，其餘各省的人也不少，倘若採用這二州的話來做單位，那麼他省他縣的人就不能懂了。而且各地方也有各地方固有的俚諺，台北、台中、台南等各地方也有多少的不同。」而「在地理上全面積不過二千五百方里而已，獨立的島嶼不少，因與大陸不能直通，自然而然風俗、語言各異。所以要用一地方的話來寫鄉土文學給全台灣的民眾看得懂，是一種很困難的事。」克夫又指出：「他又說：『用中國的白話文，是不能充分地代表台灣話。』這卻也是事實。然而中國各省各地的方言豈不也是不能以普通話的白話文充分代表，難道中國各地也要另外造出一種的文學去表現其鄉土文學不成？」時過六十年，今天本土論者仍然沒有比黃石輝有所長進，他們同樣排斥國語，強調台灣話。他們將福佬語作爲台灣語，這就不可避免出現上文所說的福佬話排斥壓抑其它台灣語言的問題。邱貴芬是第一個支持台灣本土論述的後殖民批評者，連她都認爲「本土文化重整運動所觸及的語言問題的確有令其他族群不安的福佬沙文主義危機。」她站在本土論述的立場挪用霍米巴巴的 hybridity 和 mimiery 的概念主張已經成爲既定語言的國語「用來作爲不同母語族群的溝通工具，不必斥之爲『外來語』而敵視之。」但邱貴芬的好心卻沒有得好報，她的主張受到了本土論者的抨擊，如廖朝陽認爲「視台灣國語爲台灣的語言並反對回歸本源的說法，無異接受殖民暴力，合理化殖民暴力所造成的文化權力結構。」（註七）

上述本土論述的理論盲點，來自於本質主義的文化傳統觀和民族主義觀。台灣本土論者沒有認識到文化傳統是開放和發展的，既沒一個可以追溯的源頭，也沒有一個固定不變的本質。一味向前追溯傳統，只能像剝蔥一樣，到頭來一無所有。台灣本是大陸移民社會，如果一定要強行剝離作爲台灣主體中的「中國性」的話，那麼眞正的台灣人只剩下原住民，陳芳明等本土論者本人也將被排除出台灣人的行列。以這樣一種文化本質主義作爲民族國家論述的基礎，必然會落入自相矛盾之中。我們可以歷史爲鑒。哈貝馬斯所談到的十九世紀以來「法蘭克福日爾曼語言文學家大會」建立文化德意志民族國家的過程中所顯示出的困境，正給我們提供了一個佐證。與台灣本土論者一樣，「法蘭克福日爾曼語言文學家大會」開始強調語言是民族國家的基礎，雅各布·格林認爲：「一個民族就是由說同一種語言的人組成的集體。」由此，他們強調以語言作爲建立民族國家的界線。但他們立刻遇到了麻煩，首先是政治共同體的邊界與語言共同體的邊界並不重疊，那麼如何處理民族國家內的異族人以及海外的本族人呢？另外一個問題是，但內中仍有「低地德語」與「高地德語」的區別，有各種各樣的方言，如何處理這些方言之間的關係呢？與英語、法語相比，德語在當時已經算是比較純粹的語言，但德語之中已經有大量的外來詞，離開這些詞，人們在日常生活中無法進行交流，那麼如何保證德語的「純粹性」呢？直到後來格維努斯接觸到托克維爾，了解到現代民族國家並非以狹窄的族性語言，而是以民主主義爲基礎的政治共同體，他們才意識到他們的努力的破產。「法蘭克福日爾曼語言文學家大會」的問題在於，他們狹隘地理解本地文化傳統，並且構造了其與民族國家的必然聯繫，哈貝馬斯認爲這種做法「失去了現代公民民族在組建過程中所具有的建構特徵」，他說：「如果一個民族與語言共同體的邊界是吻合的或應當吻合，那麼，國家疆域的偶然性就被語言地理的自然事實所遮蔽。」（註一）「法蘭克福日爾曼語言文學家大會」後來修正了自己的錯誤，弗勒貝爾對雅可布・格林的民族定義進行了糾正，明確指出了語言與現代民族國家的不同構關係，但很顯然，今天的台灣本土論者仍在重蹈了「法蘭西斯日爾曼語言文學家大會」當年的覆轍，他們至今還不明白文化傳統與民族國家的歷史重構性質。這樣一種強調語言和地域的台灣本土論述，其嚴重的後果是走向了排外的種族主義。

從上面的論述中，我們可以看到有兩種民族的概念，即哈貝馬斯所言的「民族精神的民族」和「國家公民的民族」。從理論中說，也有兩種民族主義理念原型，那就是種族民族主義與自由民族主義。自由民族主義強調憲政基礎上的公民權利，強調民主，它來自於英美自由主義傳統；種族民族主義則迷戀於「我族」與「他族」的差異，強調種族中心，它來源於德日法西斯主義。台灣本土論述一直強調所謂本土意識，強調本省人與外省人的差別，甚至喊出了「反中國豬」的口號，這裡的種族主義傾向是十分危險的。

三、後殖民理論

爲了尋找理論支持，陳芳明以後殖民理論作爲其本土論述的框架。不過，陳芳明對於後殖民理論實在不甚了了，他只是在望文生義地使用。在我看來，陳芳明的本質主義的本土論述的方式，其實正是後殖民理論的批評對象。下面從陳芳明對於後殖民理論僅有的幾次引用入手，辨析他的對於這一理論的誤讀誤用。

陳芳明對於西方當代理論的運用十分草率，常常只是憑自己的想像信口發揮，基本上不能直接進入理論原典進行討論。他偶爾有所引用，也僅限於後人編的「選摘本」。以陳芳明後殖民理論建構的代表作《後現代或後殖民——戰後台灣文學史的一個解釋》爲例，從僅有的幾個引注看，這篇文章關於「後現代」和「後殖民」的理論資源不過來自兩個「選摘本」，即Charles Jencks編的The Post Modern

Reader (London: Academy Editions, 1992)和 Bill Ascnoft, Gareth Griffiths 和 Helen Tiffin 三人編選的 The Postcolonial Reader (New York: Routledge, 1995)，這兩本只是對於後現代後殖民著述的摘譯，不是完整的原始資料。舉 Bill Ascnoft, Gareth Griffiths 和 Helen Tiffin 三人編選的 The Postcolonial Reader 爲例，這本書分爲「表現與抵抗」，「後現代與後殖民」，「民族主義」，「混雜」，「女性主義與後殖民」等九個專題，編選了八十六本（篇）著述的節略，在每一個專題的前面都有一個編選者介紹。出人意料的是，陳芳明即便是對於如此方便的「摘錄」也不去看，而逕直以編選者的介紹充數。在《後現代或後殖民——戰後台灣文學史的一個解釋》一文中第三十四個引注的正文爲：「後現代主義在於解構中央集權式的、歐洲文化理體中心(logocentrism)的敘述，而後殖民主義則在瓦解中心／邊緣雙元帝國殖民論述。」陳芳明注解這段文字來自於 Kwane Anthony Appiah, The Postcolonial and the Postmodern 一文，但查遍 Kwane Anthony Appiah 的這篇談論非洲文化的文章，也找不到陳芳明引述的這段文字。巧合的是 Kwane Anthony Appiah 的這篇文章恰恰是對於陳芳明所主張的本土抵抗思想的批判，而作者所闡述的文化建構的立場，恰恰是陳芳明所應該汲取的。陳芳明正應該好好讀讀 Kwane Anthony Appiah 這篇文章的最後一段話：「如果我們應該從這種廣泛的文化流傳中汲取什麼教訓，那麼肯定無疑的是，我們所有的文化都彼此污染了，不再有一個完整的純粹的非洲土著文化等待我們的藝術家去拯救（同樣，也不存在一個失去了非洲文化根源的美國文化）。某些後殖民書寫中所呈現的單一的非洲與單一的西方的對抗——自我與他者的二元對立——是我們必須去除的現代主義者的最後的陳詞濫調。」

雖然連「摘編」都沒有時間讀，但陳芳明有時也覺得有引用後殖民原典的必要。這種時候他會採用一種非常籠統的注解方法。陳芳明在《後現代或後殖民——戰後台灣文學史的一個解釋》一文中認爲，「台灣作家對於殖民權力的支配，從未放棄過抵抗的立場。」而這正是後殖民主義的精神，「後殖民主義所強調的主題是擺脫中心或是抵抗文化」。注解三十三云：「在研究後殖民主義的西方學者中，對擺脫中心與抵抗文化的提倡最力者，首推薩依德無疑。參閱 Edward Said, Orientalism (London: Penguin Books, 1978); Culture and Imperialism (New York: Vintage, 1993)」這種注解的方式有點讓人費解，不指出具體的論述，卻讓人去參考整個兩本書。注解的言下之意，是薩依德在 Orientalism 和 Culture and Imperialism 這兩本書中最有力地提倡了本土抵抗的思想。不知道陳芳明有沒有讀過這兩本書，我所知道的是，他的上述概括離薩依德這兩本書的原意差距甚大。在後殖民批評中，可能的確有人強調本土抵抗，如上述 Kwane Anthony Appiah 所說的某些後殖民書寫中所呈現出了「現代主義者的最後的陳詞濫調」。但那不是薩依德。薩依德的特點恰恰是將法國「高深理論」與殖民論述結合起來，反對陳芳明的那種本質主義的本土抵抗的方式。

先談 Orientalism（《東方主義》）。在這本書中，薩依德知識構建的目標，其實是想「通過描述一套觀念體系」——如西方的東方學及經典文化背後的與帝國權力的牽聯——來探討「文化差異」的概念，探討人們如何表現(Representation)其它文化的問題。賽義德將前者視爲「破」的部分，後者視爲「立」的部分。但薩依德的著作發表後，其影響卻主要在於陳芳明所說的「去殖民」的部分，即對於西方殖民主義的文化反抗，但對於後殖民的忽略令人們將「去殖民」理解成爲與後殖民批評的主旨完全相反的對抗的本土主義。薩依德以後現代歷史觀作爲前提，強調非本質主義，它雖然解剖了西方文化與帝國主義權力的牽聯，但這決不意味著應該從東方的立場上正本清源，也不意味著反西方，因爲這樣就墮入了與殖民主義同樣的二元對立的本質主義邏輯。正因爲如此，當《東方主義》一書在伊斯蘭、阿拉伯國家引起強烈反響，作者被稱讚爲「阿拉伯文化的支持者，受蹂躪、受摧殘民族的辯護人」的時候，賽義德本人卻十分沮喪，他認爲這種說法與他的本意完全背道而馳。薩依德明確聲稱，「在所有著作中，我一直對洋洋自得、毫無批判意識的民族主義持激烈的批評態度。」陳芳明強調殖民對抗，貌似有理，其實正好落入了上述後殖民理論運用的一個最爲常見的誤區之中——即狹隘本土主義和民族主義。應該說，在《東方主義》之後，薩依德對於法國「高深理論」的看法有所轉變，這從他對於福柯的態度上可以看得出來。薩依德在寫於這兩本書之間的《世界・文本・批評家》（一九八三）一書中，我們能夠看到他對於福柯的尖銳批評。批評正致力於我們說到的「抵抗」思想，大致意思是認爲福柯強調「權力無所不在」從而失缺了反抗的可能。到了Culture and Imperialism（《文化與帝國主義》）這本書中，薩依德果然增加了對於「抵抗」的主題分析。但需要說明的是，薩依德在《東方主義》中反對狹隘本土主義的思路並沒有任何改變。後殖民理論有一個上文中 Kwane Anthony Appiah 提及的文化身份建構的思想前提，薩依德在這本書中談到：「『身份認同』並不意味著本體上的一種先天性質，或者意味著一種永恆穩定的惟一性和不可變更的特徵。」故而強調抵抗其實是強化邊界，而「這些邊界之爭是本質化的表現——使非洲非洲化，東方東方化，西方西方化，美國美國化——沒有盡頭，別無選擇。」因而，民族主義者必須首先要反省自己，「最優秀的反帝民族主義者往往不憚於批判自己」。《文化與帝國主義》值得注意的地方，即在於薩依德對於民族主義界線的挑戰和對於國際主義身份的強調。書中認爲，如果說「盎格魯——薩克遜文學」或「世界文學」這樣的定位有什麼意義的話，那是因爲它們挑戰了以民族主義爲基本的文學構成和研究理論。而喪失了國土的流離的作家，正有幸地處於接近「正常」的狀態，因爲他沖破了民族的疆界。關於薩依德的國際主義思想，本文這裡不擬評說，這裡只想說明陳芳明對於《文化與帝國主義》主題的概括是如何地不著邊際。

陳芳明從他的後殖民文學史觀出發，將台灣文學史劃分爲「殖民（日據時代）」，「再殖民（光復後）」與「後殖民」（八七年解嚴後）三個時期。這裡最爲荒謬的是將光復後的國民黨統治視爲「再殖民」，這明顯地混淆了後殖民理論中殖民主義與民族主義的論述。後殖民理論有多種說法，但就其根本來說，應該與西方帝國主義和殖民地的關係有關。殖民時期的政治軍事壓迫是顯而易見的，殖民地獨立後的西方的文化控制卻不易察覺，後殖民理論的獨特貢獻在於對於西方「現代性」普遍主義的名義背後的殖民性的辯識。從早期的法農到薩依德到斯皮娃克到霍米巴巴，均都在談西方殖民統治與殖民地的關係，如西方對於殖民性他者的「東方主義」想像與表述，及其知識背後的權力關係，如西方殖民性對於屬下的戕害及其殖民者與被殖民者話語的混同等等。按照後殖民理論，檢討光復後台灣所受到的西方文化的影響才是台灣後殖民批評的正途。從台灣所受到的美國的巨大制約和影響來看，這一方面的確是十分值得探討的。陳映眞先生曾專門著有《美國統治下的台灣》一書，反省美國對於台灣的文化殖民。陳芳明對此視而不見，卻將光復後的國民黨統治稱爲「再殖民」，將解嚴後稱爲「後殖民」，顯得十分混亂。按照後殖民理論，光復後國民黨專制的問題其實應該放在後殖民理論所談及的民族主義的範疇中去認識，國民黨的殘酷統治政策，如陳芳明所樂意談到的國民黨與日本人相類的壓制，其實正是法農所談的警惕民族主義複製前殖民主義邏輯的問題。台灣後殖民批評曾以國民黨掩蓋日據時代的殖民歷史作爲驗證國民黨爲殖民者的重要依據，這其實是一個誤解。國民黨在大陸抗日戰爭期間即與日本人爲敵，到了台灣之所以不敢聲討日本恰恰是由於美國——台灣——日本的冷戰結盟所導致的，這恰恰從反面說明了這樣一種必要性，即台灣後殖民批評應該將目標鎖定在對於美日帝國主義文化影響的清理上。

註釋

註一：王德威《國族論述與鄉土修辭》，周英雄，劉紀蕙編《書寫台灣》，台北麥田，二〇〇〇年。

註二：林瑞明《台灣文學的歷史考察》，允晨文化，民八十五。

註三：彭小妍主編《楊逵全集》（小說卷一），台北文化保存籌備處，民八十七。

註四：陳芳明《楊逵的反殖精神》，《左翼台灣》，台北麥田一九九八（民八十七）。

註五：陳芳明《三答陳映真的科學創見與知識發明》，《聯合文學》十七卷十期（二〇〇一年八月）。

註六：彭小妍主編《楊逵全集》（詩文卷下），台北文化保存籌備處，中華民國九十年十二月。

註七：邱貴芬《後殖民的台灣演繹》，論文宣讀於國科會主辦的「十年台灣文化研究的問題」研討會上，一九九九年。

註八：尤爾根・哈貝馬斯《何謂民族》，曹衛東譯《後民族結構》，上海人民出版社。

學習楊逵精神

陳映真

一九五〇年韓戰爆發前後，在全球冷戰體制下，國民黨當局頒布各種包括「戒嚴令」、「懲治叛亂條例」、「匪諜檢束條例」在內的各種反共「國家安全」法令，和戰後亞洲及拉美廣泛對美扈從國家一樣，形成「反共・國家安全・法西斯政權」（anti-communist national security fascist states），以極端反共主義的「國家安全」體系，嚴厲限制一切公民自由權利，破壞民主法制，推動有組織的、國家政權發動的、蹂躪人權、對進步勢力橫加的「清洗」運動。就在這戰後冷戰史的過程中，台灣被組織到美帝國主義東亞冷戰戰略的最前線，納入東西對峙和國共對立的世界冷戰與國共內戰的雙重構造，展開了台灣在一九五〇年代後的戰後史。

從而，自二十年代到一九三〇年代初日據下台灣民族、民主運動傳統和一九四六年迄一九五〇年代初在台灣新民主主義運動的組織、人脈、連帶一切進步社會科學、哲學、思想和文藝都遭到徹底破壞和摧殘。中國三十年代以降的新文學作家、作品、文論和台灣在一九三〇年前後的左翼作家、作品和文論的傳統，都被強權禁刊和抹殺。

因此直到一九六八年我入獄之前，雖然知道楊逵先生的大名，但一直沒有機會讀到以《送報伕》爲首的他的小說，也不知道他在我大學畢業的一九六一年從十二年囚禁中獲釋。等到聽說楊逵先生在台中東海大學周近開闢了「東海花園」不久，我已在一九六八年入獄。

一九七三年，我在獄中讀到畏友尉天驄兄寄到獄中的、由他主編的《文季》季刊上，初次拜讀了楊逵先生的力作《模範村》，震動很大。一九七五年我出獄後，楊逵作品曲折地、陸陸續續地、由官方和民間文學媒體和民間出版社零星或選擇性地公刊。直到二〇〇一年，由台灣的彭小妍教授、日本的河原功先生等人合力編輯的十四卷版《楊逵全集》問世，學界和世人終於才有全面一窺楊逵先生文學、思想堂奧的機會。伴隨楊逵作品出土、相關資料的新發現、和海內外楊逵研究的進展，人們對楊逵文學成就和思想維度在很大範圍內增進了認識，從而增進了對這位優秀、勇敢、人格氣節始終一貫的台灣文學家、社會活動家和思想家由衷的敬佩。

我是台灣文學研究的門外漢。我只能以一個微末的台灣文學後輩作家的身份，說一說我對楊逵先生的認識，體會和崇敬之情。

甲、楊逵先生的文學

一九二四年，楊逵先生到日本勤工儉學，接觸了進步的社會科學理論。一九二七年，二十二歲的楊逵參加了在日朝鮮勞動者的示威被日本當局拘捕。九月，楊逵在日本發表的文章是一篇爲社會運動服務的紀實報導《自由勞動者之生活斷面》。同年九月，他應台灣農民工會（「台灣農民組合」）的召喚，毅然返台。十二月，由他執筆起草《台灣農民組合第一次全島大會宣言》。一九二八年，因方針路線的矛盾鬥爭，楊逵被迫離開「農組」。一九二九年，任左傾後台灣文化協會中央委員會主席。一九三一年，日本發動進攻中國東北的戰爭，同時全面鎭壓島內一切反日民族民主運動。就在這暗淡的一年的前後，楊逵在十分艱難的物質生活中，漢譯並發行《馬克思主義經濟學》第一部分，也漢譯了其他多篇重要的馬克思主義實踐運動的論文。這簡要的編年，說明楊逵手上的筆和心中的志業，首先並不是文學，而是改造和批判的進步事業。

一九三二年，當日帝將台灣抗日民族、民主運動摧毀後，在偉大的台灣新文學創建者賴和先生的關懷和支持下，二十七歲的楊逵開始執筆寫他第一篇、也是對他而言和對台灣新文學而言都極爲重要的小說《送報伕》。幾經周折，這篇小說在一九三四年獲選東京進步文學雜誌《文學評論》的第二獎（首獎從缺），從此展開了他的文學創作的生涯。

而縱觀他的文學作品，楊逵以批判和改造的實踐運動家邁開了他的革命的一生，而文學創作，究其實，也是他以審美的形式延續他的批判與改造的事業的過程中留給包括台灣文學在內的中國文學的極珍貴的遺產。

楊逵先生的文藝思想，歸結起來有這幾點：

一、人民文學論

首先，楊逵先生認爲文學不能脫離人民和生活。一九四八年，楊逵在《台灣文學問答》這篇重要的講話中說，文學工作者要深入人民生活「必須深刻地了解台灣的歷史、台灣人的生活、習慣、感情，與台灣民衆站在一起」。楊逵先生晚年不斷強調了他的三點文學觀：文學作品要識字的人看得懂，讀給文盲聽也聽得懂；（文學作品）要讓讀者有興趣（讀），那就得（描寫和表現）現實生活；（作品）要表現「健康、積極和光明的精神與思想」。他又說作家要認識人民百姓的生活，「爲人民找出路」。在《如何建立台灣新文學》這篇文章中，楊逵先生說「文學要表現人民眞實心聲，文學就有促進人民奮起、促起民族解放及國家建設的強大力量。」

楊逵先生的創作，忠實地實踐了他的小說（文學）創作觀。他的作品都充滿了豐實的生活內容。在《送報伕》中，楊逵先生以派報站眞實生動的生活材料描寫了派報站老板在不景氣下普遍失業的社會中誘騙失業青年、殘酷剝削無償勞動的黑暗，也徹底揭發了日帝統治下糖業帝國主義資本以暴力圈地，驅使失去土地的台灣農民成爲農村低工資農業工人的絕望現實。在《頑童伐鬼記》中，楊逵以批判現實主義的手法，生動刻畫了殖民地台灣由貧困台灣人、朝鮮人和低層日本人構成的、依傍在垃圾堆形成的貧民窟的生活，楊逵先生的寫實主義，莫不經由厚實的眞實生活表現出來。

二、新現實主義的創作方法

其次，楊逵先生的創作方法，是在傳統現實主義的基礎上，從批判和改造出發，辯證地綜合了敢於追求和企望幸福、勝利、光明的浪漫主義的「新現實主義」。在《送報伕》中，楊逵以現實主義描寫了資本主義對弱小者殘虐的掠奪，但也描寫了像田中、伊藤那樣敢於鬥爭，並且取得了罷工鬥爭的勝利的人物。而在故事的結尾，也表現了決心自日返台的主人公爲家鄉的改造鬥爭，滿懷希望和信心。在《泥娃娃》中，楊逵描寫了一個亟思依靠日本勢力去大陸昧著良心發戰爭財的人物，加以撻伐。而眼看著自己的稚兒稚女受日本軍國主義宣傳的影響，表現出日本軍人的野蠻言行時，發出了這沉痛的悲鳴：「不！孩子，再也沒有比讓亡國的孩子去亡人之國更殘忍的事了……」但小說絕沒有在絕望中結束。可憎恨的現實生活反而激起作爲作家的故事主人翁決心要「寫出充滿光明、喜樂的作品」和「謳歌人類健朗、勇敢和幸福、光明形象的作品」。而一場大雨，又把稚兒們表現軍國主義意識形態的泥塑飛機、坦克和軍艦「打成一堆爛泥」。

再次，楊逵先生的作品極其突出地表現了眞誠的無產階級國際主義的精神。

三、在創作與生活中體現無產階級國際主義精神

在帝國主義時代，第三國際主張並實踐帝國主義宗主國的共產黨要反對自己國家的帝國主義，也要協助宗主國所統治各殖民地組建其共產黨的族支部，共同反對宗主國資產階級和帝國主義政府的殖民政策，以宗主國和殖民地無產階級的跨國界大同團結，打倒帝國主義，爭取殖民地的民族解放與國家獨立。

在日帝統治下的台灣新文學史中，以創作實踐深刻、眞誠、藝術地表現這種無產階級國際主義的感情和思想的作家，除楊逵先生的《送報伕》、《頑童伐鬼記》等之外，絕無僅有。不僅僅在文學創作上，楊逵先生早年和日本進步農民黨派、及聲援台灣農運的日本進步人士、律師間的團結，和日本警察入田春彥之間淒烈的友情，都體現了這國際主義的信念和思想。

四、楊逵先生的民族主義文學

無產階級的國際主義，把帝國主義各國的壟斷資產階級、帝國主義的政策及其實踐，辯證地和宗

主國和殖民地被壓迫人民分別開來。宗主國和殖民地被壓迫人民要團結起來，共同反對帝國主義宗主國的壟斷資產階級和殖民地自己的買辦資產階級和官僚資產階級。因此楊逵先生是無產階級國際主義者，也同時是最堅定不移的反日民族文學家。終其一生，楊逵先生都以文學創作、文學評論，先後堅持反對日本和美國帝國主義，反對民族分裂主義，並與之做針鋒相對的、堅毅不搖的鬥爭。

一九四三年代初，日帝動員在台「皇民文學」總管日人西川滿等，企圖將台灣人的抗日文學雜誌收編，爲「皇民文學」服務。在一個會議現場中，楊逵先生和黃得時先生不顧戰時台灣法西斯氣焰正熾之際，公開起而與西川滿等力爭，抗拒收編。

一九四三年，代表「皇民文學」一方的西川滿、濱田隼雄和葉石濤寫文章辱罵台灣作家的抵抗現實主義、不理會「皇民」叫囂的文學作品與思潮爲「狗屎現實主義」，而代表抗日、反法西斯一方的楊逵先生（署名「伊東亮」）、世外民、吳新榮等人公開發表文章犀利反駁。其中楊逵先生的駁論《擁護狗屎現實主義》一文，尤爲深刻。文章嫻熟地運用歷史唯物主義和辨證唯物主義的嚴密邏輯，以日常生活爲例，靈活地闡釋現實主義與積極浪漫主義辯證綜合的理論，最後對西川滿殖民文學中充滿的腐朽、唯心主義的、異國風情（以今日語言說便是「東方主義」）的「浪漫主義」痛加批評與嘲笑。

光復前楊逵先生所留下的小說、評論等，無不在堅決揭發日帝統治下台灣人民的苦難與殖民地生活的黑暗，無不以新現實主義表現不屈的抵抗、和敢於鬥爭又敢於勝利的革命浪漫主義精神，在艱難險阻中堅持反帝民族主義和愛國主義精神不動搖。

五、堅持省內外同胞的民族團結

台灣光復以後，於一九四七年發生了二月不幸事件，造成無法避免的在台省內外人士間的「鴻溝」。這時，楊逵憑借其長期人望，和因《送報夫》早已經由胡風翻譯，而廣爲大陸進步文壇所認識，在二月事變後，自然成爲推動省內外有志之士相互理解、克服「鴻溝」，力爭民族團結的核心人物。在一九四七年十一月到一九四九年四月間，有關「重建台灣新文學」的長期論議中，楊逵先生起到了指導和團結的作用。楊逵先生一仍以他清醒的歷史唯物主義與辯證唯物主義的邏輯，深刻闡述了「台灣、台灣文學是中國、中國文學的組成部分」；倡言台灣文學固不能自外於中國文學，但在二月慘變後（一九四七—一九四九）的特殊歷史時期，爲了鼓吹作家、文化人深入台灣人民及其生活，從而爲人民創作，表現台灣人民的思想感情，以彌合因二月事件造成的省內外同胞間不幸的芥蒂，克服民族反感，增進民族團結，而特別強調此一意義上的「台灣文學」概念。此外，楊逵先生早在一九四八年就敏銳地認識到美國和日本借著「獨立」、「托管」陰謀，要把台灣從中國分離出去的圖謀，公開抨擊「如其台灣的托管派或是日本派、美國派得獨樹其幟，而產生他們的文學」，此種文學就是「奴才文學」，他們「雖有主子的支持鼓勵而得天獨厚」也不得人心，「不得生存」……

一九五九年，楊逵在獄中創作並演出短劇《牛犁分家》，表達民族不能分裂，分則兩害的愛國主義思想。

乙、楊逵先生的政治思想

一、深刻的馬克思主義理論素養

一直到楊逵先生的晚年，楊逵先生都不憚於公言他是「人道社會主義者」或「社會主義者」。如前文論及，楊逵先生以政治活動家邁向人生青年期的步履。一九二七年受到故鄉台灣激動人心的農民鬥爭的呼喚返台，投入實踐，一九二八年入左傾後文協中央，同時從事馬克思主義政治經濟學、哲學和運動實踐理論的譯介。一九三一年前後，楊逵先生漢譯了《馬克思主義經濟學(1)》、《勞動階級陣線》、《革命與文化》（一九二九年）、《序說「思維的運動和社會的變革過程」》和《戰略家列寧》。雖然其中只有《馬克思主義經濟學(1)》公刊，但也很令人驚訝地看到楊逵先生對馬克思主義相關理論的探索、研究和傳播的深度與熱情。這些遺稿的出土，具體地標示了三十年代台灣左翼運動理論的水位標高，也顯示了楊逵先生絕不只是隨著時代大潮漠然地「搞搞運動，寫寫小說」的「左傾青年」而已。當然，我們也從這些理論譯作，打破了楊逵先生只能寫日語，不能用漢語表達的刻板印象。

二、堅持「合法」、持續的公開鬥爭

文學創作之於楊逵，是政治鬥爭的另一個形式。一九三一年日帝全面鎮壓台灣的抗日民族、民主運動後，楊逵的抵抗改以文學創作爲主要手段。文學鬥爭要爭取在合法的方式和環境鬥爭；因此楊逵在晚年的回顧中，幾次自稱爲了爭取文學領域中合法的抵抗，他沒有潛人地下組織而使自己非法化，致無法公開鬥爭，卻機智和勇敢地利用一切哪怕是最小的合法性，進行果決不撓的文學創作和評論的鬥爭。今天我們讀他《送報夫》以降《模範村》、《無醫村》、《頑童伐鬼記》、《怒吼吧，中國》和《剿殺天狗》，不能不嘆服楊逵在最惡劣政治環境中，力爭利用「合法」的隙縫，以令人折服的機智和勇氣持續創作，和法西斯進行公開持久的鬥爭的強大氣魄。

三、《和平宣言》的重大現實意義

在政治上，楊逵先生不但勇於鬥爭，也善於團結。台灣光復後直到楊逵先生被捕的一九四九年，經歷了不幸的一九四七年二月事變，楊逵不遺餘力地團結在台進步省外文藝界和文化界人士，力爭民族理解，達成民族團結。二·二八事變後，有感於省內外同胞間的誤解與反感必須化解，楊逵先生和台中地區省內外文化界人士組成「文化界聯誼會」，由楊逵先生起草《和平宣言》，並且爲其文責，被捕入獄十二年！

一九四九年一月在上海《大公報》發表的《和平宣言》的主旨，是說爲了達成中國在戰後「和平建設」的目的，要「推進」五事：

「一、協力消滅所謂（台灣）獨立以及托管的一切企圖，避免類似『二・二八』事件重演；二、政府從速還政於民：保障言論、集會、結社、出版、思想、信仰的自由；三、釋放一切政治犯，停止政治性捕人，保證各黨派依政黨政治的常規公開活動；四、增加生產、合理分配；五、遵照國父遺教由下而上實施地方自治。」

《和平宣言》切合當時（一九四九年初）的歷史形勢，有的放矢。一九四九年一月二十一日，《宣言》發表於上海《大公報》時，國民黨在東北和平津地方的三大戰役中折損成百萬大軍，華北解放，蔣介石下野，國共和談再啓，楊逵先生的《宣言》才有「和平建設」、「國內戰爭已經臨到和平的重要關頭」的形勢分析。而早在一九四三年二戰結束前，日帝敗相已露，美國軍方和外交特工人員就覬覦台灣的戰略重要性，主張美國應在戰後以「托管」、倡言「台灣地位未定」論、「公民投票決定台灣前途」、「鼓勵台灣自主」、「謹愼謀求與台灣人領袖接觸，以便一旦時機成熟、有利美國國益之時，利用台灣自治運動」等把台灣從中國分離出去的陰謀，至今不息。楊逵先生非常敏銳地洞燭了當時強權對台灣的野心，把反對「台灣獨立」和「台灣托管」列爲《宣言》的第一條綱領提出。實際上少數政治目光和楊逵先生同樣尖銳的台灣政治家，當時還有謝雪紅、蘇新、李友邦等人。今日回眸，楊逵先生的政治洞見，很有重大現實意義。

楊逵先生的《宣言》中，以明確的語言提出民主改革，保障公民權利、一切政治黨派在政治地位和法律上一律平等、釋放政治犯、「和平建國」、實踐中山先生的充分地方自治。這些都是一九四五年國共《雙十協定》中的共同綱領，也是一九四六年到一九四九年間，包括台灣省在內的全中國以「反獨裁」、「反內戰」、「和平建國」爲口號的民主運動中共同語言，說明楊逵在光復後思想上、政治上、形勢認識上和全國保持了相當的一致性。

四、「一統」論和「統一」論

在民族認同問題上，楊逵的民族統一立場直至暮年一向是鮮明而不動搖的。一九八二年，楊逵先生第一次放洋，參加美國愛荷華大學的「國際寫作工作坊」，受到旅美台獨派新僑的包圍。他們逼楊逵先生在否認中國認同的「台灣人」認同問題上表態，楊逵公開回答，如果依台獨派的定義，「我就不是台灣人」，使逼問的人們啞口。楊逵在兩岸的前途問題上提出反對兩岸任何一方片面將自己的主張強加於人者，叫做「一統」，他表示反對。兩岸依民主協商和平討論取得共識，叫做「統一」，他表示支持。用今天的語言，楊逵先生早在一九八〇年代初就有兩岸問題應該以民主和平的方式達成民族統一的智慧。

結　論

楊逵先生的文學是他的政治思想和實踐在審美上的體現。新現實主義的創作方法，人民文學的文學觀，反帝民族文學的永不動搖的創作立場，堅決主張台灣和台灣文學是中國和中國文學的一部分，力主通過「台灣文學」運動塡平省內外同胞間的誤解，促進民族團結。楊逵先生是日據下台灣文學中惟一突出了無產階級國際主義思想和母題的作家。在政治上，楊逵先生直至晚年都不憚於宣稱自己是社會主義者，沒有動搖過社會主義的思想立場。他敢於鬥爭，善於團結，熱心指導和培養年輕的一代。他與反民族的分離運動鮮明對立，堅持克服民族反目，力爭民族團結，不遺餘力。

作爲楊逵先生後輩作家，我對楊逵先生的文學、政治和民族團結的堅持之敬佩和仰望之心，可謂與時俱增。我應以餘生更好地學習楊逵精神、做好楊逵先生的學生自勉。

參考書目

一、《楊逵全集》彭小妍主編，國立文化資產保存研究中心，台南，二〇〇一年十二月。
二、《一九四七——一九四九台灣文學問題論議集》陳映真、曾健民主編，台北人間出版社，一九九九年九月。
三、楊逵「和平宣言」的歷史背景：紀念「宣言」發表五十年，陳映真，一九九九年四月。
四、《噤啞的論爭》，人間出版社，一九九九年九月。

楊逵與大陸文壇

——「魯迅情結」「胡風緣」

樊洛平

楊逵終其一生，並未見過魯迅與胡風。但他對中國現代文學旗手魯迅的精神仰慕，形成了心中濃得化不開的「魯迅情結」，並直接影響到戰後初期的文學再出發；他與胡風之間的文學因緣，傳遞著左翼作家對底層被壓迫者的關懷精神，更見證了兩岸文學割捨不斷的歷史聯繫。

楊逵首度接觸魯迅的作品的時間，大概在一九二八年左右。當時在彰化居住的楊逵，經常與一群文友出入賴和家裡讀書看報，討論文學。楊逵清楚地記得，「先生的客廳裡有一張長方形的桌子，桌上總是擺著好幾種報紙。」（註一）晚年楊逵接受林瑞明訪問時，也肯定地回答桌上還有中文雜誌。賴和當時任《台灣民報》漢文欄編輯，而魯迅又是一九二五年至一九三〇年間在《台灣民報》出現頻率最高的作者。〈鴨的喜劇〉、〈故鄉〉、〈犧牲謨〉、〈狂人日記〉、〈魚的悲哀〉、〈狹的籠〉、

〈阿Q正傳〉、〈雜感〉、〈高老夫子〉等作品都轉載於這一時期，由此形成了魯迅思想在台灣傳播的第一次高潮。賴和平生最崇拜魯迅，他同樣是以文學來療救社會弊病，改造國民精神，一生保持了尖銳抗爭的形象，因而被人們譽爲「台灣的魯迅」。而楊逵，作爲深受賴和人格濡染和文學影響的作家，他內心認定的賴和，就是魯迅的形象。一九四三年一月賴和去世後，楊逵即發表〈憶賴和先生〉一文，其中談道：「一想起先生往日的容顏——當然是透過照片——就會浮出魯迅給我的印象。」（註二）由此看來，二〇年代後期的楊逵，經由賴和而間接地接觸到魯迅作品，並從中獲得精神的認同與啓迪，其背景也是眞實可信的。

一九三五年十二月起，台灣文藝聯盟機關刊物《台灣文藝》從第二卷第一號起，分五期連載由戴頑銕翻譯、增田涉著的《魯迅傳》，引發文壇普遍關注。楊逵當時也在《台灣文藝》發表文章，透過《魯迅傳》得以進一步了解魯迅的精神，應該是順理成章的事情。

一九三六年十月十九日，一代文豪魯迅去世。楊逵在自己創辦的《台灣新文學》雜誌上，迅即於次日刊登了由他主動提議王詩琅所寫的〈悼魯迅〉，以及黃得時的〈大文豪魯迅逝世——回顧其生涯與作品〉。〈悼魯迅〉以卷頭言形式出現，其中寫道：

不久以前我們喪失了馬琪西姆•高爾基而悲哀尚未消逝，又接到魯迅在十月十九日因痼疾心臟性喘息病去世的訊息。從事文學的我們，在短短三個月中失去了兩位敬愛的作家，是何等的不幸……現今在遙遠的那邊，在那黄浦江邊猶如追悼他一樣，愁雲覆蓋了天地……（註三）

這篇文章所表達的，正是楊逵和他那一代台灣新文學作家的共同情感。

一九三八年五月，由於入田春彥自殺的意外促成，楊逵遂開始全面系統地接觸魯迅作品。一九三七年七七事變至日本戰敗前，日本當局全面禁止中文刊物發行，包括魯迅在內的一切新文學作品轉載完全停止。當時，無論是在台灣，甚至是在東京，《魯迅全集》都被視為禁書，而入田春彥能夠擁有一套七卷本的《大魯迅全集》（註四），更證明了他的左翼文學青年身份。楊逵曾說：

> 這位入田先生的遺物中有改造社刊行的《魯迅全集》（一九三七年二月——八月刊行，全部七卷），由於我被授權處理他的書籍，就有機會正式讀魯迅。（註五）

正式閱讀《大魯迅全集》，爲楊逵戰後初期的文學出發提供了強有力的精神資源。台灣光復後，許壽裳受陳儀邀請，從大陸赴台擔任了台灣省編譯館館長，旋即成爲魯迅思想最重要的傳播者。許壽裳對於台灣文化重建的構想，是期望「台灣也需要有一個新的五四運動，把以往所受的日本毒素全部肅清，同時提倡民主，發揚科學，於五四時期的運動目標以外，還要提倡實踐道德，發揚民族主義。」（註六）而實現這一個終極目標的途徑，就是把魯迅思想的傳播與台灣的文化重建有機地結合起來，以改造落後的國民性，建設一個具有新生命的台灣。

戰後的初期的台灣社會，形成了「中國化」的時代潮流，如《民報》在社論中表示：「光復了的台灣必須中國化，這個題目是明明白白沒有討論的餘地。」（註七）隨之而來的文化交流活動中，中國新文學被大量介紹，而魯迅作品在台灣文壇的出版、轉載無疑最多，這使魯迅思想成爲戰後初期兩岸文化人溝通的語境。

許壽裳於一九四六年六月二十五日抵達台北，同年即發表〈魯迅和青年〉、〈魯迅的德行〉、〈魯迅的精神〉三篇文章，一年後出版《魯迅的思想與生活》一書。一九四六年五月至一九四八年一月，從台灣的《中華日報》、《和平日報》、《台灣新生報》三大報刊，到《台灣文化》、《文化交流》等刊物，據中島利郎的統計，直接以魯迅爲題的評論和創作文章多達十八篇，這一時期文壇出版的魯迅作品和魯迅研究著述爲五種（註八）。戰後初期台灣文壇的這一文化現象，可以說帶來了台灣傳播魯迅精神的第二次高潮。

得益於入田春彥遺留的《大魯迅全集》，楊逵在系統的研讀中，對魯迅的精神的理解與傳播，更致力於結合台灣新文學運動與戰後文化重建實踐的轉化。

一九四六年十月十九日，楊逵分別在《中華日報》日文版以及《和平日報》副刊上發表中日文詩歌〈紀念魯迅〉：

紀念魯迅

吶喊又吶喊／真理的叫喚／針對惡勢力／前進的呼喊／敢罵又敢打／青年的壯志／敢哭又敢笑／青年的熱腸／一聲吶喊／萬聲響應／如雷又如電／閃光，爍爍／魯迅未死／這還聽著他的聲音／魯迅不死／我永遠看到他的至誠與熱情

（為十周年紀念作）

——《和平日報》（一九四六年十月十九日）

紀念魯迅

「我有寸鐵」／魯迅從不退縮／立於貧困與齷齪的環境／提刀反抗槍劍的追擊／魯迅是人類精神的清道夫／面對惡勢力與反動／吶喊又吶喊／魯迅如猛獅般銳不可當／敢罵、敢打、敢哭、敢笑／魯迅是永遠的青年／如今到處聽見魯迅的聲音／繼承者的心中／看見魯迅的至誠與熱情／魯迅是人類精

神的清道夫／革命永生的標杆

——《中華日報》（一九四六年十月十九日）

一九四七年一月，在〈幼春不死！賴和猶在！〉一文中，楊逵再次強調「魯迅不死」，並結合台灣新文學運動的歷史，大聲疾呼台灣新文學運動的兩位先驅同樣不朽：「幼春不死！賴和猶在！」一九四七年一月，楊逵編著的《阿Q正傳》中日文對照本，列爲「中國文藝叢書」之一種，由東華書局出版。楊逵所寫的題爲《魯迅先生》的卷頭語，集中表達了他對魯迅精神內核的理解：

魯迅先生本名周樹人，一八八一年生於浙江省紹興府。年幼時，家有水田四五十畝，生計相當優裕。但在十三歲時，祖父因某事件入獄後，家運就急速中落，寄寓親戚家時，曾被喚為乞丐。先生在最初的小說集《吶喊》的序文中記載，曾因父親罹病長達四年，他幾乎每天進出當鋪和藥房。有人說鋼鐵因鍛煉而更堅固，先生不屈不撓的精神不就是在此期間鍛煉而成的嗎？之後，直到一九三六年十月十九日午前五時二十五分，先生以五十六年生涯告終前，先生經常因作為被迫害者與被壓迫階級之友，而一再重複血淋淋的戰鬥生活，平日固然忙於用手筆耕，有時更得忙於用腳逃命。說是逃命，或有卑怯之感。但筆與鐵炮之戰鬥，作家與軍警之戰鬥，最終，大部分仍不得不採取逃命的游擊戰法。

如此，經由先生這般不屈不撓的戰鬥生涯，使被迫害者的戰鬥意志更爲強韌，組織也益形堅固。……在此所譯《阿Q正傳》是先生代表作，這是向應受到詛咒之惡勢力與保守主義宣告死刑。懇請細膩吟讀。只要不揚棄此等惡勢力與保守主義，我們一步也無法前進。（註九）

一九四七年一月，楊逵還在《文化交流》發表〈阿Q畫圓圈〉，經由紀念魯迅的文章，對大陸來台的一部分貪官污吏，即「禮義廉恥欠信之士」在光復後大發其財的卑劣行徑，進行了尖銳的批判。

從楊逵的上述詩文可以看出，他對魯迅的認同，更多地定位於「人類精神的淸道夫」、「吶喊前進的靑年」、「被壓迫階級之友」、「戰鬥的文化戰士」等層面上。這其中，一方面融入了楊逵作爲戰鬥型作家的生命經驗和行動路線，讓他「從魯迅身上找到作爲自我延伸的理想圖像」。（註十）另一方面，這種認知與時代的脈動以及台灣社會現實緊密結合，經由新的轉化和發展，不斷賦予魯迅精神新的時代意義，並對戰後初期的台灣文化重建現實發生積極的引導和啓迪作用。

事實上，楊逵對魯迅精神的執著和追尋，可謂貫穿他的一生。直到一九八二年，楊逵在美國愛荷華城接受記者採訪時，還明確回答，對於魯迅的抗議文學和反叛文學，「我比較接近，如果對社會的不合理毫不關心的，我就沒興趣。」（註十一）這種濃得化不開的「魯迅情緒」，與楊逵作爲一個戰鬥的、關懷大衆的、帶有左翼色彩的作家，自然有著內在的精神聯繫。

胡風作爲魯迅的得意門生，也是魯迅晚年最接近在身邊的一位。胡風翻譯《送報伕》以後，又將其收錄在《弱小民族小說選》中，其背景仍然有魯迅的影響。魯迅的《域外小說集》與胡風的《弱小民族小說選》之間，應該有某種精神上的關聯。胡風在魯迅精神影響下從事的文學活動，使他和楊逵之間發生了一段跨越海峽兩岸的文學因緣，有了一種普羅文學精神的溝通。

一九三二年，楊逵投稿《台灣民報》的小說《送報伕》只登出一半，就被台灣總督府強行查禁。心有不甘的楊逵沒有放棄，仍然在尋找發表全文的機會。一九三四年，得知日本東京的普羅文學雜誌《文學評論》正在徵文，楊逵便將《送報伕》投稿過去，結果發表在當年十月刊出的第一卷第八號上，並獲第二獎（第一獎從缺）。這是台灣作家首次進軍日本文壇，日本進步作家給予《送報伕》相當高的評價，而《文學評論》當月號在台灣卻被禁止銷售。

在同期的《文學評論》上，日本進步作家對《送報伕》如是說：

> 我認為《送報伕》很好。沒有虛假的造作，而顯露著不得不寫的真情直逼人心。我看過的十四篇中，它是頂好的。（龜井勝一郎）
>
> 作為一篇小說，它難說是完整的，但作者的真情硬逼著讀者的心。送報的生活與鄉里的

故事吸引著我的心。最後一段感情似有幾分低調。（洼川稻子）

總而言之，主觀是幼稚的，但正因如此，真樸實的臉貌更顯得突出。它沒有其他應募作品能看到的叫人反感的造作，是可喜的。打動人心的力量也大。（武田麟太郎）

就在此時，胡風有機會接觸到了楊逵的這篇成名作。胡風在一九八五年悼念楊逵逝世的文章中回憶道：

三十年代初，我在日本的《普羅文學》上讀到了楊逵先生的中篇小說《送報伕》。在日本侵略者的長期迫害之下，台灣人民過著痛苦的生活甚至家破人亡，終於覺悟到了非組織集體力量進行鬥爭不可。這篇作品深深地感動了我，我當即譯了出來，發表在當時銷數很大的《世界知識》上。後來，新文字研究會還把它譯成了拉丁化新文字本，介紹給中國的工友們閱讀。從這篇小說，大大增進了祖國同胞對台灣同胞的了解和同情，它的影響是很大的。（註十二）

如果說，賴和是《送報伕》的助產士，胡風就是《送報伕》傳播者。一九三五年六月，由胡風譯爲中文的《送報伕》，發表於當時廣爲影響的《世界知識》（上海）第二卷第六號。一九三六年四月，胡風編譯的小說集《山靈——朝鮮台灣短篇集》，作爲黃源主編的《譯文叢刊》之一種，由上海文化生活出版社出版。楊逵的《送報伕》、呂赫若的《牛車》和楊華的《薄命》三篇小說入選其中，這是台灣小說首次被集中地介紹到祖國大陸來。一九三六年五月，胡風編譯《弱小民族小說選》，由上海生活書店以「世界知識叢書」發行，同樣收入了上述三篇台灣新文學作品。

胡風是在什麼樣的語境裡譯介《送報伕》呢？他在《山靈——朝鮮台灣短篇集》的〈序〉裡說：

去年《世界知識》雜誌分期譯載弱小民族的小說的時候，我想到了東方的朝鮮台灣，想到他們底文學作品現在正應該介紹給讀者，因而把《送報伕》譯好投去。想不到它卻得到了讀者底熱烈的感動和友人們底歡喜，於是又譯了一篇《山靈》，同時也就起了收集材料，編印成書的意思。

……

我還記得，這些翻譯差不多都是偷空在深夜中進行的。四周靜寂，市聲遠去了，只偶爾聽到賣零吃的小販底微弱的叫聲。漸漸地我走進了作品裡的人物中間，被壓在他們忍受著的那個龐大的魔掌下面，同他們一起痛苦，掙扎，有時候甚至覺得好像整個世界正在從我底周圍陷落下去一樣。在這樣的時候看到了像〈初陣〉、〈送報伕〉等篇裡的主人公底覺醒，奮起，和不屈的前進，我所嘗到的感激的心情是不容易表現出來的。

好像日本底什麼地方有一個這樣意思的諺語：如果說是鄰人底事情，就不方便了，所以我把那說成了外國底故事。我現在的處境恰恰相反。幾年以來，我們這民族一天一天走近了生死存亡的關頭前面，現在且已到了徹底地實行「保障東洋和平」的時期。在這樣的時候我把「外國」底故事讀成了自己的事情，這原由我想讀者諸君一定體會得到。（註十三）

胡風當時爲《送報伕》寫過一則「譯者序」，該序《世界知識》版置於文前，《弱小民族小說選》版置於文後，至《山靈》版則被刪除。從該序可以看出胡風對《送報伕》的評價：

台灣自一八九五年割讓以後，千百萬的土人和中國居民，便呻吟在日本帝國主義的鐵蹄之下。然而那呻吟痛苦的奴隸生活究竟到什麼程度？卻沒有人有深刻的描寫過。這一篇是去年日本《文學評論》徵文當選的作品，是台灣底中國人民被日本帝國主義統治了四十年以後第一次用文藝作品底形式將自己的生活報告給世界的呼聲。（註十四）

大陸同胞對楊逵的了解，首先是從胡風翻譯和編選《送報伕》開始的。台灣光復後，許多前來支援台灣文化建設的大陸作家、文人和知識份子，他們一到台灣就慕名而來拜訪楊逵，千方百計與他取得聯繫，都是由於拜讀過《送報伕》，文學精神與心靈世界已經有所溝通的緣故。一位從大陸回來的台灣籍青年曾對楊逵說，他們學校的校刊就轉載過這篇小說。被抓去當日軍翻譯的台灣文學界人士李獻璋也說，他在廣州「各界抗日聯合會」出版的小報上，曾看到《送報伕》。又有林朝培從新加坡來信說，他在那裡看到《送報伕》與其評論文章在當地報紙上發表。也有人說，他還看過翻譯成世界語的《送報伕》。《送報伕》在抗日戰爭中傳播範圍之廣，對民眾參加抗日決心影響之大，令事後知曉的楊逵備感欣慰，對翻譯、傳播這篇小說的胡風也始終感念在心。

胡風晚年回憶說：我雖然在三十年代就介紹了楊逵先生的作品，但與他卻從未見過面，連他的情況也不了解。直到近幾年來，我才聽到了有關楊逵先生的點滴情況。」（註十五）楊逵與胡風素昧平生，但他的《送報伕》卻被胡風熱心翻譯，不斷推薦，乃至廣爲傳播，這讓人不得不感慨於精神相通的力量，文學傳播的奇蹟！這段文學因緣所共同見證的，是一個風雨坎坷的文學時代，也是兩岸作家影響互動的一段文壇佳話。

楊逵贈予胡風《鵝媽媽出嫁》。
曉風提供。

註釋

註一：楊逵：《憶賴和先生》，原載《台灣文學》第三卷第二號，一九四三年四月；收入《楊逵全集》第十卷（詩文卷・下），（台南）國立文化資產保存研究中心籌備處二〇〇一年十二月版，第八十七頁。

註二：楊逵：《憶賴和先生》，原載《台灣文學》第三卷第二號，一九四三年四月：收入《楊逵全集》第十卷（詩文卷・下），（台南）國立文化資產保存研究中心籌備處二〇〇一年十二月版，第八十七頁。

註三：王詩琅：《悼魯迅》，原載《台灣新文學》第一卷第九號，一九三六年十一月。

註四：《大魯迅全集》，佐藤春夫、增田涉、山上正義、井上紅梅等人合譯，（東京）改造社，一九三七年出版。

註五：楊逵語，見《一個台灣作家的七十七年》，原載《文藝》第二十二卷第一號，一九八三年一月；收入《楊逵全集》第十四卷（資料卷），（台南）國立文化資產保存研究中心籌備處二〇〇一年十二月版，第二六〇頁。

註六：許壽裳：《台灣需要一個新的五四運動》，《台灣新生報》一九四七年五月四日。

註七：《民報》社論：《中國化的真精神》，一九四六年九月十一日。

註八：此統計見方美芬編，吳興文、秦賢次補編：《台灣新文學與魯迅關係略年表》，收入中島利郎編《魯迅與台灣新文學》，（台北）前衛出版社二〇〇〇年五月版，第二三五—二三七頁。

註九：楊逵：《魯迅先生》，楊逵編譯《阿Q正傳》，（台北）東華書局，一九四七年一月版；轉引自張季琳《楊逵和入田春彥——台灣作家和總督府日本警察》，《中國文哲研究集刊》第二十二期，二〇〇三年三月，第二十七頁。

註十：張季琳：《楊逵和入田春彥——台灣作家和總督府日本警察》，《中國文哲研究集刊》第二十二期，二〇〇三年三月，第二十七頁。

註十一：《訪台灣老作家楊逵》，原載《七十年代》總第一五四期，一九八二年十一月；收入《楊逵全集》第十四卷（資料卷），（台南）國立文化資產保存研究中心籌備處二〇〇一年十二月版，第二三二頁。

註十二：胡風：《悼楊逵先生》，收入《楊逵先生紀念專輯》，台聲雜誌社一九八五年四月，第十二頁。

註十三：胡風：《山靈・序》，胡風譯《山靈——朝鮮台灣短篇小說集》，收入黃源主編的「譯文叢書」，上海文化生活出版社一九三六年四月版。

註十四：轉引自黎湘萍：《「楊逵問題」：殖民地意識及其起源》，金堅范主編《楊逵：「壓不遍的玫瑰花」》，台海出版社二〇〇四年九月版，第二〇一頁。

註十五：胡風：《悼楊逵先生》，收入《楊逵先生紀念專輯》，台聲雜誌社一九八五年四月，第十二頁。

【胡風與中日文學交流】

〔最新出土佚文〕

我的心境

胡風 著
張明杰 譯

要我就「中日文學的交流」寫一些東西，那麼我就談一點有關現代中國文學作品介紹到日本的感想吧。

在美國電影裡常看到黑奴的管弦樂隊，也曾看到過收購珍珠的白人老爺帶著南洋的海島姑娘而歸，並讓其在紐約等都市的舞台上跳舞。白人老爺們看後高興是高興，但這並非意味著黑奴和海島姑娘的「藝術」精湛，而是因爲對他們那厚厚的嘴唇、黝黑的皮膚以及怪異的姿態感到有趣，從她們那異國情調式的曲線中品味到一種新的肉感美。

現在要把中國文學中的什麼提供給日本的讀者好呢？我想這會因介紹者的用心不同而各異。當然，現在的中國文學雖然是革命的現實主義爲主導潮流，但是還很貧弱，存在著各種傾向，而且尚創建著文壇上的地位。因此，介紹者不同，就有可能將黑奴的厚厚的嘴唇和海島姑娘的曲線展示給日本的讀者，而且出於迎合所謂神秘的支那或怪異的支那這樣一種成見，這種介紹也許爲某種讀者層所期待。

那麼我們有沒有稱得上登上世界文壇的偉大作家和作品呢？

去年春季由魯迅先生提議，並得到山本改造社長的欣然允諾，決定把現代中國的年輕文學介紹到日本，並在在魯迅去世後出版了魯迅全集。然而，今年四月某位匿名的批評家卻批評這些工作說：「中國的作家很膚淺地以爲這樣就登上了世界文壇。」但是，在我看來，這一批評並非恰當。我們知道中國的國家地位很低，中國的現代文化、文學的發生和成長比日本要落後。我們也知道過去的日本文壇不願意承認中國現代文學。可是我們決非打算以泥腳進入紳士的客廳。換言之，我們並非只面向日本文壇，而是想通過尚且幼稚的文學，傳達給日本的讀者；特別是進步的讀者：中國文學是如何受難、如何奮起、又是如何通過失敗和犧牲來重塑自我的。因爲我們相信，猶如烘爐般沸騰的中國社會會多多少少地反映在文學作品裡，而且日本進步的讀者一定會對此抱有同感。當然，我們也想得到文壇方面的承認，但這並非是想要文壇上的交椅，而是因爲有了文壇的承認，我們的文學就能更好地深入到讀者中去。甚至稍微過分地說，也是因爲想看到日本讀者對於生活是如何創造文學的這一問題所抱有的同感。

基於這種情況，第一、我們並非沒有顧慮日本文壇上的喜好。因為不同的生活會產生不同的文學風格，以日本文壇的嗜好和尺度來衡量的話，眞正反映了中國社會特徵的作品並不一定受歡迎。

第二、也沒有受中國文壇輿論評價的左右。因爲批評尚不發達，進步的讀者的意見很難形成輿論，因此所謂「評價」多是一時容易產生的興奮或集團的拍手。必須自己來發掘。

第三、不應把目標放在作家上而是放在作品上。想介紹的是在某個作品中，其作家與怎樣的人生相遇？又是如何衝突的？但並沒有怎麼在意某某作家頂著什麼帽子、如何發笑等。

我不知道日本進步的讀者如何看待我們的工作。但看一看報紙和雜誌上出現的時評，似乎並沒有怎麼重視。特別是左翼的批評家們也好像不願觸及，對此我感到寂寞。究竟我們的工作是不是徒勞的？我一邊這麼想，一邊道出我的心境，以供《星座》諸位參考，也許會被眞正的文學家笑爲是膚淺的。

七月四日於上海

（本文原刊自《星座》第三卷第八號，一九三七年八月日本京）

憶矢崎彈

——向摧殘文化的野蠻的日本政府抗議

胡　風

九・一八的下午，有幾個朋友來，談話中間，D君說：「這次日本政府可逮捕了不少的知識份子！」

「聽到了確實的消息嗎？」因爲這樣的事雖然早在意料之中，但還沒有見過具體的報導，我注意地問了。

「還沒有看見？今天申報登的，還有你底名字呢。」

「啊？怎樣的？」我不禁奇怪了，因爲我分明還自由地住在上海。

「說是被捕的作家和中國左翼作家王統照胡風等往來……」

於是我就找出了照例留到晚上看的材料較多的申報。果然有了，被捕者有「新進作家」矢崎彈因為「矢崎今春曾遊上海，與中國左翼作家王統照胡風等往來，歸國後與中國人民戰線派聯絡，以文藝謀大衆左傾化，故致被捕」云。

夜裡，聽著隆隆的飛機聲和敵軍陣地的手忙腳亂的高射炮射，我知道這是中國空軍在用著壯烈的戰鬥來紀念今天了。聽了一會以後，還是翻出沒有詳看的申報來；重讀了那條「東京民衆覺悟，反軍閥空氣濃厚」的消息。日本政府的手忙腳亂的慌張情形也和黃浦江上亂放的高射炮相差不遠，使我禁不住一陣滑稽之感，但縈繞在我底腦子里不能消去的卻是矢崎底銳敏裡帶著誠樸的臉色；再一聯想到我自己身受過的日本警察底野蠻的拷問方法，就感到了一種氣憤和懷念混和著的感覺底侵襲。

像那消息所說，矢崎是今年春間到過上海的，但月份日子我已經忘記了。一天鹿地亙向我說，有一個叫做矢崎彈的到上海來了，大概想見見中國作家，但聽說他是提倡「日本的東西」（即認日本民族底特點為最好的東西之意）的，所以打算給他一個封鎖。我從來沒有聽到這名字，當時笑著回答：「他提倡『日本的東西，』但我們這裡只有所謂『支那的東西，』我們當然用不著見面了！」

但三四天之後，再見到鹿地的時候，他說已見過矢崎，從前所聽到的是謠傳，這人思想結實，腦子銳敏，雖然還衝不過某種限界，但對於日本文壇和日本文學傳統持有很透辟的見解，臨末是問我可否見一見，矢崎自己托他致意：如果聽到別人說過他是提倡「日本的東西」的，希望我能夠相信那是誤解云。

第二天或第三天的下午我如約到內田書店去，他已經先在了。背向外地坐著，扶著一根手杖，黑底白點的西裝上面是頭髮濃黑眼睛有神的面孔。交換了幾句客氣話以後，我笑著問他：「怎麼樣，是不是覺得有些害怕？」他對這突然的襲擊感到意外似地閃了一閃眼，但隨即微笑地回答了，剛到的一兩天，實在有些害怕，但現在已經能夠一個人自由自在地在街上逛來逛去了。」

十分鐘後，我們坐在了一家咖啡店裡，談話繼續了一小時以上。除了回答他中國新文學的要求和傳統底桎梏是在怎樣一種相剋的情形下面這一問題以外，第一他充份地承認了魯迅底雜文在文學史上所開拓的戰鬥的傳統，第二，對於中國新文學，他讀過茅盾底動搖和追求，從那裡看出了中國文學是直接地接受了西洋文學底現實主義的精神，不像日本文學似地走入了歪路，第二，關於所謂「日本的東西」，歸根到底就是所謂「物之哀」，而「物之哀」就是對人生妥協的態度……。但最使我感到興趣的是從他聽到了日本文壇底內幕，也就是壓迫新生力量的文壇勢力底分佈地圖。

第二次是偶然在鹿地那裡碰著了的。一共有七八個人，因爲人多，而且有三個女性在內，所以幾小時的時間都是在笑談裡過去了。晚飯由蕭軍請客，是每人兩角或三角的俄國菜，外加沃得卡酒。那沒有拘束的滿座哄笑，似乎使矢崎非常興趣，臨末且出去買來了一個表示敬意的鮮麗的花籃，說這樣的集會在日本是不能做到的。頭一天我收到了他底論文集《過渡期文藝底斷層》和他的同人雜誌《星座》，曉得他是在無氣節的日本文壇上走著孤獨的路，這時候我不禁想像了一下他底心境。

第三次的會見是在新雅。除了他所希望會見的茅盾以外，還有鹿地夫婦和張天翼。他向茅盾提出了幾個關於創作態度的問題以後，大家縱談了一通中日文壇的情形和觀感。這一次他談得更興奮，散席之前且致了一個簡單的謝辭，那開頭是：「……到了無論從那一方面說都是先進的國家中以後，我才眞切地成了一個人道主義者（humanist）……」

後來在星座上看到的，在他和王統照的對話裡面就提到過人道主義的問題，「在日本的現代人道主義，一方面是普羅文學被彈壓後退了以後的一個抵抗方法，另一方面是被現在的政情刺激了的知識人良心底自覺底表現。」那麼，從他底原有的工作和星座底主導態度看來，他原就是人道主義者了。現在再申明「更眞切地成了一個人道主義者，」是什麼刺激了他，是更進向了什麼方向呢？我想，也許可以在他所說的中國文學底「政治情熱底激烈和方向底明確」裡得到答案罷。

第四次會見是他離開上海的頭天晚上。同座者有蔣楚生，藍蘭女士，地方是鹿地底寓所。我原想聽一聽他第一次談話時提到過的，關於長篇小說底危機這一問題的詳細意見的，但沒有時間，只談了一些電影方面的事情，他因爲要赴另一個約會，匆匆地握別了。

他回東京後寄來了三封信，第一封除照例地表示謝意外，邀寫一篇關於「中日文化的交流」的短文，第二封是催稿的。於是寄了一篇短稿，附一封回信。文章題爲「我的心境」，大意說，要寫的題目一時寫不來，只好就我自己參預過的介紹中國新文學到日本去的意思說一說罷，那就是既不是像某一批評家所說，想把中國作家送上世界文壇，也不是像美國的電影商似地，把黑奴底黑皮厚唇或南海蠻女底曲線送到白人老爺底眼裡掉換口味，要不過是為了向日本讀者，尤其是進步的讀者傳達一點中國，人民，在怎樣受難，怎樣掙扎，怎樣成長而已……。以後是接到稿件後的照例客氣的回信和那份《星座》。但我卻沒有回覆。那原因是，曾經申明了就是被封也要介紹中國新文學的星座，這時來了一個「社告」，說是「看到了最近的中國底軍事政治行動底態度，他們底計劃非停滯不可。我懂得他們底窘迫情形，但這說法使我大大地不快，在沒有出版的八月號文學的一篇短評裡面，我就提到過，還有，這時候蘆溝橋的抗戰已經發生了，日本警察底不講理和無孔不入，我是領教過的，我相他還是得不到我底回信為好。

但現在他居然遇到了日本政府底鐵爪。我平鋪直敘地在這裡記下了我和矢崎間的「往來」和通信的經過，不曉得以「憲政」立國的日本政府有什麼權力這樣栽贓問罪！警視廳的「支那通」們也應該害臊；你們不是連中國只有抗日民族統一戰線而沒有人民戰線的事情都不知道麼？

矢崎被捕後結果會怎樣呢？我想只有兩條路：不是日本政府用恐怖手段使矢崎和星座屈服，放棄對於中國文學的敬意甚至贊成侵略中國的強盜行動，就是矢崎固守自己底思想立場，弄得本身入獄，星座倒掉。但無論是那一條路，結果同樣摧殘了矢崎和星座底人道主義的進步的文學活動。壓迫民衆和侵略中國本是日本帝國主義底強盜政策底兩面，一切爲文化底進步而工作的日本知識份子們，應該向這個屠殺文化的政府投去堅決的反抗！

（本文原刊自《七月》，一九三七年十月十六日）

胡風與矢崎彈

——以中日戰爭爆發前夕的雜誌《星座》的嘗試為主

近藤龍哉

胡風就自己與日本進步評論家矢崎彈（註一）的交流，寫過一篇回憶文章〈憶矢崎彈——向摧殘文化的野蠻的日本政府抗議〉，發表於一九三七年九月，即中日戰爭爆發後胡風創刊的《七月》周刊第三期（註二）。矢崎於同年五月，爲了與中國文壇取得交流而訪問上海，與中國作家和詩人進行了交流，其中多次與胡風晤談。當時通過文學暢談，矢崎給胡風留下了深刻印象。胡風接到強烈希望與中國文壇進行交流的矢崎卻因此而遭到日本官憲逮捕的消息後，寫下了這篇文章，如實地記述了自己與矢崎的交流，並證明這種交流並非是「左翼運動的聯合」之類的政治內容，而是完全與文學相關的，同時對打著「憲政」旗號，卻濫用權力將矢崎逮捕的日本政府的這種野蠻行爲提出了強烈抗議。

有關與矢崎的交流，另外胡風在名譽恢復後所寫的〈回憶錄〉（註三）及〈我做的一些中日文化交流工作〉(註四)中只是略有所及。日本國內對矢崎本人的研究很少,其與中國文學工作者的交流情況也尚未搞清(註五)。造成這一現狀的原因主要有:矢崎彈從事評論活動,主要從一九三二年至一九四六年,而這十五年大多處於戰爭時期,戰後幾乎未能活躍即死去;由於矢崎無論是左還是右都不處於日本文壇的中心,而是從獨特的位置從事評論活動,其在戰後的日本並不怎麼受關注,因此對其的研究也很滯後。另外,加上同人雜誌《星座》又是極不易看到的資料。

在此我想以胡風的這篇文章為線索,並盡可能根據當時的資料,搞清其交流的眞實情況。這次我有幸看到了以下新資料:一、胡風受矢崎之約所寫的、發表於矢崎主辦的《星座》雜誌上的日語文章〈我的心境〉;二、刊載於《星座》上的矢崎彈的上海滯留日記;三、歸國後矢崎發表於日本的雜誌等刊物上的文章;四、矢崎在上海與王統照約定交換《星座》和《文學》雜誌的特約關係資料;五、籌劃雜誌交換的詩人五城康雄(《星座》同人)希望中日文學交流的文章等。我想根據這些新資料,闡明矢崎彈究竟是一個什麼樣的評論家?他是以什麼目的訪問上海的?訪問又是在怎樣的環境下進行的?在上海進行了哪些活動?回國後的交流經過如何等,並試圖考察這種交流具有什麼樣的意義。

一、關於矢崎彈

胡風在〈憶矢崎彈〉中,披露了會見矢崎之前的一個小插曲。

一天鹿地亘對我說，有一個叫做矢崎彈的到上海來了，大概想見見中國作家，但聽說他是提倡「日本的東西」（即認日本民族的特點為最好的東西之意）的，所以打算給他一個封鎖。我從來沒有聽到這名字，當時笑著回答：「他提倡『日本的東西』，但我們這裡只有所謂『支那的東西』，我們當然用不著見面了！」……但三四天之後再見到鹿地的時候，他說已見過矢崎，從前所聽到的是謠傳，這人思想結實，腦子銳敏，雖然還衝不過某種限界，但對於日本文壇和日本文學傳統持有很透闢的見解，臨末問我可否見一見，矢崎自己托他致意：如果聽到別人說過他是提倡『日本的東西』的，希望我能夠相信那是誤解云。

由此可知，胡風和鹿地亘兩人起初都與矢崎素不相識，只是把他看成「提倡日本的東西」的民族主義式的人物。雖然矢崎與胡風都曾就讀於慶應大學英文學科，但兩人的在校時間卻剛好錯過，矢崎在胡風入學的一九三一年從慶應大學畢業，然後進入中央新聞社（早期為一家小報社《插圖朝野新聞》），工作之餘繼續從事文學活動，除了在慶應大學校友主導的《三田文學》上發表時評和評論以外，還給較有影響的文學雜誌《新潮》及《文藝》撰稿。如渡邊憲所指出的，「對普羅派的懷疑和對新文學（橫光利一等：筆者）的關心是其初期評論的特徵。」（註六）不久矢崎便辭去了報社的工作，「一九三四年從事文筆活動，在恰值文藝復興的時潮中，以凝練的文筆和旺盛的批判精神宣揚自己明確的主張。……擺脫感性優先的日本式思惟，以『觀念』上的統一爲目標，追求眞正的現實主義，出版第一評論集《新文學的環境》。……其後，對『行動主義』產生共鳴，並給《行動》撰稿，另外還參加了《星座》」（註七）。矢崎在去上海之前的一九三七年四月二十日，剛出版了第二評論集《過渡期文藝的斷層》，此時他作爲文藝同人雜誌《星座》的中心人物非常活躍。

矢崎的兩部著作均爲發表在雜誌上的評論、作家論及文壇時評等的匯編。他的文章非常獨特，很難概括，但總體上講並非偏袒哪種文學理論或方法論，而是對當時文學現象中所出現的文學家的怠惰和弱點，特別是日本式的感傷主義、輕視理論、缺乏主觀及任其自然等加以無情的批判，而且熱情期待沒有受此傾向一再重複且已成常識的文壇污染的、適應現實並具有強烈個性的新作品的誕生。他對同人雜誌及新人的支援姿態很明確，即不要指望爲文壇所承認，而是能滿腔熱情地去寫自己想寫的作品，爲了把同人雜誌辦成這樣一種園地，他親自做發起人創辦同人雜誌俱樂部，發行其機關雜誌，而且還設立同人雜誌俱樂部獎，並於一九三七年二月實現了第一次評選。

具有以上經歷的矢崎爲什麼被誤解爲提倡「日本的東西」的人呢？同年二月上海發行的日文報紙《上海日報》對其有這樣的介紹，「矢崎彈是以三田文學爲根據地，通過『日本的東西』提倡樹立民族文藝的新露頭角的年輕評論家」，（註八）這大概就是遭誤解的主要原因。「以《三田文學》爲根據地」已是二、三年前的事，當時矢崎對「日本的東西」十分關心也是事實，但是他正是把日本式思惟的弱點以及由此而來的日本現代文學中現實主義的畸形化作爲問題而加以批判的。因此，「提倡樹立民族文藝」之類的報導近於謠言，給矢崎帶來了很大的麻煩。

而且報導方是矢崎在上海期間曾得到過幫助的日高清磨瑳所供職的《上海日報》，這究竟是怎麼一回事呢？

一九三三年六月，胡風遭遣返由日本回國，其後他也一直關注著日本的文學動向。他本人也曾親自參加過的日本普羅文學運動，在他回國前後組織已解體，地下活動時代即將結束。隨後《文化集團》（一九三三年六月～一九三五年二月）、《文學評論》（一九三四年三月～一九三六年八月）、《文學指南》（一九三五年七月～一九三七年四月）等繼承了普羅文學運動傳統的雜誌相繼誕生，胡風從中選取有必要介紹到中國的文章隨時譯介過來。無疑他對日本普羅文學以後的運動形態和可能性也寄予了很大的關心。

譬如說，對於「行動主義文學論爭」，胡風把介紹法國知識份子的行爲人道主義並成爲其論爭開端的小松清寫的〈現代法國文學的轉機〉（《行動》一九三四年第八期）和從馬克思主義立場進行批判的大森義太郎所寫的〈現代知識階級的困惑〉（《改造》一九三四年第十一期）兩篇文章，均翻譯出來介紹到中國（註九）。

矢崎本來對普羅文學運動是持批判態度的，但實際上這個時候，他卻主動接近起這種行動主義文學，並給《行動》撰寫文章。不久，即使在這一潮流猶如曇花一現似的即將逝去時，他還在《星座》雜誌上通過公開信形式的批判等，爲強化行動主義的實質而努力。

從歷史上來看，行動主義文學作爲普羅文學敗退後超越藝術派和普羅文學派這一傳統分類的新層次的運動的萌芽確實存在過，我認爲它是法西斯主義到來時代的一種有意義的運動。

幸運的是，鹿地亙雖然認爲矢崎「還衝不過某種限界」，但又看出其對日本文學及文壇有很精闢的見解，以致於胡風未將矢崎拒之門外而是做出要會見的決定。

二、矢崎彈前往上海的目的

從大的方面講，矢崎去上海，目的主要有兩個。第一則是出於想重新構築自己的生活和文學觀這一動機。在矢崎本人來看，也可以說是一種更說不清道不明的期待。

矢崎於一九三七年五月十二日在東京車站被前來送行的朋友團團圍住。「有人說上海很危險，大概很難再活著回來，有人質問去的目的到底是什麼，有人告誡要明確地捕捉些什麼回來，還有人像是沉浸在舊中國的幻想中，一邊眯縫著小眼一邊顯出羡慕的樣子。我從這一切中看到了虛飾的、功利的、結論主義的日本式慣習。當時我只想一個人漫不經心地在上海街頭蹓躂，只不過是希望能以此機會洗滌文壇的污垢，讓生活和文學的陳規舊習多多少少地受到些破壞而已。然而，出發前我覺得周圍那種虛飾的姿態硬要我有某種責任感似的。對於我這個不成熟的評論家，日本、中國、文化交流這樣的大課題……我的精神越發焦躁，感到被輕輕的嘲笑、憤怒以及未見之前的幻滅所威逼。」（註十）

無論對什麼事都不容許常識性的解釋，而是進一步發掘以期達到眞實，從矢崎的評論中可以看出他的這一鮮明的態度。但同時也會發現由於其過分的細膩有時則與周圍產生隔閡。同一日記的後半部分有這樣的描述。「我前往上海之際，在東京同樣營造了人爲的出發環境，到處宣揚說要去上海，但又很可能去不了。我很猶豫是去還是不去。但是我相信這樣的夢想，即這次旅行多少會改造一下現在的自己。遵從這一信仰，我製造了人工強制的圈套，不管對誰到處吹噓。我像是被風傳所催逼似的拋開了東京。」（註十一）

這麼說，周圍出現「誇張的」期待完全出於他的自作自演。

第二個目的是爲了與中國文學界取得交流。雖然矢崎本身抱有很大的期待，但如以上所引用的，他卻寫成是周圍的期待。這是因爲在當時緊張的中日關係下，文壇報導界卻出現了中日文學交流趨勢的高漲，《星座》爲抓住此機運，作爲賦予自我特徵的方針之一明確擁有這一方向。

《星座》是一九三五年四月由石川達三、秋山正香、北原武夫、中村梧一郎等十三名年輕文學家所創辦的同人雜誌。雖說他們繼承了《新早稻田文學》和《三田文學》的傳統，但作爲同人雜誌並未提出什麼方法或主義，創刊辭也只是以「同人之言」的形式，由每個人講了自己的希望和決心而已。

石川達三發表於創刊號上的小說《蒼氓》獲得剛設立不久的新人文學獎，即第一屆芥川獎，雜誌因此而受到注目，參加進來的同人增多，同年達二十五人。從文獻來看，同人名錄中並沒有矢崎的名字，編輯和發行者也都沒有登出姓名，只是編輯後記中總是寫著「由矢崎供稿」。但是，這一雜誌的活躍與具有批判精神和長於寫作、富於論戰的矢崎有很大的關係。另外，從呼籲並說服其它同人雜誌，成立同人雜誌俱樂部，發行俱樂部機關雜誌，募集贊助者設立同人雜誌俱樂部獎，並親自參與其選拔等來看，即使同人中也有人回憶說矢崎當初就是其中心人物（註十二）。從矢崎給初期即爲雜誌同人的秋山正香的書信得知，自創刊籌備一直到停刊，實際上一直都是由矢崎主辦這一雜誌，並按其方針加以編輯的。即使在一九三七年時，矢崎還與同人山本和夫聯手編輯《星座》，而且在集資方面作爲主要成員也發揮了重要作用。（註十三）

這種實際行動派的矢崎在一九三七年這一時代環境下，新著手的工作就是中日文學交流，而促成這件事的是有過中國體驗、以前就對中國新文學十分關心的詩人五城康雄。

三、在對魯迅去世後的中國文壇更加關注的情況下

在此以前，中日間的文學交流若撇開中國文學研究會等組織的研究者和留學生的話，則主要是以普羅文學系統的人們爲首開展的，雖然偶爾也有像佐藤春夫、谷崎潤一郎這樣的權威文人參與，但並

沒有牽動整個文壇。

可是，魯迅的逝世在日本的知識份子和文壇報導界引起了很大的震動，文壇上對中國文學的關心一下子增強了。改造社決意出版《大魯迅全集》（註十四）就是其中的例證之一。另一方面，進入一九三七年後，中日關係的緊張局勢進一步加劇，日本的文人知識份子中有一種危機感在不斷增強。為了反映這些情況，《報知新聞》於一九三七年一月，出了一個〈文學家的對華關心〉的特輯，約請張赫宙、中野重治、佐藤春夫分別從各自的角度談了對中國的認識（註十五）。

作為其響應，《星座》一九三七年第三期刊登了五城康雄的〈希望中日文壇交流〉（註十六）一文。五城認為《報知新聞》的這一特輯，「其過於簡單讓人愕然，雖說倒令人一時感動，但只是得時宜而已。」一在做出像是嘲笑其內容粗糙似的評價之後，還批判了日本的文學家所持的對華態度。他批判那些毫無目的而是在什麼之餘順便訪問中國的文人的態度，說「魯迅生前最討厭這樣的傢伙」，並期望「哪怕有賽珍珠一半的眼光也好」。另外，把中國的稱呼和其背後存在的認識上的差異作為問題來看，要求撤消「支那」這一蔑稱，重新認識中國，尤其批評「對現代中國民衆心理的變化和知識階層、特別是知識青年的感情及社會地位等」不夠理解。關於「中日文壇的交流活動」這一正題，他認為「過去的日本文壇對中國現代文壇表現得極其冷淡、無知、甚至是衝動」，指出「雖有個人間的交往，但卻沒有文壇對文壇的交流，只是知道魯迅的一面，」「還有更值得讀的作家和作品，有更應該了解的文學運動及社會文化運動。」「現在描寫處於悲慘境地和貧困底層的現代農村的作品中也有相當好的，魯迅發起的、今日得以興盛的版畫運動、新劇運動、漫畫運動等也一定要介紹過來。」這篇文章後來被譯成中文刊載於《文學》雜誌。

五城康雄曾入白鳥省吾門下，是活躍於《地上樂園》的海洋詩人。一九三〇年八月經友人月原橙一郎編選，處女詩集《五城康雄詩集》問世。作為海軍「主計士官」的五城（原名矢野兼武）好像曾長期滯留於中國各地，一九三六年十二月回國後很快即加入中國文學研究會（註十七），翌年二月十七日造訪竹內好，並聽取談話（註十八）。〈希望中日文壇交流〉一文係二月三日起草，由此看來，他把自己的想法說給竹內，並徵得其贊同的可能性很大。五城幾乎在同一時期曾給中國的《文學》雜誌編輯部寄去了中文信函，希望自己所屬的日本詩人會（註十九）及東京詩人俱樂部（註二十）能與中國新詩人團體進行交流，並懇請代為斡旋（註二一）。另外還透露了東京詩人俱樂部將要出版《中國現代詩選》的計劃，因此希望能給介紹一些新詩人和詩集。也就是說，在五城看來，可以接受兩團體的意圖，承擔起與中國詩壇進行斡旋重任，且代表中國詩壇的，首屬當時有些偏重於詩的《文學》雜誌。五城在該信中還觸及到他發表於《星座》的文章，表明了自己「希望中日文壇交流」的一貫想法。

五城是如何接近《星座》的，其詳細過程尚不明確，不過，這大概與《星座》同人中的詩人田中令三、山本和夫、一瀨直行亦活躍於日本詩人會和東京詩人俱樂部有關（註二二）。尤其是一瀨在五城出版處女詩集後，曾於《地上樂園》發表過讀後感，作爲理解五城的同道，一瀨也許爲其盡了斡旋之力（註二三）。

五城還翻譯了胡風的〈張天翼論〉，刊登在《星座》第五、六期上，並附有「目前張天翼的名字幾乎每個月都出現在各家文藝雜誌上，故予以介紹」的譯者注，說明選擇張天翼是因爲其爲走紅作家而加以介紹的這樣一種意圖。而且，對論文作者胡風也做了說明。在介紹胡風「是敬仰魯迅的評論家和詩人」的基礎上，又記述到：「我去年曾跟胡風在街上邊走邊交談過。他相貌魁偉，穿著藍色稍髒的長袍，泰然地邁著步，似乎給人一種長江所具有的不可思議的巨大之印象。」表明其與胡風曾相識。另外，具體由來尚不清楚，但魯迅的藏書中卻有一本《五城康雄詩集》，而且已確認到上面還有五城本人用鉛筆作的修改或注釋。

五城的文章中曾有「至一九三六年十二月爲止呆在上海」，「在中國住過幾年，多次去中國並漫游各地，與各種階層的人接觸，見識過種種人和事」之記載。但據山岸嵩氏的論文（註二四）可知，這些都是他作爲一名軍人的經歷。

四、矢崎在上海以及與胡風的交流

一九三七年五月一四日乘長崎丸離開神戶港的矢崎，於十六日下午四點半抵達上海匯山碼頭，受到《上海日報》總編日高淸麿瑳的迎接。此後至歸國一直寄宿在位於施高塔路花園裡九號的日高家，在日高的關照下開始了在上海的生活。第二天即十七日，矢崎被介紹給內山書店的內山完造，十九日被介紹給上海每日新聞社的河野櫻，得到上海日日新聞社兒島博的幫助。二十日見到鹿地亙，在鹿地的斡旋下實現了與胡風的初次會見，時間是二十二日，即到上海後的第一周。當時矢崎將剛出版的論著《過渡期文藝的斷層》和《星座》雜誌贈送給了胡風（註二五）。

胡風在〈憶矢崎彈〉一文中，簡要地記述了初次會見的內容。

「除了回答他中國新文學的要求和傳統的桎梏是在怎樣一種相克的情形下面這一問題以外，第一，他充分地承認了魯迅的雜文在文學史上所開拓的戰鬥傳統；第二，對於中國新文學，他讀過茅盾的《動搖》，《追求》，從那裡看出中國新文學是直接地接受了西洋文學的現實主義的精神，不像日本文學似地走了歪路；第三，關於所謂『日本的東西』歸根到底就是所謂「物之哀」，而「物之哀」就是對人生妥協的態度……但最使我感到興趣的是從他聽到了日本文壇的內幕，也就是壓迫新生力量的文壇勢力的分布地圖。」（註二六）

矢崎在會晤中國作家之前曾準備了兩個想問的問題，即「傳統與近代精神的相克」和「今日之表現」的問題。兩者均是矢崎本身在日本感到極爲苦惱而又相信是今日的新文學最爲迫切的問題，於是他把這兩個問題拋給了初次見到的胡風。但是矢崎的意圖在某種意義上說是受到了挫折。

「我對這些問題預想到中國的傳統之強大、桎梏之強烈，當時想聽聽有關現代的新人在描寫當今的現實時是如何苦悶、如何加以克服的等實際問題，也許對我們有所啟示……中國的新文學完全割斷了傳統，政治熱情借助文學得以表現出來。說是主要輸入蘇維埃文學，其它的外國文學只是被亂譯過來得以胡亂閱讀而已，與為錯誤的移植而苦惱的日本文學不同，尚屬於拼命地輸入、模仿、攝取這一文學輸入的初期局面。」（註二七）

對矢崎所準備的第二個「表現」問題，胡風僅提到「雜文的現代效力」作爲回答，矢崎對此也好像感到不足似的。因爲「表現」問題，矢崎是基於「過去的小說形式終究不能包容今日之現實，必須創造新的小說形式這一欲望」提出的。盡管如此，矢崎對魯迅、對中國文學還是以「大概是由於異常繁忙，從突然提出要求的效果方面推論出的一種文學形式吧」來表示理解，同時又補充說「無疑給今日的小說形式及時代表現問題以很多啓示」。

胡風所舉的第二、第三個問題，大概是因爲與最初的問題有關而成爲話題的吧。如以上介紹過的，矢崎曾認爲日本的現代文學走過的是一條畸形化的路，與此相對照舉出茅盾的小說《蝕》。茅盾的《蝕》剛由小田嶽夫於一九三六年八月以《大過渡期》（註二八）的書名翻譯出版，在日本文學界起到了重新認識中國文學的作用。矢崎在其後實現的與茅盾的會見時，被茅盾問起對作品的感想，他當面盛贊說：「在至今介紹過來的中國文學中是最令我感動的。遭日本文學歪曲移植的西歐文學的精神和方法其實很純粹而且健康地得以體現。因爲它巧妙地克服了在使『個人』的私的發展和其社會的發展得以平衡統一上的困難，所以令我對中國文學刮目相看的最初的動機就是這部作品。」

關於「日本的東西」的交談，與矢崎上海旅行歸來後發表在《新潮》上的〈在中國所審視的日本的特性〉（註二九）一文中所寫的文字大概屬同一意思。「雖說對於連魯迅都說是沒法子的中國人的虛無感，常流露出非同尋常的厭煩，但由天災和飢荒植下的這種達觀，與日本的『物之哀』及佛教所培育起來的獨善的達觀，無論在傳統還是本質上大概都是有很大距離的。毋寧說日本的達觀是基於與生活的享樂相聯的、逃避式的自我保身，而中國的達觀則是徹底地鬥爭到最後的絕望之聲音。」

接著，胡風記述了包括偶然機會在內的與矢崎的三次會見。第二次見面是在法國租界的鹿地亙的公寓，從矢崎的〈上海日記抄〉可知，其時間爲第二天（五月二十三日）。除鹿地夫婦外，矢崎和日高同時還見到了蕭軍、蕭紅夫婦和胡風夫婦，隨後在俄國菜館蕭軍和矢崎暢飲了伏爾加。胡風寫到，「那沒有拘束的滿座哄笑，似乎使矢崎非常興奮，臨末且出來買了一個表示敬意的鮮麗的花籃，說這樣的機會在日本是做不到的。」矢崎好像也印象頗深，曾這樣記下過當時的情況。

「隨著伏爾加的酒勁兒，愛開玩笑的蕭軍不停地打趣，瞪著鷲一般的眼睛，像找到仇敵似的插著盤裡的菜肴。看到我放在餐桌上的花籃，蕭軍多次重複著『ウツワシ』（漂亮），極盡應酬之能事。……當日語熟練的胡風不斷地說笑時，蕭軍又獨自翻弄起餐桌勸我喝伏爾加。這是在日本難得的充滿了樸素哄笑的宴席。」（註三十）

對矢崎來說，這是第一次和中國文學家同進的無拘無束的晚餐。他以「要創造中日文化交流好轉的機會，這一願望如今進一步強烈」結束了此日的記述。但是，胡風從收到的矢崎的著作和《星座》雜誌中推想「曉得他是在無氣節的日本文壇上走著孤獨的路，這時候我不禁想像了一下他的心境」，對此寄予了同情。數日後，矢崎和日高一起拜謁了魯迅墓。大概是因爲在此前的會見中強烈地意識到魯迅在中國文學界的地位之故吧。（註三一）

第三次會見是六月四日，地點在南京路新雅的三樓茶室。胡風根據矢崎的希望安排了他與茅盾見面，同席的還有張天翼、鹿地夫婦及日高，前面引用的矢崎對茅盾的贊詞即此次所講。同樣這天，胡風和茅盾都沒喝酒，只是張天翼和矢崎頻頻地乾杯，分手之際張天翼用剛記住的日語重複著「サヨウナヲ」（再見），頗令矢崎感動。矢崎的日記中寫到，「中國作家懇切地希望中日文學交流，我也表示不惜綿薄之力，爲交流而犧牲。」怎麼也想不到這「犧牲」一詞卻帶有現實色彩。

第四次會見是六月九日，即矢崎歸國的前一天。矢崎本想最後一天一個人獨自轉轉，但被鹿地亙電話叫出，於是便和日高一起乘車前往鹿地的公寓。這時胡風也趕來，並一起勸他多呆一段時間。矢崎曾寫到，「胡風說還有很多沒說完的話，不停地以富於深厚友情的笑臉誘惑我。我甚至有這樣一種預感，即如果放棄明天一早的長崎丸，就這樣化為上海的泥土也不會後悔。我咬緊牙關與延長逗留時間的誘惑做鬥爭。」在上海期間一直關照自己的是日高，可當天晚上矢崎「不得已只好辭退與日高氏的最後一次晚餐」，而是和胡風及鹿地夫婦等坐在了同一餐桌。結果，與起初鹿地給胡風說的「打算給他一個封鎖」完全相反，兩者的友誼卻加深了。

五、回國後的矢崎及其與中國文學界的交流

矢崎於六月十日上午九點按預定計劃登上長崎丸，離開了上海。第二天下午一點在長崎下船。「在海關因檢查中國書籍而流了三個半小時的汗」，因此錯過了預定的快車。大概是那些從中國帶回來的、中國朋友送給的書籍，由於中日關係的惡化而遭到嚴格檢查。中途他好像又順便去了什麼地方，六月十五日（註三二）返回東京，前後算起來大體爲一個月的旅行。

上海旅行結束後的矢崎，寫作、編輯和集會等，開始了比以前更精力充沛的活動。先是給六月二十一日的《朝日新聞》寫了一篇短文，即根據《文藝》雜誌登載的蕭軍與中野重治的來往書信，強調在中國所有的知識份子都覺得「支那」這一稱呼有侮蔑感，呼籲「在需要重新認識中國時，對中日文化交流多少寄予一點希望的人今後都要努力嚴守『中國』這一稱呼，消滅大衆間的『支那』概念。」（註三三）

接著，從六月二十五日起在《報知新聞》上連載〈中國的新文學一瞥〉（註三四），還在六月二十五日的《三田新聞》上登出〈和中國作家的會見——與茅盾、張天翼的問答〉（註三五）。以上匯總起來以〈關於中國的新文學〉爲題刊登在下個月的《星座》第八期。

其實七月一日發行的《星座》第七期已經反映出上海之行的成果。雜誌卷首以〈日華文化的交流與今後的星座〉爲題登出兩項內容。其一是「與《文學》雜誌的合作」，在介紹了該雜誌爲中國最有權威的文藝雜誌的基礎上，用原文漢語登出四條內容，即「A、雜誌的交換；B、好作品的相互介紹與翻譯；C、兩國文學的情形互易報告；D、評論、作品，尤爲重要。」而且附上「另外王統照欣然答應給第八期撰寫專稿」。其二是作爲負責報導中國的文學形勢、翻譯重要作品以及與中國作家聯繫的上海特派員，得到賴高富和日高清磨瑳兩人欣然同意之內容。此頁的上半部分登出一幅描寫大聲吼叫的中國民衆的木版畫，並附有「在魯迅的熱情指導下流行於現代中國的版畫藝術」的說明文字（註三六）。這一期上還刊載了矢崎的〈上海日記抄〉，同時配上矢崎與日高參拜魯迅墓時的留影，從視覺上表現出該雜誌的姿態。山本和夫在編輯後記中寫到，「本雜誌如另頁所示，決定與中華民國的文藝雜誌《文學》合作共同前進，這是矢崎彈由上海旅行帶回的絕好禮物。下期開始，將會從其友國——不，從我們的新伙伴那裡得到作品。猶如初夏的風，我們的心在跳躍。」表明了強烈的期待與喜悅之心。

此期雜誌還贈送給了竹內好等人的中國文學研究會，其機關雜誌《中國文學月報》〈文化消息〉欄以〈中日文學合作的機運〉爲題，一並介紹了改造社《文藝》雜誌和《星座》的這一舉措，並給予高度評價。「同人雜誌《星座》以其主要成員矢崎彈的游滬爲契機，與中國的《文學》雜誌聯手合作，第七期卷首刊載了其合作宣言。從《星座》的傾向來看，選擇《文學》雖純屬偶然，但作爲嘗試還是不錯的。同人中尚有介紹中國文學的五城康雄，期待其今後的努力。」（註三七）

一個月後，《星座》第八期經歷難產總算誤期出版了。最初的計劃好像就是要出一個中國文學認識特輯的專刊。該期首先刊登了王統照致矢崎的信，內容包括對矢崎來信及所贈第七期《星座》的感謝、答應寄送誤期的稿子以及將翻譯發表五城康雄的文章等，並一同寄贈了《文學》第七期。順便補充一句，五城的文章發表在《文學》第八期。

接著是胡風的文章〈我的心境〉（註三八），執筆日期爲「七七事變」之前的七月四日，是用日文寫的。大意是說，要我寫一篇關於「中日文學的交流」的文章，不過我想就「現在應該把中國文學中的什麼介紹到日本去」，在我自己所參預的範圍內談一談。根據魯迅的提議，改造社決定將中國的新文學介紹到日本，並在魯迅死後出版魯迅全集，這並非因爲已登上世界文壇之類的自我迷戀，中國文學雖然尚不成熟，但中國人民「是如何受難，如何一步步地站起來，如何通過失敗和犧牲再造自我的，想把這些傳達給日本的讀者特別是進步的讀者」，「因爲我們相信猶如烘爐般沸騰的中國社會多多少少的會被文學作品所反映，而且日本的進步讀者一定會對此產生共鳴。」「因爲想得到對生活如何創造文學的同感」。然而，「看看報紙及雜誌上的時評，好像並沒有怎麼重視，尤其是左翼批評家們也似乎不願觸及，對此我感到寂寞。」

令人感興趣的是，胡風對日本的無反映、特別是日本的左翼批評家們的無反映表示了不滿。可以說，普羅文學時代所堅信的超越國家及民族的一體性這種期待感，在胡風身上還強烈地保留著。

接下來是魯迅的〈病中通訊（抄）〉，是翻譯過來的魯迅病中所寫的兩封書信，但沒有注明譯者是誰。這是從胡風所編《工作與學習叢刊》《收獲》(註三九)上的〈病中通訊〉裡收錄的九封書信中選取的，一封是一九三六年八月六日〈致時玳書〉，另一封是八月二十八日〈致楊霽雲書〉。這本《工作與學習叢刊》當然是胡風送給矢崎，由矢崎帶回來的。

再下來是郭沫若的〈關於「物之哀」〉，是由五城康雄從正連載於《大晚報》上的《創造十年續編》中翻譯過來的。郭承認自己在寫〈矗熒〉時曾受到愛爾蘭作家辛格的影響，並順便指出辛格的情調與日本的「物之哀」類似，接著在贊揚了乃木希典的七絕〈錦州城外〉之後，以「這樣的心境如今在日本也只有靠考古學什麼的來尋找了」結束全文。在日本國內對「日本的東西」普遍關心的形勢下，登載這篇文章有什麼意義呢？這大概是矢崎於旅途看到後保存下來的吧。或許還有在介紹中國文壇時想盡量保持平衡的因素在內。

另外，就是四位雜誌同人所寫的文章，分別是〈魯迅略談〉（近藤弘文）、〈茅盾的《大過渡期》〉（北原武夫）、〈作爲作家的魯迅〉（林逸馬）及〈對中國的文學關心〉（羽田信勝）。

特別令人感興趣的是，雜誌策劃了以〈日華文化的交流〉爲題的明信片方式的問卷調查。青野季吉、中野重治、中村武羅夫、木村毅、神近市子、平林多衣子、永松定、阿部知二等一批文壇大家，對如何看待《星座》的行動這一調查都做了回答。當時，中野已給《報知新聞》撰稿，還在改造社出的《文藝》第七期上發表了與蕭軍的往來書信，在中日文化交流方面從事著先導活動。青野和矢崎是來自同一個縣的老鄉，而且在行動主義方面又有很親近的關係，參與答卷也可以說是理所當然。不過，其它的文壇大家都熱情地給這麼一家小雜誌回音，這一點還是有些令人驚嘆的。而且更引人注目的是甚至連堪稱反普羅文學旗手的中村武羅夫（註四十）也做了回答。

然而，沒想到就在此計劃實施過程中，發生了「七七事變」。問卷的最後附上了編輯部的幾行〈後記〉。「關於日華文化交流的問卷調查均屬事變前的回答。因此，隨著時局的激劇發展，我們認爲不

察的不講理和無孔不入，我是領教過的，我想他還是得不到我的回信為好。」

六、矢崎的被捕及其後

胡風深知日本警察的做法，但他對矢崎的關照，事實上並沒有起什麼作用。毋庸說假如有來自胡風的日文信件，那麼以此為借口，矢崎的罪名也許會加重。

九月一日，《東京朝日新聞》上登載了審訊矢崎的報導。

「幾天前，警視廳特高一課從新進批評家矢崎彈（三二）位於杉並區永福町的家中對其進行了傳喚，並將其拘留在杉並警署。與此同時，同人雜誌《星座》的編輯山本和夫（三一）被拘留在代代木警署，安齋警部、木村警部助理正在對他們進行審訊。

據當局所言，矢崎由於在藝術上感到停滯，最近迅速地左化。今年春天前往中國逗留於上海時，曾和王統照、胡風等中國左翼作家往來，回國後，與中國人民戰線派取得聯繫，有企圖通過文學唆使國民左翼化的嫌疑」（註四四）

矢崎在八月十八日以違反治安維持法的嫌疑而被東京杉並警署拘捕，至一九三八年十一月獲釋為止，被關押了一年零三個月（註四五）。接著於八月二十四日，《星座》的編輯山本和夫也被逮捕，《星座》隨之停刊(註四六)。矢崎和山本精心創辦的「同人雜誌俱樂部」也在一九三八年一月,由山本發出了解散通知。這一時期,不斷出現了像《人民文庫》等被迫停刊的雜誌。

拘捕矢崎的理由說是「反戰言論」和「赴上海與左翼份子聯絡」,但特高警察方面的機密資料《特高外事月報(昭和十二年八月)》(註四七)聲稱,「神藏芳太郎(矢崎彈的原名:筆者)信奉共產主義,極力抨擊日本主義,與朝鮮、台灣、樺太、滿洲、支那進行文化聯繫,通過文化活動企圖宣傳、扶植共產主義思想,基於此意圖,發表反戰言論,目前正在繼續審訊中」,對其進行了最大限度的誇大。

《特高外事月報》審訊概要中的「矢崎彈在上海的行動」,是指「其間與在中國的左翼份子鹿地亙、河野櫻等進行了多次會晤,密議左翼運動的合作聯繫,還與魯迅文壇一派的茅盾、胡風、蕭軍、王統照等會面,相約加強日中文化合作」,但是綜上可見,不可能是什麼「密議」「左翼運動」。矢崎在上海的行動,一直有新聞記者日高陪同,若想做調查的話便可很容易地找到證據。

作爲拘捕直接原因的所謂反戰言論,是指八月七日在《星座》例會上的發言。在同一份《特高外事月報》的審訊概要中,「反戰言論的內容」引用了下列發言。

「蘆溝橋事變發生的原因在於中日兩國的政策不正確,如果雙方能持有更進一步的想法的話，我認為不進行戰爭也能和平地加以解決。完了，世界已到了末日，以此次的蘆溝橋事變為契機，世界必將分為兩派，甚至會發展成為第二次世界大戰。今後如不趁機徹底消滅日本主義者即法西斯的話，最終日本將因日本主義者而滅亡。」

「中日兩國的政策不正確」這種說法顯示了矢崎的局限性，但同時也是在當時的日本所允許的範圍內的最大限度的表達了。預測將來的世界戰爭的洞察力以及將其與自己的行動聯繫在一起進行思考的姿態，的確是矢崎的風格，斷定這些話出自他的口大概沒錯。

而且，如果沒有這次上海旅行所得到的切身體驗及由此而產生的感想的話，也許就不會有這種認識。

矢崎歸國後，於「七七事變」以後所寫的〈在中國所審視的日本的特性〉（《新潮》第九期）滿是當局避諱的文字，被搞得零零碎碎的發表出來，但從中還是可以窺見矢崎思考的一端。

「近來，重新認識中國這句話在日本的知識階層中相當流行。但是，好不容易將要萌發的再認識熱，也因這次的北支事變，而被再次歪曲為對於政治的一種好奇心。」

「我在這一個月左右的上海觀光中，深切地感受到我們對今日中國是何等無知，而我們的中國知識又是如何被培養起來的。」

「我在去上海之前，一直堅信日本民族是一個能忍耐窮困，最適於雄飛海外的極富伸縮性的民族，是一個不製造隔閡，甚至能克服所有障礙達到繁榮昌盛的民族。但是，看到在上海的日本人的生活姿態之後，我的這一設想完全落空了」

「在適應力、潛入式發展這些方面，日本人大概終究不是中國人的對手。近代都市上海的嘈雜喧鬧的外表，與其說是中國國家權力的軟弱或者國際政治經濟相矛盾等的抽象的產物，倒不如說應歸於中國民族生命力的旺盛。」

「物之哀」和同情心都是鎖國性的，對國家權力的無意識的聽信及無根據的優越心理。結論的速成、對草率貼上的標簽的絕對信賴的習性。」

「要從轉動感情對立的齒輪這一惡習中脫離出來的話，首先必須擺脫輕信先入為主的觀念和急於得出結論的日本式的特性。」

以上所引用的片段式的的語言，都是附在自己的體驗性的插曲末尾，作爲由此得出的感想所談及的。

審訊可能也追究到了他歸國後所寫的類似的文章。《特高外事月報》的審訊概要中「回國後的行動」一項中寫道：「歸國後，與山本和夫共謀，聲稱『以個人登上文壇爲目標的同人雜誌的時代已經過去，以雜誌爲主體，把自己當作其中的組成部分，抗議時代文化，抵御政治暴力，高揚人道主義等，所謂以知識份子的團結行動爲目標的同人雜誌時代已經到來。《星座》也總算剛走向上述軌道，感知到這一動向的地方上的知識份子近來也領會了星座的抗議精神和建設新文化的目的，紛紛要求加盟』，通過該雜誌，爲鼓動宣傳共產主義思想而拚命地在全國爭取讀者。」

這裡所引用的言行，僅僅是文學雜誌《星座》的編輯態度而已，即使是作爲嫌疑的也根本不符合實際情況。「爲鼓動宣傳共產主義思想」這一結論可以說完全是強詞奪理。

最後一章　胡風與矢崎的交流所留下的東西

胡風在〈憶矢崎彈〉的開頭以「九一八」的下午從朋友處得知的形式，記述了《申報》上的消息（註四八）。這一消息實際上刊登於一九三七年九月十八日的《申報》第一版。令人不可思議的是，這正好是矢崎被拘留一個月的日子。

「日本新進作家矢崎彈，最近為警局捕去，雜誌《星座》編輯者山本和夫，亦同時被捕，據當時稱，矢崎今春曾遊上海，與中國左翼作家王統照、胡風等往來，歸國後，與中國人民戰線派聯絡，以文藝謀大眾左翼化，故致被捕」。

夜裡，聽著攻擊日軍陣地的中國軍飛機的震耳的轟鳴聲而感到鼓舞的胡風，又一次讀了這則消息，寫下了如下的話。

「但縈繞在我腦子裡不能消去的卻是矢崎的銳敏裡帶著誠樸的臉色，再聯想到我自己身受過的日本警察的野蠻的拷問的方法，就感到了一種氣憤和懷念混合著的感覺的侵襲。」（註四九）

一九三三年三月，胡風本身曾被日本警察逮捕，經歷了三個月的拘留。基於這種親身經歷，再想到矢崎，不禁對矢崎寄予滿腔的同情，於是他寫下了這篇文章。《申報》上的消息冷靜地判斷道：「其表面理由雖如此，實則最近凡與中國人交往之日人，俱在恐怖中正當擬大事搜捕也」，不過胡風並沒有提及這一點。了解矢崎的友人石川達三曾有以下記述：

「矢崎這個人對刑警並沒有什麼好感。刑警如果有惡意的話，可以把他關在拘留所裡幾個月，而不予公開判決……為什麼要逮捕他，原因至今仍不清楚。……總之我覺得矢崎是被特高警察殺害的。雖然沒有死在警察局裡，但是在精神和肉體都被徹底摧毀之後才被釋放出來。」（註五十）石川本人也因為第二年給《中央公論》寫了《活著的士兵》，而遭受禁止發行處分，後來同樣受到特高警察的審訊。因此，他寫到：「也就是說特高警察甚至要搞文化指導。真是恐怖的時代。」

石川在評價矢崎的時候說道「氣骨稜稜，一方面有不屈服於任何東西的自我的強硬，另一方面又是一個盡情放浪者，是個放蕩隨性之人，原本我是不與這樣的人交朋友的，但不知道爲什麼和矢崎的朋友關係卻一直持續著。他自己自我強硬，但是也允許別人的自我強硬。」（註五一）「放蕩隨性」另當別論，我覺得他在某些地方和胡風的性格有相通之處。在這樣的時代往往成爲最早的犧牲者。

在這篇文章的結尾，胡風這樣寫到：

「矢崎被捕後的結果怎樣呢？我想只有兩條路：不是日本政府用恐怖手段使矢崎和《星座》屈服，放棄對於中國文學的敬意甚至贊成侵略中國的強盜行動，就是矢崎固守自己的思想立場，弄得本身入獄，《星座》倒掉。但無論是那條路，結果同樣是摧殘了矢崎和《星座》

的人道主義的進步的文學活動。壓迫民眾和侵略中國是日本帝國主義的強盜政策的兩面，一切為文化的進步而工作的日本知識份子們，應該向這個屠殺文化的政府投去堅決的反抗。」（註五二）

正如胡風所言，《星座》停辦了，矢崎被拘留了一年零三個月。在這一年的年末發生了人民戰線事件，不僅是共產主義者，所有妨礙進行戰爭的思想都遭到了鎮壓，因此，此時再也沒人能呼應胡風的號召了。

矢崎還有《星座》究竟走了胡風所說的兩條路中的那一條呢？要回答這個問題是很困難的。此時在胡風的腦海中，一定有「轉向」的印象。不僅有中國左翼文學的經驗，還有日本普羅文學運動的經驗，胡風把這二者都納入了視野。實際上，矢崎所面對的是比以前更嚴峻的軍國主義思想統治的時代。從表面上看，矢崎似乎是屈服了，但是有可能原本那些嫌疑就不成立。不管怎樣，他重歸社會後仍走著文學研究之路，寫了《文藝的日本式形成》（一九四一年）、《轉型期文藝的振翅》（一九四一年）、《近代自我的日本式形成》（一九四三年）等著作。在戰敗後的一九四六年八月，由於在拘留期間患上的胸部疾患，年僅四十一歲就去世了。其間，可以肯定的是他始終在追尋著一種「日本式的東西」。但那決非意味著利用或跟隨時局，而是矢崎自己始終以不曲的信念所堅持的鬥爭意識。在一九四三年發行的《近代自我的日本式形成》的後記中，矢崎回顧說：「獨創的、具有個性的生存方式與國家式的、國民式的生存方式，是否已文學式地加以解決了呢？」並以「面對現代這種抹殺歷史、喪失主體性所導致的漂流、對立、盲進的漩渦，我由此開始了獨自的微小的訂正及其調整」而結尾。

一九四〇年四月壺井榮著作出版紀念會的集體合影（註五三）中，在中野重治、宮本百合子等參加過普羅文學運動的衆多的作家當中也有矢崎彈的身影。另外，在戰後，他與繼承了普羅文學運動傳統的文學家們早早結成的「新日本文學會」也保持著聯繫（註五四），但是體弱多病的他已沒有時間爲「民主主義文學」而活動了（註五五）。

胡風在抗戰開始的時候，爲一個想促進中日兩國文化交流的日本文學家，寫下文章，對破壞文化的野蠻的日本政府表示抗議。

而這個文學家，並不一定是以左翼文學（普羅文學）爲奮鬥目標的人。矢崎在上海用「人道主義」這個詞來說明自身和日本的文學狀況，說這是「普羅文學遭鎮壓而後退以後的一種抵抗方法」，「是在現今的政治情況刺激下知識份子良心的自覺表現」。當被問及「良心的方向」時，他回答說是「擁護文化，爲了人類的正義和自由」。矢崎引用「日本的進步作家在最初時代以極大的熱情，接連不斷地描寫出新鮮的題材，如烽火般燃起了大衆的關心，但當現實發生變化時，就導致題材的衰退、寫實主義方法的退化而最終窒息」，表明了對中國文學的擔心，並極力向胡風主張「如實地凝視普羅文學的興盛期、轉向期、倒退期這三種現象並非徒然」（註五六）。當時大概胡風對此還難以接受，但從其後的過程來看，一定是理解了，這是與他深層認識上的題材主義批判及對寫實主義方法的關注相關聯的思惟。雖然兩人之間有很多認識上的差異和不一致的地方，但是還是在短時間內萌生了友誼，並相互產生了信賴。特別是在尋求不被文壇上的惰性所衝垮的新生力量，經營具有堅定的編輯方針、個性鮮明的雜誌方面，兩人有很多共同點。雖然由於日本的侵略戰爭，兩人的聯繫被切斷了，但是這段經歷對兩人都產生了很大的影響。參照後來的現實，我覺得矢崎留下的下列話語仍具有深刻的意義。

「魯迅死後他們的苦惱是不難預測的。這種進步文學的苦難歷程，中日兩國都沿著同一軌道經歷著。我們不惜微薄之力致力於日中文學的交流，最終也是希望兩國的人道主義不斷地成長，爲使鄰近的兩個民族沿著人類共同的目標，攀登進步的台階，而熱切希望知識份子的合作。」（註五七）

註釋

註一：矢崎彈（一九〇六年二月一日～一九四六年八月九日）生於新瀉縣佐渡郡吉井村大字長江一〇八七番地，原名神藏芳太郎。

註二：胡風〈憶矢崎彈——向摧殘文化的野蠻的日本政府抗議〉、《七月》（上海）第三期（一九三七年九月二十五日、七月社）；《七月》（漢口）第一期（一九三七年十月十五日）；《棘源草》（重慶〉、一九四四年；《胡風全集》第四卷、五十五頁。

註三：胡風〈回憶參加左聯前後[四]〉、《新文學史料》一九八五年第一期；《胡風回憶錄》、六十七頁、一九九三年、人民文學出版社；《胡風全集》第七卷、三百四十五頁。

註四：胡風〈我做的一些中日文化交流工作〉、《江海學刊》一九八四年第四期；《胡風全集》第七卷、二百二十頁。

註五：關於矢崎的先行研究主要有以下幾種，此次對我來說，起了很大的參考作用。

渡邊憲〈矢崎彈〉、新潟縣鄉土作家叢書二《社會派文學》、一九七六年、日本近代文學會新潟支部編、野島出版。承蒙野島出版社的好意，從本書中採錄了矢崎的照片。

渡邊憲〈矢崎彈於昭和十年代的批評活動紀要——作家論〉、《昭和文學研究》第三輯（一九八一年六月）。

中矢誠《矢崎彈——其亂反射的鏡像》及《矢崎彈論文等目錄》、一九五五年、鳥之飛翔通信社。

註六：渡邊憲〈矢崎彈〉、一百七十七頁。

註七：中島國彥〈矢崎彈〉、《日本近代文學事典》第三卷、日本近代文學館編、一九七七年。

註八：此處《上海日報》的消息，轉引自渡邊憲〈矢崎彈〉（參照註五）。據說渡邊氏是從保存於矢崎老家的剪報上引用的。一九三七年五月十五日的《上海日報》在〈新進文藝評論家矢崎彈氏明日來滬〉的標題下，有「矢崎氏對於最近日本文壇上的熱門話題『日本的東西』的回歸早就持一家之見，在評論界亦是已奠定了堅實地位的人」之記載，可以說這更為準確。

抵滬第二天的《上海日報》以〈文藝評論家矢崎彈氏來滬〉為題，刊載了矢崎的談話，內有「想會晤中國年輕的詩壇劇壇人士聽聽各種意見，看看並了解中國文壇的近況。」

註九：小松清〈現代法國文學的轉機〉、《胡風全集》第八卷。最初發表於《時事類編》第二卷第二十四期（一九三四年十月二十五日），譯者筆名：張果。

大森義太郎〈現代知識階級的困惑〉、《胡風全集》第八卷。最初發表於《時事類編》第三卷第一期（一九三五年一月十日），譯者筆名：張果。

註十：矢崎彈〈上海日記抄〉、《星座》一九三七年第七期。

註十一：矢崎彈〈續上海日記抄〉、《星座》一九三七年第八期。

註十二：石川達三《留在心中的人們》七十八頁、二百二十一頁。一九六八年十二月、文藝春秋。

註十三：渡邊憲在〈矢崎彈〉（《社會派文學》）中記述：「據石川達三回憶，聽起來像是矢崎最初就參與了《星座》似的，但這並不準確。……真正主辦是進入一九三七年後。」對實際雜誌（一九三七年第七期為止）的研究介紹有紅野敏郎撰寫的《星座》上、中、下（〈消遙・文學誌〉、《國文學》一九九八年第八、九、十期），尤為參考。

矢崎彈〈致秋山正香書信〉、埼玉文學館所藏。一九三五年一月十五日的明信片有「做中岡（宏夫——筆者）的道具到此為止。以後准備把《驛遞》改辦成以我為主的同人雜誌。」由此可以確認，以後新雜誌從資金籌措、同人候補的選定，直到發刊，均是由矢崎負責的。矢崎也有為紀念《星座》創刊一周年而寫的〈星座的履歷〉（載《星座》一九三六年第四期）一文（紅野氏文中也涉及），據該文可知，矢崎主辦《星座》已是確信無疑。關於這一點，筆者想另擬一稿論及。

註十四：改造社《大魯迅全集》共七卷。編集顧問為茅盾、許景宋（廣平）、胡風、內山完造、佐藤春夫。改造社一月刊出〈大魯迅全集出版案內〉，二月開始發行。胡風參加了編輯，除撰寫第三、四、五卷的解說之外，還協助鹿地亙從事翻譯。第七卷的書信也是由胡風選擇的。

註十五：《報知新聞》的〈文學家的對華關心〉，從一九三七年一月十九日至二十七日，分九期連載刊登了張赫宙的〈中國女性的抗日〉、〈中國人的思想混亂〉、〈國防文學的真面目〉，中野重治的

〈一分為二的中國〉、〈日中文學的聯繫〉、〈回憶逝去的魯迅〉，佐藤春夫的〈感傷的感懷〉、〈中國的社會觀念〉、〈相互間的先入觀〉。

註十六：五城康雄〈希望中日文壇的交流〉、《星座》一九三七年第三期（三月一日發行）。五城康雄作、陳琳譯〈對於中日文壇交流的希望〉、《文學》第九卷第一號（一九三七年七月一日）。

註十七：中國文學研究會機關雜誌《中國文學月報》第二十四號（一九三七年三月一日）的〈會員變動（一月份）〉欄，有入會者「千葉縣館山北條町新壇場矢野兼武」之記載。

註十八：《竹內好全集》第十五卷〈北京日記（一九三七年）〉二月十七日（周三）：「晚，往學士會館出席明治文學會。增田涉氏談魯迅。本會的吉村、永瀨兩氏亦出席。主計少佐矢野某於我不在時來訪，後找到會場。散會後，與吉村氏同道並問其意見。」

註十九：「日本詩人會」成立於一九三三年，旨在加強詩人之間的和睦交流，提高創作水平，重視詩人的文化貢獻。一九三七年二月會員人數達一百二十四人。五城康雄亦名列其中。據《文藝年鑑（一九三七）》可知，一九三五年度的活動中有：請新居格做了「事變後的中華民國文學的現狀」報告，請周作人做了「中日文學的現狀」報告。另外一九三六年度的事業項目中還列有將日本的詩介紹到海外。

註二十：「東京詩人俱樂部」成立於一九三六年二月，會員三十二人。常任幹事為長田恆雄，幹事基本上與日本詩人會的幹事重複。《五城康雄詩集》的編者月原橙一郎、《星座》同人中的田中令三和山本和夫亦名列幹事名單。

註二一：這封信與表示歡迎之意的王統照的回信同時刊載於《文學》。五城康雄〈五城康雄先生來信〉、王統照〈編者覆信〉見《文學》第八卷第四期（一九三七年四月一日）。

註二二：《星座》一九三六年第四期編排了一個〈關於詩人俱樂部〉的小特輯，東京詩人俱樂部會長長田恆雄和日本詩人會、五城的友人月原橙一郎分別撰寫了介紹文章。

註二三：一瀨直行〈讀五城康雄詩集〉（《地上樂園》五卷十一號、一九三〇年十一月）。

註二四：關於五城康雄，已有山岸嵩氏卓越的先行研究。據此研究可知，五城原名叫矢野兼武，第一次上海事變後，作為旗艦出雲號的主計士官駐扎上海。以磯貝修二的名字介紹中國情況翻譯小說，又以古濱修一之名出版中國現代文學方面的小說集《夜哨線》。其後，由中國南部轉向南方工作，以西村皎三之名創作《詩集遺書》和《火焰之國》等戰爭詩。其在大戰中的宣撫活動、作詩及翻譯是與其作為軍人的生存方式相關聯的。

山岸嵩〈占領地的一日本語教師——海軍主計士官矢野兼武與中國〉（《日本工業大學留學生別科紀要》二〇〇四年）。

山岸嵩〈占領地的一日本語教師其二——海軍主計士官矢野兼武的譯作〉（《日本工業大學留學生別科紀要》二〇〇五年）。

山岸嵩〈反戰詩與頌戰詩之間——擁有五個名字的軍旅詩人的作品和人生（上、下）〉（《世界文學》No.101、102。二〇〇五年六月、二〇〇五年十二月）。

註二五：矢崎彈〈上海日記抄〉、〈續上海日記抄〉、《星座》一九三七年第七、八期。筆者曾懇請胡風女兒曉風氏調查，結果在胡風的舊藏書中發現了矢崎用毛筆書有獻詞的該著作。

註二六：胡風〈憶矢崎彈——向摧殘文化的野蠻的日本政府抗議〉、《七月》（上海）第三期（一九三七年九月二十五日、七月社）。

註二七：〈關於中國的新文學〉、《星座》一九三七年第八期。

註二八：小田嶽夫譯《大過渡期》、第一書房、一九三六年八月。根據小田的判斷，從茅盾的《蝕》三部曲中選譯出《動搖》和《追求》，博得好評。

註二九：矢崎彈〈在中國所審視的日本的特性〉、《新潮》一九三七年第九期。

註三十：矢崎彈〈上海日記抄〉（五月二十三日）、《星座》一九三七年第七期。

註三一：矢崎彈〈上海日記抄〉（五月二十九日）、《星座》一九三七年第七期。圖片二十三頁。

註三二：矢崎彈〈致秋山正香的明信片〉、一九三七年六月十五日、埼玉文學館所藏。

註三三：矢崎彈〈中國与支那〉，《朝日新聞》一九三七年六月二十一日、第九版。

註三四：矢崎彈〈中國的新文學一瞥〉、《報知新聞》一九三七年六月二十五日至二十九日。

註三五：矢崎彈〈和中國作家的會見——與茅盾、張天翼的問答〉（六月二十日執筆）、《三田新聞》一九三七年六月二十五日。

註三六：這幅版畫其實是刊載於《文學》第八卷第五期（一九三七年五月）上的版畫（木刻）之一，是由陳煙橋創作的題為〈救亡的歌聲〉的作品，但包括題名在內其詳情被掩蓋起來。

註三七：〈文化消息〉、《中國文學月報》第二十九期（一九三七年八月一日）。

註三八：胡風〈我的心境〉、《星座》一九三七年第八期。該資料由飯田吉朗氏發現，在其所編《現代文學研究文獻目錄（增補版）》（一九九一年、汲古書院）中，被作為卷首插圖及特項列出來。筆者曾得到飯田氏提供的複印件。在此誠表謝意。

註三九：胡風所編〈工作與學習叢刊〉《收獲》（一九三七年五月十日發行、生活書店）、據胡風〈《工作與學習叢刊》始末〉，在魯迅死後要創辦為繼承魯迅精神的雜誌，但因為不可能得到國民黨的雜誌登記許可，故采用了叢刊的形式。在總四期裡，《收獲》屬第三期。

註四十：中村武羅夫是以評論〈是誰？糟蹋花園者！〉而著稱的反普羅文學的代表性評論家。他是怎麼與矢崎有接觸的，這一點饒有興趣。在筆者所有的矢崎的著書中，發現有中村武羅夫的舊藏資料，從矢崎的親筆獻詞裡可知兩者有過直接接觸。

註四一：《星座》第二輯（一九三五年第五期）〈編輯後記〉及《星座》第五輯（一九三五年第八期）〈編輯後記〉。

註四二：〈近代出版側面史〉、《日本近代文學事典》第六卷、一百八十三頁。

註四三：劉峴〈魯迅像〉、可以推斷此木版畫是從劉峴著《木刻新輯（續編）》（春火藝術出版社、一九三七年、町田市立國際版畫美術館所藏）所收錄的版畫中選取的一幅。另外，此輯中尚有「一九三六年十二月記」的〈前言〉。劉峴當時正在日本留學。

註四四：《東京朝日新聞》一九三七年九月一日第二版、〈評論家矢崎彈氏 因反戰演說受審查 還有渡支前後的事情〉。

註四五：中矢誠《矢崎彈——其亂反射的鏡像》一九九五年、鳥之飛翔通信社。雖然沒有明示釋放日期之根據，但在一九三八年，矢崎的確沒有寫任何東西。《日本學藝新聞》六十一號（一九三八年十二月一日）〈學藝往來〉欄登載有〈矢崎彈氏 平安獲釋〉的消息，由此看來，獲釋時間為十一月的看法較妥當。另外，在十二月五日致秋山正香明信片上，寫著十二月十日將開一個「矢崎彈勉勵會」。《日本學藝新聞》六十二號（一九三九年一月一日）登載了〈矢崎彈氏勉勵會〉的報導，「為鼓勵從長期的不自由環境中釋放出來的矢崎彈氏重新投入文學活動，十日晚其朋友知己五十餘人相聚，為其開勉勵會。到會者有片岡鐵平、丹羽文雄、間宮茂輔、戶川貞雄、石川達三等」。

註四六：目前確認到的《星座》只到第八期。第九期確實已準備，但尚未確認到已發行。不過，根據一戶務在〈中國木刻之流行〉（《現代中國的文化與藝術》、一九三九年十一月、松山房）中「看到同人雜誌《星座》第九期轉載了目前在中國頗為流行的木刻（版畫）。這是刊載於中國的文藝雜誌《文學》上的版畫」之記述，估計發行的可能性很大。與一戶所記述的版畫內容一致者，可以從《文學》第九卷第一期（一九三七年七月）上得到確認。這是由田無災所刻的題為〈被威脅的古城〉的版畫，畫面上是母子倆觀望著眼前的情景：標著太陽旗的飛機在上空飛旋，掛著太陽旗的軍隊在城壁下行進。一戶指責到，「其軍隊所打的旗成了白旗……無端把太陽旗給改了。」接著批判說：「想想這樣的版畫，竟然登載在前不久的中國雜誌上，我們日本人對這種無知不得不感到啞然。是欲諷刺還是出於抗日辱日的想法？這方面的製作感情不得而知，但這畫題相當不像話。而且，改變了此版畫的部分內容而加以轉載的《星座》，其意圖也相當怪。」原版畫的製作意圖正如題目所示十分明確，《星座》當初刊載的意圖大概也是為了介紹中國文化的現狀。倘若是去掉了太陽標誌，那麼就等於改變了原作者的意圖，編輯部的意圖責任將受到追究。關於這一點有待於今後考察。

註四七：《特高外事月報（昭和十二年八月）》是由內務省警保局把和特高警察有關的機密資料匯總用來報告的東西。原本是《特高月報》，但在這個時期和《外事警察報》合並成為《特高外事月報》。特高是特別高等警察的略稱，由內務省直轄，主管思想犯罪。

註四八：〈東京民眾覺悟 反軍閥空氣濃厚〉、《申報》一九三七年九月一八日、第一版。

註四九：胡風〈憶矢崎彈——向摧殘文化的野蠻的日本政府抗議〉、《七月》（上海）第三期（一九三七年九月二十五日、七月社）。

註五十：石川達三《留在心中的人們》八十一頁、文藝春秋刊、一九七八年。

註五一：石川達三《留在心中的人們》七十八頁、文藝春秋刊、一九七八年。

註五二：胡風〈憶矢崎彈--向摧殘文化的野蠻的日本政府抗議〉、《七月》（上海）第三期（一九三七年九月二十五日、七月社）。

註五三：壺井榮著《日歷》出版紀念會是一九四〇年四月二十九日在東京新宿寶亭召開的，當時拍了紀念照片。從日本近代文學館收藏的照片上可以確認出六十二名出席者。出席者另有江口渙、佐多稻子、上野壯夫、壺井繁治、原泉、秋田雨雀、田邊茂一、遠地輝武、高見順、平野謙等。

註五四：矢崎將〈關於戰時下文學中的科學觀分裂〉發表在《新日本文學》一九四六年第六期，把〈日記也可以〉發表在該雜誌的第八期。另外，在新日本文學會編的《東京的一天》（一九四六年八月）上發表了〈某個鄰組的故事〉。

註五五：一九四六年八月九日，矢崎因胸部疾患在東京小石川區雜司谷的帝大病院分室走完了四十一歲的生涯。（渡邊憲〈矢崎彈〉）

註五六：矢崎彈〈關於中國的新文學〉、《星座》一九三七年第八期。

註五七：同上。

附記一：本稿係根據二〇〇五年十一月於北京大學舉辦的「左翼文學時代」學術討論會上的發言稿，修改加工而成。

附註二：本稿提交後，承蒙研究台灣作家楊逵的橫地剛氏告知《星座》第九期的存在，並提供有關部分的複印件。除扉頁的木版畫一如筆者在本稿中的想像之外，扉頁的〈北中國事變與人道主義〉、卷首語〈為了昭和日本——忘卻大日本地圖的日本主義者〉、專題〈民族主義再考〉、矢崎彈〈季節的斷層〉（罪惡時代與文學精神、同人雜誌的轉變）等，面對中日戰爭爆發的矢崎與《星座》編輯部的果敢的挑戰及態度，均超出了筆者的想像，說明其視野廣闊且意志堅定。可以看出其批判日本主義，向地方（並非限於國內，尚包括台灣、朝鮮、滿洲）爭取團結合作的觀點也是十分正確的。不過，對此的詳細考察想待以後進行。橫地氏撰寫了明確考察楊逵與胡風及矢崎之間關係的論文，筆者在此記下從該氏的研究中深受啟發並約定今後合作研究以表謝意。

作者簡介

近藤龍哉，男，生於一九四六年，本籍琦玉縣。一九六八年畢業於東京教育大學文學部，一九七一年完成同校大學院碩士課程，一九七三年由東京大學大學院博士課程中途退學。一九七三年至一九七八年，任東京大學文學部助手；其後歷任琦玉大學教養部講師、助教授、教授；自一九九一年迄今，為日本女子大學文學部教授。主要著述有〈胡風研究劄記〉、〈關於北方左聯〉、〈《文學雜誌》與《文藝月報》〉、〈左聯成立大會與潘漠華〉、〈「文藝講話」在重慶的傳播與胡風〉、〈胡風與「文藝講話」〉等論文及譯作多種（篇）。

從胡風的一篇佚文看中日兩國作家聯合推動中日文學交流工作（註一）

曉　風

一

去年十二月，我見到了來北京講學的日本女子大學教授近藤龍哉先生。他早在上個世紀八十年代初就開始從事中國左翼文學的研究，特別是關於胡風的研究，曾給我提供過不少寶貴的資料。我們號稱是老朋友了。這次見到他後才知道，原來他到北大講學的題目是〈關於胡風與矢崎彈的交流——以對中日文學交流寄予強烈願望的《星座》雜誌爲主〉。矢崎彈這人我是知道的，是日本進步的文學評論家，見諸於胡風的一篇兩千字的雜誌文〈憶矢崎彈——向摧殘文化的野蠻的日本政府抗議〉。矢崎彈於一九三七年五月至六月在上海訪問一個月，與胡風有過幾次見面。回國後不久，「七七事變」發生，日本軍國主義加快了壓迫民衆和進步知識分子的步伐，藉口矢崎彈「最近迅速地左化。今年春天前往中國逗留於上海時，曾和王統照、胡風等中國左翼作家往來，回國後，與中國人民戰線派取得聯繫，有企圖通過文學唆使國民左翼化的嫌疑」，而於當年八月十八日逮捕了矢崎彈。胡風這篇文章就是在得知此事後所寫。就是這麼一件事，也能作爲一次講學的主題嗎？我心存疑問。但在看了他留給我的論文和相關資料，又從他後來從電子郵件給我發過來的胡風應矢崎彈之約在《星座》雜誌上發表的文章後，我感到近藤先生所做的研究工作，是大有意義的，他從歷史資料中鉤沈出來的中日兩國作家爲推動文學交流所作的重要貢獻，完全值得向大家作介紹。

胡風在《星座》上發表的那篇文章談的也正是中日文化交流的事，是未能收到《胡風全集》的佚文。在此，我除了公開這篇佚文外，也向大家介紹一下與這篇文章有關的情形。

二

在一九七三年五月去上海之前，矢崎彈就已是很有成就的文學評論家了，他對於日本文學及文壇有自己獨特的見解。他全力參予的同人刊物《星座》周圍活躍著一大批年輕的文學家。在魯迅逝世的震撼下，日本文壇對中國文學的興趣也大大地提高了，《星座》同人們也決意加速中日文化的交流工作，並爲之做了一系列的努力。其中有一位在上海住過幾年的詩人五城康雄（魯迅的藏書中有一冊他的處女詩集《五城康雄詩集》），在《星座》一九三七年第三期上發表了〈希望中日文壇交流〉一文，傳給中國的《文學》雜誌去信，希望日本詩人協會及東京詩人俱樂部都能與中國新詩人團體進行交流，並計劃出版日文的《中國現代詩選》。不久，五城康雄又翻譯了胡風〈張天翼論〉刊登在《星座》第五期和第六期上。（註二）在譯者注中，他向日本讀者介紹胡風「是敬仰魯迅的評論家和詩人」並寫下了胡風給他的印象：「我去年曾跟胡風在街上邊走邊交談過。他相貌魁偉，穿著藍色稍髒的長袍，泰然的散著步，似乎給人一種長江所具有的不可思議的巨大之印象」。

就是在這種背景下，矢崎彈來到了上海。不久，他在鹿地亙的介紹下，與胡風、茅盾、張天翼等左翼作家有過幾次會面。第一次會面後，他就將剛出版的論著《過度期文藝的斷層》和《星座》雜誌送給了胡風（在近藤先生回國後不久，我在父親的藏書中找到矢崎彈的這部著作，裡面的扉頁上用毛筆端正地寫著漢字「敬贈胡風先生」下面是簽名。但那本雜誌就不知到哪裡去了）。幾次無拘無束的交談和交流，使矢崎彈對中國作家們產生了極大的好感，決心爲中日文化交流「不惜棉薄之力」。

矢崎彈回國後立即實踐他的諾言。他在《星座》第七期上發表了〈上海日記抄〉，同時還配上了矢崎與日本記者日高清麿瑳（註三）（此人跟胡風也相熟）參拜魯迅墓時的照片。至《星座》第八期上又發表了他的〈續上海日記抄〉。這兩份日記詳細地描述了他在上海近一個月與中國作家的交往和他的感受。

同時，矢崎彈還在一些報紙上陸續發表了〈中國與支那〉、〈中國的新文學一瞥〉、〈和中國作家的會見——與茅盾、張天翼的回答〉等文，最後匯總爲《關於中國的新文學》刊登在《星座》第八期上。

他的上海之行有力地推動了中日文化的合作，當然，主要是借助於《星座》雜誌這個平台。這年第七期的《星座》雜誌卷首的題目就是〈日華文化的交流與今後的星座〉。還登出一幅表現中國民衆在吶喊的的木刻，附以「在魯迅的熱情指導下流行於現代中國的版畫藝術」這樣的說明文字，在編輯後記中聲明說到：「決定與中華民國的文藝雜誌《文學》合作共同前進。這是矢崎彈由上海旅行帶回的適宜的禮物。」

「七七事變」後出版的《星座》第八期雖然是在那樣困難的處境下，但還是盡量體現了該刊同人們在前一期所作的承諾，可以說是一個關於中國文學的專輯。

該期《星座》的主要內容有：王統照致矢崎彈的〈信〉；魯迅的〈病中通訊（抄）〉，那是以胡風所編的《工作與學術雙刊》第三輯《收獲》上刊載的〈病中通訊〉選取的兩封魯迅書信；郭沫若的〈關於「物之哀」〉，那是五城康雄以《創造十年續編》中翻譯過來的；四位日本作家所寫的評論文章——〈魯迅略談〉（近藤弘文）、〈茅盾的《大過渡期》〉（北原武夫）（即註三）、〈作爲作家的魯迅〉（林逸馬）、〈對中國的文學關心〉（羽田信勝）；胡風的〈我的心境〉。

該雜誌還策劃了以「日華文化的交流」爲題的明信片方式的問卷調查。當然，由於「時局的激劇發展」，只好「不予發表」。

唯一的不和諧音是：爲了「避免誤解」，這期雜誌在卷首以「編輯部」的名義刊登了一份「社告」，雖然爲了表示對中國人民的敬意，在其下面刊登了中國畫家劉峴所作的木刻魯迅像，但這份「社告」將「在今天的形勢下文化交流活動又不得不停止」的無奈推諉於「看到最近中國的軍事和政治行動的態度」，卻一點沒有批評當局的侵略行爲。正因爲此，胡風後來在《憶矢崎彈》一文中指出：「我懂得他們底窘迫情形，但這樣說使我大大地不快。」

即使有這樣的「社告」，日本軍方也不會放過《星座》。八月十八日，《星座》核心人物矢崎彈被捕；八月二十四日，《星座》的編輯山本和夫被捕；《星座》隨即停刊；至一九三八年一月，由他們兩人創造的「同人雜誌俱樂部」也宣告解散。

三

矢崎彈在回國後不久，就給胡風來了信。除對在上海的會面表示感謝外，還向胡風邀稿，囑寫一篇關於「中日文化的交流」的論文。很快，胡風用日文寫下了短文〈我的心境〉寄去，後刊登在《星座》第八期上。這篇文章被近藤先生發現並請他的朋友張明杰先生翻譯成了中文。下面就是這篇短文：

我的心境（註四）

胡風

要我就「中日文學的交流」寫一些東西，那麼我就談一點有關現代中國文學作品介紹到日本的感想吧。

在美國電影裡常看到黑奴的管絃樂隊，也曾看到過收購珍珠的白人老爺帶著南洋的海島姑娘而歸，並讓其在紐約等都市的舞台上跳舞。白人老爺們看後高興是高興，但這並非意味著黑奴和海南島姑娘的「藝術」精湛，而是因為對他們那厚厚的嘴唇，黝黑的皮膚，以及怪異的姿態感到有趣，以他們那異國情調式的曲線中品味到一種新的肉感美。

現在要把中國文學中的什麼提供給日本的讀者好呢？我想這會因介紹者的用心不同而各異。當然，現在的中國文學雖然是革命的現實主義為主導潮流，但是還很貧弱，存在著各種傾向，而且尚創建著文壇上的地位。因此，介紹者不同，就有可能將黑奴的厚厚嘴唇和海島姑娘的曲線展示給日本讀者，而且出予迎合所謂神秘的支那或怪異的支那這樣一種成見，這種介紹也許為某種讀者層所期待。

那麼我們有沒有稱的上登上世界文壇的偉大的作家和作品呢？

去年春季由魯迅先生提議，已得到山本改造社社長的欣然允諾，決定把現代中國的年輕文學介紹到日本，並在魯迅去逝後出版了魯迅全集。然而，今年四月某位匿名的批評家卻批評這些工作說：「中國的作家很膚淺地以為這樣就登上了世界文壇。」（註六）但是在我看來，這一批評並非恰當。我們知道中國的國家地位很低，中國的現代文化、文學的發生和成長比日本要落後。我們也知道過去的日本文壇不願承認中國現代文學。可是我們決非打算以泥腳進入紳士的客廳。換言之，我們並非只面向日本文壇，而是想通過尚且幼稚的文學，傳達給日本的讀者；中國文學是如何受難、如何奮起、又是如何通過失敗和犧牲來重塑自我的。因為我們相信，猶如烘爐般沸騰的中國社會會多多少少地反映在文學作品裡，而且日本進步的讀者一定會對此抱有同感。當然，我們也想得到文壇方面的承諾，但這並非是想要文壇上的交椅，而是因為有了文壇的承諾，我們的文學就能更好地深入到讀者中去。甚至稍微過分地說，也是因為想看到日本讀者對於生活是如何創造文學這一問題所抱有的同感。

基於這種情況，第一、我們並沒有考慮日本文壇上的喜好。因為不同的生活會產生不同的文學風格，以日本文壇的嗜好和尺度來衡量的話，真正反映了中國社會特徵的作品並不一定受歡迎。

第二、也沒有受中國文壇評論家的左右。因為評論尚不發達，進步的讀者的意見很難形成輿論，因此所謂「評價」多是一時容易產生的興奮或集團式的拍手。必須自己來發掘。

第三、不應把目標放在作家上而是放在作品上。想介紹的是在某個作品中，其作家與怎樣的人生相遇？又是如何衝突的？但並沒有怎麼介意某某作家頂著什麼帽子、如何發笑等。

我不知道日本進步的讀者如何看待我們的工作。但看一看報紙和雜誌上出現的時評，似乎並沒有怎麼重視。特別左翼的批評家們也好像不願觸及，對此我感到寂寞。究竟我們的工作是不是徒勞的？（註七）我一邊這麼想，一邊道出我的心境，以供《星座》諸位參考，也許會被真正的文學家笑為是膚淺的。（七月四日於上海）

文後所屬時間明確了該文寫於「七七事變」的三天前，日本對華侵略戰爭一觸即發之際。到八月初，文章刊出後，矢崎彈又給胡風來信表示感謝，並寄來了那份刊登此文的《星座》第八期（這份雜誌，我也沒找到）。看到了「社告」，胡風一方面感到不快，同時也覺得，鑒於曾親身領教過的「日本警察的不講理和無孔不入」，還是不給他回信的好。

四

儘管胡風小心行事，但矢崎彈還是被捕了，在近藤先生查找到的特高警察機密資料中給他定了這樣的罪名：他「信奉共產主義，極力抨擊日本主義，與…中國進行文化聯繫，通過文化活動企圖宣傳扶植共產主義思想，基於此意圖，發表反戰言論…。」而其在上海的行動主要是「期間與中國的左翼分子鹿地亙、和野櫻等進行了多次會晤，密議左翼運動的合作聯繫，還與魯迅文壇一派的茅盾、胡風、蕭軍、王統照等會面，相約加強日中文化的聯繫。」

九月十八日，胡風以當天的《申報》上看到這樣的報導：「日本新進作家矢崎彈，最近爲警察局補去，雜誌編輯者山本和夫，亦同時被捕，據當時稱，矢崎今者曾遊上海，與中國左翼作家王統照、胡風等來往，回國後，與中國人民戰線派聯絡，以文藝謀大衆左傾化，故致被捕⋯」於是，在「隆隆的飛機聲和敵軍陣地的手忙腳亂的高射砲聲中」，「矢崎底銳敏裡帶著誠樸的臉色」不斷的浮現在他的腦海裡，聯想到他自己於一九九三年三月至六月間在東京監獄裡受到的日本警察野蠻的拷問手法，他同時感到的氣憤與懷念。（註八）

不久，他寫下了〈憶矢崎彈〉。在文中他回憶了與矢崎彈的幾次會面和印象：「最使我感到興趣的是從他聽到了日本文壇的內幕，也就是壓迫新生力量的文壇的分布地圖」。他寫道：我平舖直述地在這裡記下了我和矢崎間的「來往」和通信的經過，不曉得以「軍政」立國的日本政府有什麼權力這樣栽贓問罪！警視廳的「支那通」們也應該害臊，他們不是連中國只有抗日民族統一戰線，並沒有人民戰線的事情都不知道嗎？」他還向日本政府抗議他們「摧殘矢崎和《星座》底人道主義的進步文學活動」。在文章的結尾，他向日本知識份子提出了號召：「壓迫民衆和侵略中國的是日本帝國主義底強盜政策底兩面，一切爲文化底進步工作的日本知識份子們，應該像這個屠殺文化的政府投去堅決的反抗。」該文發表於九月二十五日出版的由他主編的《七月》周刊第三期。

但是他的號召注定是得不到回應的。在日本政府的控制下，任何反戰的抵抗思想和行動都遭到了無情的鎮壓。

矢崎彈在被關押的一年零三個月後才被釋放。由於在拘留期間患上的疾病，於一九四六年六月不幸病逝，年僅四十一歲。

儘管有日本軍國主義政府的壓迫和摧殘，中日兩國間由老一輩學者文人開始的文化合作，始終沒有中斷。到了新時期，我們高興的看到它有了更長足的發展。僅就近藤先生的研究工作就能充分地證明了這一點。

二〇〇六年六月

（本文原刊自《魯迅研究月報》魯迅博物館，二〇〇六年八月號）

有關曉風〈從胡風……〉文的注釋

橫地剛　著
曾健民　譯

註一：該文登載於《魯迅研究月報》（魯迅博物館，二〇〇六年八月號）

註二：胡風著，五城康雄譯〈張天翼論〉，全文刊載於《星座》，一九三七年第五號、第六號和第九號。

註三：日高清麿瑳（一九〇七～一九八一）出身於宮崎縣。一九二五年畢業於宮崎中學校，一九二九年畢業於東亞同文書院。同年進入《上海日報》任職，一九三八年六月轉任《新申報》編輯局長，其後繼續擔任合併後的《大陸新報》編輯局長。戰後回故鄉宮崎進入《日向日日新聞社》。一九四六年六月擔任編輯局長，一九六一至一九六二年擔任改名後的《宮崎日日新聞社》社長。就讀中學時的同期同學有中村地平，下一期的同學有入田春彥，東亞同文書院的同期同學有大內隆雄（山口慎一）。中村地平曾就讀於台北高校，以台灣為背景的創作小說有《霧社》、《長耳國漂流記》等。論著：有關《魯迅大全集》的書評（《文藝時評》、《日本浪漫派》，一九三七年七月），〈中公氏與魯迅〉（《日本浪漫派》，一九三七年九月）等。入田春彥因家庭的關係中途休學，後來到台灣當警察，與楊逵相結交，送《大魯迅全集》給楊逵。大內隆雄任職滿洲鐵道局，且擔任《滿洲評論》的總編輯。是日本人中最早介紹魯迅到日本的人之一。其論著有：〈支那新小說二、三〉（《蒙滿》，一九二九年二月），〈魯迅及其時代〉（《蒙滿》，一九三一年一月），〈阿Q的眼睛〉（《滿洲評論》，一九三九年二月）等等。

日高在上海時，透過內山完造認識了魯迅。作家鹿地亙避難上海時　日高曾隱匿他。受魯迅和胡風的指導，與鹿地亙共同翻譯了六篇的〈中國傑作小說〉、瞿秋白的文章，以及《大魯迅全集》第四卷的雜文集。矢崎彈到上海時也住宿在日高家，在上海成立了「中國文學研究小組」。他的著作有：〈文藝家協會與文藝工作者〉（《中國文學月報》，一九三六年九月），〈支那「魯迅運動」的新提倡〉（《河北日報》，一九三六年十一月十五日、十七日）等等。

日高與到台灣的中材、入田，還有到滿洲的大內，他們之間到底有怎樣的聯擊，詳細的情形不得而知。

註四：中文原文沒有留下。《胡風全集》也未收入。依當時的情況來看，胡風並不是用日文，應該是用中文寫好後，請日高和鹿地翻譯成日文發表的。在胡風的〈憶矢崎彈〉（《七月》，一九三七年十月十六日）文中用中文寫〈我的心境〉的經過和大要地記道：「於是寄了一篇短稿，附一封回信。文章題爲〈我的心境〉，大意說，要寫的題目一時寫不來，只好就我自己參預過的介紹中國新文學到日本去的意思說一說罷，那就是，既不是像某一批評家所說，想把中國作家送上世界文壇，也不是像美國的電影商似地，把黑奴底黑皮厚唇或南洋蠻女底曲線送到白人老爺底眼裡掉換口味，要不過是爲了向日本讀者，尤其是進步的讀者傳達一點中國人民在怎樣受難，怎樣掙扎，怎樣成長而已……」

註五：指六篇刊載於《改造》雜誌上的〈中國傑作小說〉。刊載的事並非魯迅提議，而是由山本實彥主動提出魯迅答應才開始推動的。詳細情形請參考拙稿〈由《改造》連載〈中國傑作小說〉所見日中知識分子之姿態——從魯迅佚文，蕭軍〈羊〉所附「作者小傳」說起〉（《人間叢刊》，二〇〇五年四月）。

註六：出處不明。

註七：「究竟我們的工作是不是徒勞的？」是依據魯迅在〈中國傑作小說〉中，向日本讀者說的話。

魯迅以下面的一句話結尾：「現在我不惴淺陋，選出最近一些作者的短篇小說介紹給日本——如果不是徒勞無益的話，那眞是莫大的幸運。」（〈中國傑作小說小引〉，《改造》一九三六年六月號）。

註八：在這期間，胡風被拘留在東京四谷警察署，在獄中每晚都聽到到台灣青年的喊叫聲和哭聲，這是胡風與台灣同胞最初的「接觸」。受到這個深刻的衝擊，胡風爲文寫道：

「他的悲慘的哭叫聲還不時地在我的聽覺裡面出現，我體會到了這個青年的哭叫聲，是幾十年前台灣詩人丘逢甲『四百萬人同一哭』的哭聲的繼續」（「記念賴利先生《胡風晚年作品選》，漓江出版社，一九八七年一月）以這為原動力，胡風翻譯了楊逵的〈送報失〉、呂赫若的〈牛車〉，再加上楊華的〈薄命〉，編成一本《朝鮮台灣短篇小說集——山靈》（文化生活出版社，一九三六年四月）。在該書的序文中，胡風向中國大陸讀者說：「在這樣的時候，我把『外國』底故事讀成了自己的事情，這原由我想讀者諸君一定體會得到」。

胡風努力促進對台灣的理解。台灣光復後，胡風在爲將出發到台灣的樓憲（尹庚）、王思翔（張禹）、周憲江（鳳炎）送行時，特地託他們把《山靈》送給楊逵（樓憲〈煙雲如夢話台灣〉，《證言二二八》，人間出版社，一九九五年十月）。收到書的楊逵，馬上把《送報伕》

的日文原文和胡風的中譯文一起出版了中日對照的《送報伕》（一共出版了二次，一九四六年七月台灣評論社出版了《新聞配達夫》，一九四七年十月東華書局出版了《送報伕》）。台灣評論社版的廣告詞寫道：「台灣青年決不奴化！請看這篇抗日血鬥的故事」（《台灣評論》第一卷第二期，一九四六年八月），以此回應了胡風，樓憲等三人，與楊逵一起編了台中的《和平日報》。該報在紀念魯迅逝世十周年（一九四六年十月十九日）特刊，「新世紀」副刊上刊載了胡風的〈關於魯迅精神的二三基點〉，這篇文章是發表於永安《改進》（第一卷第九、十期合刊。一九三九年八月十六日）的〈民族戰爭與文藝性格〉一文的摘錄，也同時刊發在大陸的《希望》（第二卷第四期，一九四六年十月十八日）上，這種在大陸、台灣同時刊載的事，是值得進一步研究的地方。

而且，除了上述文章之外，胡風寫了〈介紹兩位台灣作家——楊逵和呂赫若〉（《胡風晚年作品集》），以及〈悼楊逵先生〉（《楊逵先生紀念專輯》，台聲雜誌社，一九八五年四月）。

【日本法西斯批判與再出發】

反法西斯宣言

木俣秋水 著
曾健民 譯

作爲一個自由主義論者，受到日本軍部迫害的河合治郎曾經一語道破了日本法西斯主義的根源，他說：「大多數的日本國民，本來就有國家主義的、獨裁主義的、強權主義的屬性，這樣的國民正是法西斯主義發酵最好的溫床。」的確如此，他認爲雖然日本法西斯主義的正式登台，是以九・一八爲契機，但是，構成法西斯主義重要因素的國家主義，大日本主義運動，卻遠從明治、大正時代就已產生並不斷的活動；譬如，像是黑龍會就是、浪人會也是、大日本國粹會、關東國粹會、大和民勞會、大日本正義團等等都是。他們各自擁有許多黨員以及少數激進的恐怖份子，擔任了擁護資本主義的看門狗的角色。他們之中的右翼流派，如幕府末期的勤皇志士高杉晉作或久坂玄端等，他們日夜留連於京洛花街喝酒玩女人，收受資本家給的贍養金置酒高論。他們自稱「志士」到處對必將沒落的可憐的小資產階級勒索敲詐，這種例子眞是不勝枚舉。說要打倒幕府，但是現代的幕府到底是什麼誰？不就是「軍部」嗎？一面寄生於幕府另一方面卻高喊第二的尊皇攘夷，其言行完全沒有條理。

一到「滿洲事變」爆發，接著又突發了「五・一五事件」，這些右翼團體都競相把政綱塗改成國家社會主義。同時，有些無法忍受秘密警察壓迫的馬克思主義者，也都轉向投入這個行列；也有從原有的資產階級政黨轉向的人。之後軍中也出現了有人創立了以法西斯主義爲信條的政治結社。前者就是赤松克磨的「新日本國民同盟」，亦即後來的「日本革新黨」。而中野正剛的「東方會」，橋本欣正郎的「大日本青年黨」是後者最突出的代表。

他們之中任何一個團體都高過反自由主義、反資本主義、反共產主義的所謂「三反主義」。然而，說到經濟政策卻都相當的曖昧，最多只不過在所謂「公益優先」的名目下，抱著微溫的社會改良主義而已，他們在內部防衛著資本主義，且用「國家革新」之名來掩飾其反動的本質。

本來，一個志在革新社會的思想在向全天下人呼籲之時，必先要有能夠說服世人的世界觀，並以這個世界觀爲基礎剖析今天的社會，而且一定要有明確地說明建設未來的理想，社會的對策及其方法論，法西斯主義缺乏這種成分，日本的法西斯主義更普遍缺乏。獨善、偏狹的「日本主義」或者「皇道宣威」等自稱的世界觀，在剖析現代社會上完全無法觸及到問題的本質和重點，況且有關未來的對策方面也是模糊不清。爲了掩飾其理論的脆弱性，只有用「國體掩護」四個字來蒙蔽一切，剝奪走了國民的知性。

歐洲政局風雲急變，民主主義國家與法西斯主義國家的不斷對抗，終於爆發了第二次世界大戰。最初，德軍以極優勢的軍力橫掃西歐，當歐洲各國逐一降優於其軍威鐵蹄下時，日本的法西斯主義者在日本陸軍的支援下，猛烈展開了推動締結日、德、義軍事同盟的運動，同時，強烈要求儘速把日本的政治體制轉換成與德、義一樣的法西斯化。在有高名望的貴族政治家近衛文磨擔任運動領導人的情況下，不要說資本階級政黨的政友會、民政黨，從大大小小的右翼團體，到包括受到軍部的威權壓迫而噤聲的言論界、文人知識分子也全都加入了行列，結成了速成的日本製法西斯團體大政翼贊會。啊！彼時神武紀元兩千六百年，正是世人崇仰的勝藏那一年，竟是日本沒落的第一步。那些法西斯之徒在其惡魔班的手掌上玩弄著戰火，把三千年的日本國運推到滅亡的深淵。他們不斷用詐辯的宏辭大話玩弄國民，其實質是剝奪了我們的思想，奪去了我們的知識，進而奪去了我們的生活。啊！揮不去的惡夢、揮不去的惡魔，我們今天一定要徹底追究他們的野心和欺騙，非要喚醒被他們的巧言所麻痺的日本國民不可！

（本文原刊自《人民導報》，一九四六年一月十二日，曾健民提供）

日本軍事法西斯論

宋斐如

近年來，日本社會科學界已經公論日本資本主義乃至帝國主義的軍事性。九•一八事變以來，特別是本年蘆溝橋事件發生以後，許多事實更加證明這種軍事性之存在。這是理解敵人的一個關鍵。我們要能夠理解敵人的本質，才可以決定我們的抗戰方式。

日本法典及習慣保障軍部的優越地位

像日本軍部那樣政治地位的優越和政治行動的跋扈，在普通的民治國家裡，實在找不出第二個來。日本的法典及習慣皆保障軍部的優越地位。日本軍部的幾個重要中央機構，如軍事參議院（註一），元帥府（註二），參謀本部（註三）軍令部（註四）及侍從武官長等，都是直接輔佐天皇而握有幃幄上奏權的機關。日本陸海軍部大臣不隸屬於內閣政府，而是代表軍部意志的資格或權威。這一點是日本和歐美布爾喬亞民治主義國家截然不同的地方。在日本的憲法上，規定許多種爲各國憲法所沒有的天皇大權。其中，關係軍事的重要事項，例如規定陸海軍的編制及常備兵額的大權（憲法十二條），宣戰、講和及條約締結的大權（憲法第十三條），皆可以不得國會通過而直接由天皇行使。特別是頒布戒嚴令的大權（憲法第十四條），甚至可以剝奪憲法所給予人民的一切權利。但是關於軍事方面的天皇大權的行使，事實上都是由軍部的幾個中央機關去決定的。陸海軍部大臣不隸屬於內閣，而直屬於天皇，事實上與總理大臣並列；他們對軍部負責，但不對內閣負責，也是最大的特點。再如陸海軍部大臣不能由總理大臣選任，而必須由軍部選任，也是一個當然的特色。例如政黨政治色彩最濃厚的大隈內閣（明治三十一年），尚且不能由總理大臣選任海陸軍大臣，而向薩派的前任海軍大臣西鄉請求海相，向長閥的前任陸軍大臣桂氏懇求陸相，結果只有懇切地請求他們留任。桂陸相在答應留任時，且聲明自己是以「異份子」入閣的。一九三一年以後，隨著日本對外侵略的發展，軍部的優越地位更加增強，甚至於軍部負責的大事變，如五・一五事件（註五）發生時，內閣全體總辭職而陸海軍部大臣倒反泰然留任。二・二六事變（註六）後，內閣總理竟須在軍部的要求條件下成立，廣田因與寺內磋商條件，幾至流產。最近的宇垣內閣也因軍部之拒絕選派陸海軍大臣而中途流產。這些都是鮮明的事實。

日本軍部服務於日本獨占資本

日本軍部的地位雖是如此優越，但它並不是一個架空的集團，而是有它政治經濟的基礎的。它是背後有所依屬的一種力量。日本軍部無論在過去或現在，都是爲著某一種政治經濟的權力服務或與結托的；它聽命於一種首腦，而自己只充當四肢。在明治中葉以前，日本資本主義還帶著濃厚的封建色彩的時代，日本軍部是爲官僚、地主服務的。到了後來，獨占資本（包括國家托拉斯資本及財閥獨占資本）充分發展，官僚和財閥合抱，日本軍部就很自然地轉而爲獨占資本服務。這裡或許有兩種事實值得考慮。其一是軍閥支配財閥的一般看法（註七）。日本軍部勢力的猖獗，表面上好像軍部支配著一切，軍權支配著財權；但是軍部的任何主張並沒有根本否認財產私有制，反之，他們提倡軍備的大擴充，倒反增強了官僚支配下國家資本托拉斯的力量，培植了個人財閥資本的膨脹。其二是個人財閥支配軍閥的另一種看法（註八）。過於機械地評量日本金融資本勢力的人，常把三井、三菱等財閥的力量估得過高，說事實上軍閥只不過聽命於幾個大財閥。但這種看法忽略了日本資本主義的特殊性，忽略了日本產業資本主義及金融資本主義發展過程中的特性（註九），乃至無視了日本財閥成立過程中的特殊事實（註十）。

從表面上看來，日本軍部常直接間接與財閥衝突，政黨與軍部之間也發生不調和的事象，但是軍部始終是爲某一種經濟權利服務的，近年來幾乎可以說完全是在爲獨占資本服務的。從本質看來，我們說日本軍部服務於日本獨占資本可以，說日本軍部完全服務於財閥則不可以。日本的獨占資本和其他的先進資本主義國家不同，官僚操縱下的國家資本托拉斯的比重，大於個人財閥的獨占資本。個人財閥獨占資本又是官僚政府培成的，始終收在政府統制之下（註十一）。這一點就是過去充當官僚的四肢而現在充當獨占資本的手足的軍部所以表現爲主動力量的經濟根據。

向著法西斯實現的日本資本主義

日本資本主義是在封建的土地經濟基礎上，在家長或政府的溫床裡發展的。由封建經濟的遞變，在極短期中確立了產業資本，緊跟著就是金融資本的成立。歷史要求著日本更高一層的發展。在日本現存經濟組織下，日本資本主義不能向社會主義轉變而很自然地要求著法西斯的實現。獨占資本和封建勢力的融化，個人財閥獨占資本和國家資本托拉斯的結托，皆要求著法西斯的實現。日本幾年來的政治過程，都是在這種要求下摩擦過來的。有一部分急進法西斯份子不滿意財閥，也不滿意官僚和政客，於是發生過多少次過激的暴動，如五・一五事件，二・二六事件等等。但是日本的政治機構不容許急激的改革，只能容許一個合法的法西斯。於是需要著政黨與軍閥的融合，還需要著政黨，財閥和軍閥的合抱。二・二六事件以後每一任的內閣皆努力於這種工作。寺內，廣田內閣（註十二）的努力，失敗於政黨與軍部的尖銳對立。繼起的林內閣也不過成功了政黨與軍部的調和，而未及完成三者的抱合。到近衛內閣才算成功了這種偉大功勛（？），而日本政治就急速地向法西斯的方向發展了。

然而日本資本主義乃至帝國主義在其開始第一步即已帶上軍事性，軍隊培植政治經濟向前發展，目前的政治經濟也靠軍隊及軍備來維持下去。軍部的勢力依然占著優越的地位。現階段的日本法西斯，不但需要著軍隊的膨脹及軍需工業的發展。並且要由軍部的少量來維持這個秩序，來推進這個發展。又在對外的關係上，日本經濟在資本主義的條件下必須侵略外國，獨占外國的資源、市場、以及勞力，以補強它先天及後天的缺陷，於是現階段的日本法西斯更需要著強大的軍權來維持，來開拓道路。根據日本國內外客觀的條件，日本法西斯承受日本資本主義的衣缽，帶上了更濃厚的軍事性。從本質上考察，日本資本主義是軍事性的資本主義，日本帝國主義是軍事性的帝國主義，現階段的日本法西斯依然是軍事性的法西斯。一九三一年以來，日本軍閥與獨占資本的共同要求，把日本經濟漸向戰時經濟體制方面推進，本年七月七日蘆溝橋事變以來，日本軍部又把日本的政治、經濟、及軍事的一切推上戰爭的軌道上。日本法西斯發展過程上的種種摩擦，居然依賴這個發展而消滅下去。日本政黨、財閥和軍閥的緊密的抱合，居然在對外侵略戰爭的軌道上完全實現，軍部充當四肢的作用更要發揮，軍事法西斯的色彩也更要加濃起來。

日本軍事法西斯的本質

然而我們要深刻了解日本軍事法西斯的本質，我們還須更進一步研究日本資本主義軍事特質的歷史條件及其經濟基礎。日本資本主義的發展是非常遲後的，一八六八年明治維新開始的時候，歐美先進資本主義各國大多完成了產業資本的發展而步入帝國主義的階段了。這個時代的落伍性就逼著日本政府採用人工來培植資本主義的發展。在主觀上固然是爲了國內外軍事的必要而建設了軍警網，創設了軍需工業及重工業交通工業，而在客觀上卻造成了資本主義發展的基礎。日本因爲這個帝國主義時代性的決定，及其先天的缺陷（資源缺乏、市場狹小）而急激走上對外侵略的途程，日本軍隊領導商品及資本向外進出是其特色，恰與英美等國相反。此外，產業，特別是基要產業（key industries）的創造和發展，皆生於軍事的目的，並且是由軍需工業領導著普通產業，又與通常的產業發展形成顚倒的關係，也是軍事法西斯的歷史條件。又如，日本近代三次對外戰爭的結果，取得了資本主義發展的基本條件等等，也都是軍部的優越政治地位及今日軍事法西斯的歷史條件。

其次如軍事法西斯的經濟基礎，在日本經濟體制中也有許多特殊的事實可提。日本軍部所以能與財閥結托的原因，即在於這個日本經濟的特殊性。貫通日本近代經濟的發展過程，軍需工業占著最重要的地位。日本軍部要求軍備的大擴充，日本官僚和財閥要求軍需工業的大膨脹。所以不相稱的龐大財政，皆能很容易年年增加下來。軍需工業經營於國家托拉斯資本，及財閥獨占資本而受到軍部的統制，也是軍部勢力繼續膨脹的原因之一。但是最基本而又最重要的經濟原因，還是在於日本軍事資本主義的特性，不但在其初期需要對外侵略以建造它的資本主義發展的基礎，即在帝國主義階段的今日，也需要更大的市場和更豐富的資源，否則日本帝國主義經濟將無法維持。日本經濟要求日本軍部執行這種任務，日本軍部也很強硬地執行這種任務。幾年來因軍費急增引起的通貨膨脹的景氣，及因軍備大擴充引起的軍需景氣，阻止了日本經濟的衰退，還進一步增大了一般工業的生產指數。這種動向，雖是軍需工業資本的要求，但其發動則須歸功於日本軍部忠實地強硬地執行它的任務。日本軍部把日本經常的經濟推進准戰時的經濟體制中，已有六年的期間，近衛內閣以來又把准戰時經濟體制帶上戰時經濟體制的途程去了。今日日本帝國主義對我作全面的侵略，就是日本軍事法西斯經濟發展的結果。在對外戰爭期間，日本法西斯的軍事性更要增加它的作用和威福。日本軍事法西斯是否能受到挫折，要看我國全面抗戰的努力如何來決定。所以說，中國的對日抗戰不獨為中國的民族解放，並且帶有解放日本大衆的意義。中國抗日戰爭是反帝國主義的，同時又是反法西斯的，特別是反日本軍事法西斯的，中國的大衆和日本大衆正站在同一利害關係的基點上。這是分析日本軍事法西斯的結論。（註十三）

註釋

註一：軍事參議院是應天皇重要軍務的諮詢而上奏意見的機關，是以元帥、陸海軍大臣、參謀總長、軍令部長及陸海軍將官組織的。

註二：元帥府是關係軍事的最高諮詢機關，是從陸海軍大將當中選出功勛卓越的列為元帥組織的，等於政界的元老。

註三：參謀本部是由參謀總長管轄而為天皇參劃帷幄的軍務，掌握國防及用兵的計劃。

註四：軍令部參預帷幄的機務，計劃國防及用兵的事宜，軍令部長直隸於天皇。

註五：五・一五事件是以陸海軍軍人為中心的暴動事件，理論應由陸海軍部大臣負責的。

註六：二・二六事件，便是純粹以陸軍近衛師團一部分中堅份子，發動的大暴動。更應由陸海軍部大臣負責。

註七：目前我國所謂日本通及一般理論家，都是這種觀察，普通的報章皆充滿著這種論調。

註八：日本左翼陣營之一的勞農派就是有力的代表，開明一點的布爾喬亞學者也持同樣的主張。

註九：野呂榮治郎、山田盛太郎及平野叉太郎等講座派，首先發見了日本資本主義特殊性之一的軍事性，詳見《日本資本主義發達史》，《日本資本主義的分析》及《日本資本主義的社會機構》。

註十：貫通於日本資本主義的整個發展過程，日本財閥不但是為軍事設備的必要而抬頭，為日本軍閥政府所創造，並且始終得著軍閥政府的維持並受其統制。

註十一：整個日本資本主義工業史幾乎可說是軍需工業史，而占大比重的軍需工業，不但開始為政府所創設，即在今日大部分的主要軍需工業仍為政府所經營，他如交通事業及專賣品生產及販賣也皆由政府一手經營，此外尚且擁有廣大的官有土地。

註十二：二・二六事變後的組閣者，軍部和元老原屬意於近衛文磨，因近衛膽怯不敢出擔時艱，轉荐廣田。但是軍部提三大要求以為廣田組閣的條件。廣田不但組閣時接受軍部的條件，其後事事皆受陸相寺內的牽制和指揮，時人遂稱這個內閣為寺內廣田內閣。

註十三：關於日本軍事法西斯的歷史條件及經濟基礎，原有許多資料及數目字，因限於時間及篇幅不能應用上去，只有留於另題詳論。

（原載《世界知識》第七卷第二期，一九三八年一月）

作者簡介

宋斐如（一九〇二—一九四七）。台灣台南仁德鄉人。思想家、日本問題專家、抗日愛國志士。一九三〇年畢業於北京大學經濟系，一九三五—一九三七到日本東京大學深造。曾任馮玉祥將軍研究顧問教師。抗戰期間創辦《戰時日本》，是當時最重要的日本研究雜誌。台灣光復後返台參加接收工作，並任教育處副處長，是當時台籍人士的最高職務，一九四六年一月一日創辦了《人民導報》，是當時最敢言的民主報紙，在光復後的思想啟蒙上起了重要作用，由於敢言而遭忌，二・二八事件中遇難。一生著作甚，除了專（譯）著二十四本外，還有評論文章二百多篇。其他還曾主編《少年台灣》、《新東方》，擔任《廣西日報》主筆。

給日本人諸君

——於此臨別之際

王白淵 著
曾健民 譯

自投降以來，經歷了史上少有的深刻的民族苦悶煎熬的在台灣的數十萬日本人諸君，現在正要邁向有著落的世界出發。在基隆碼頭上交織著的劃世紀的悽涼景像，正如同過去歷史曾經上演過的一樣，今天也如斯上演。

（一）

當人類盲目的慾望無限制的擴大時悲劇必伴隨而生，這對於個人或對於國家來說都是相同的道理。使平家滅亡的不是源氏，而是源氏自身無法制御的慾望。日本今日的下場也正是如此。日本人諸君以一八九四年的甲午戰爭爲界，其後即委身於無止境的民族慾望。縱然其間曾經以愛國主義或者日本主義的大義名日企圖加以合理化，但是其本質出自於民族的無限制的慾望這一點是沒有什麼改變的。因而日本成了亞洲最壞的鄰居，甚至淪爲世界上最糟糕的鄰人。

日、德、意三國共同的法西斯主義，其根本理念就是無限制的民族利己主義。它是意圖將所有能觸及的一切事物控制於自己腳下的巨大的專制主義，是最惡質的古代奴隸國家在現代世界的再現，因而使人類的歷史遭逢了最可怕的危機。然而，慶幸的是戰爭的結果係以民主主義的勝利告終，法西斯主義稱霸世界的美夢被打碎了。可是這個難以償還的歷史罪過到底應歸咎於誰呢？我們想就以此質問日本人，亦即日本全體國民。雖然說對過去的事這麼追究於情何忍，然而現實畢竟是嚴峻的，而且無疑地未來將更嚴峻，是以，我們才這麼說，這麼地質問。或者會有人說：日本的罪過應由軍閥背負，日本國民與此無關；如果從社會學的角度，或許是這樣也說不定。也有人會說由於明治維新的民主主義革命以不徹底收場，與藩閥苟合的結果以致造成今日的事實，這種說法也有它一定的道理。然而，長達三分之一世紀的漫長時代中，日本國民到底是如何思考，怎樣地行動了呢？當然，諸君當中也不乏有人持續與軍閥戰鬥的對帝國主義進行了毫不退縮的鬥爭的可敬的人們。明治維新後也有像中江兆民那樣偉大的民主主義者；九十年的生涯中爲了民權而戰，從未變節的憲政主義者神尾崎行雄等。另外，我們也知道還有不少的日本人，在這次戰爭中曾經因爲反法西斯主義而被關入監獄，或者慘死黑牢。可是，大多數的日本國民，特別是來到殖民地台灣的日本人，百分之九十九的人是道地的帝國主義者，或者其亞流，也有的是帝國主義的盲目追隨著，就這一點恐怕諸君也很難否認吧！現代日本的最大智者之一的德富蘇峰，其醜態是怎樣地難堪啊！

（二）

在日本五十年的統治下，我們的感受是：日本民眾對於我們的不幸其實是相當冷淡的。對於朝鮮或台灣的民族運動，對於滿洲事變或者中國的革命運動，日本民眾所採取的態度更使我們引以為憾的。當台灣民眾在推動最低限度台灣議會設置運動時，或者在殖民政府鎮壓台灣民眾黨時，諸君所表現的態度是何等的冷淡，迄今我們的記憶猶新。

諺語說：對惡不抗爭者，無以言善。是以，把戰爭責任完全歸咎於軍閥或者東條英機一個人是不夠的；這必須是為不流血的欽定憲法喜極而泣的全體日本國民所應負的責任。若推說是天皇制致使國民蒙昧，是軍閥的暴力致使民眾軟弱，這完全是卑怯的說法；其實日本國民決不愚昧，其百分之九十五的人受過國民教育，其國際知識也達到遠遠超過中國人民的水準。甚且，日本軍閥也遠遠優於中國或帝俄的軍閥。

只要想像沙皇專制下的俄國革命的悽慘場面就好，也不妨回顧一下在猙獰的封建軍閥支配下的中國革命歷史，日本曾經有過像這樣的深刻的民眾自主運動嗎？在這次戰爭中，我們曾寄望過日本民眾會蹶起給日本軍閥重重一擊，然而，日本民衆一直到最後仍甘受帝國主義的驅使，終於無法向全世界的民衆展現其英勇的姿態。我們對此深感遺憾，同時今天更感受到日本民衆的缺乏自主性。把自己的命運交給天皇，又把歷史的進程任由軍閥或帝國主義者的手操控，這樣的日本民衆今天就不得不把敗戰的苦杯當做清算藥喝下去。日本民衆落入今天這樣的深淵，是理所當然的。人類的不幸，經常是少數的野心家，以民衆之名得逞其野心。在這個意義上，歷史上有多少英雄其實是民衆的敵人，而能夠制御它的，唯有經由民衆的自主的運動以擴大民權。因此，就像歷史告訴我們的，民權並不是人家賜與我們的，而是只有通過鬥爭、通過犧牲，有時要通過流血才能獲得。

（三）

我們期望日本人諸君，以這次的敗戰爲契機，掀起一次大規模的自主運動，把亞洲的專制主義永遠埋喪掉。每一個日本國民應該認識到：法西斯主義是人類共同的敵人，而民主主義是將來臨的世紀的指導原理，也是結合各民族的共同紐帶。如果單只以「勝者爲王，敗者爲寇」的想法去應付的話，那不僅加重日本國民的不幸，且無法理解這次敗戰的眞實意義。這次的戰爭，是運動與革命的戰爭，亦即開歷史倒車者與推動歷史前進者之間的無情的戰爭。因此，每一位日本國民非徹底理解敗戰的深刻意義不可，否則不可能有新的出發。帝國主義日本被打倒了——亞洲底專制主義的最大支柱，日本軍閥已經宣告了其歷史的終結。日本民衆必須在這廢墟上重建民主主義的日本。

我們高聲向日本人諸君呼籲，民族之間的對立或國家之間的對立並非絕對的，而是在相對的歷史關係上才成立的東西。因此，如果幾年後日本建設成健全的民主主義國家，並且諸君的眼界也更加開擴之時，我們衷心歡迎諸君的再度光臨。中日兩民族不管從地理上、歷史上或民族上各方面的關係來看，皆屬唇齒之間的關係。日本民族的衰亡對中國民族來說是唇亡齒寒，這是我們絕對不願見到的；蔣委員長也說過「不以怨報怨」，這裡不就含有這種眞義嗎？歷史對日本民族來說正朝著幸運的方向進展。但願這次被遣送回國的日本諸君，不要再依依不捨過去在殖民地取得的不義之財和享有的安逸生活，而能夠抛棄過去所有，以赤裸之身一以貫之，努力於建設民主主義的日本。

（本文原刊自《人民導報》，一九四六年三月二日，曾健民提供）

譯按：本譯文參考了陳才昆譯《王白淵・荊棘的道路》，謹此致謝。此外，分段是讀者加上去的，原文並無分段。

作者簡介

王白淵（一九〇二—一九六五）。台灣彰化二水人，作家、詩人、文化藝術評論家。日據期畢業於台北師範學校、東京美術學校，曾任教於溪湖、二水兩公學校，以及日本岩手縣盛岡女子師範學校，上海美術專科學校。光復後曾擔任新生報日文版編輯主任，以及《台灣文化》編輯，任教於大同工學院，著有日文詩集《荊蕀的道路》，以及文化、政治、社會、文藝美術評論多篇。

給日本人民

李純青

我要假定我是一個世界主義者、來向日本人說話。也許有一天、國家會進博物館。民族與民族之間、政治問題消滅了。我喜愛這個美麗的遠景。地球土地跼促有限、人類是否應以屠殺來緩和人滿之患、這是一個問題。一個世界主義者、他鄙視國家主義、希望人類通力合作、共甘同苦的君臨自然、我們的殖民地、應當在別個星球發現。

日本國家有可愛之點、島國風光夠媚人。日本人也有可愛之點、認眞、吃苦、而能幹。但在日本勃興乃至全盛的時候、許多人就判斷它會沒落了。這回戰爭、我們早已知道日本要失敗。一九四二年日本在南洋全盛、眞驕傲、但我們以爲日本驕傲得很可憐。因爲太近視了。這一切、都是日本統治階級的罪過、日本人民是被欺騙、被壓迫、被痲醉著的。一個世界主義者、他同日本人民、希望日本人民會起來反對統治階級、自求解放。但我們等待了八年、沒有看見日本爆發革命的火光。失望之餘、對日本人民的同情、都漏掉了。

戰爭結束以前、日本人民被矇在鼓裡、不知自己的虛實如何。戰爭結束以後、日本人民還是服服貼貼的聽任統治者擺佈。我們很奇怪、爲什麼日本人民會那樣昏睡。照目前的政治軌道進行、我相信日本前途還很危險。就是說、對失敗還沒有眞正認識、對錯誤還沒有徹底清算。許多日本人、還迷信著神、迷信著政治的神。另有許多日本人、不承認戰敗、不知道戰敗嚴重的後果。我個人、以爲日本人民負擔戰敗的痛苦、是不公平的。戰爭的責任、應由日本統治階級負。但假使日本人民不能保證不再被統治階級所利用、聯合國對日本便不能放心。我深深感覺日本人有智識、有技能、但缺乏思想、缺乏美麗的靈魂。因受愚民教育所影響、雖然日本自負是一個美術國、照我個人觀察、他們非常缺少美術的人生、完全沉湎並熱中於庸俗的功利主義。

日本對中國的認識、過於瑣細、總是見樹不見林。因此、基本政策是錯誤的、直到今天、日本統治階級還在繼續著這種錯誤、企圖在錯誤中找出路。我們也沒有看見日本人民起來糾正日本政府的錯誤、這是很遺憾的事、今後中日關係、似尙難逆睹。我不相信中日兩民族應無止境的鬥爭下去、那樣可怕的悲劇。是否重演、關鍵全在今後我們的行爲。我們這一代、應該發發慈悲心、對我們的子孫負責、確保和平相處。要確保和平、只有兩國人民眞實的攜手——離開政治的犬儒主義、向一個崇高的理想前進——才能順利的實現。

我來台灣、發現中日民族感情的惡劣、無以復加。就是一個世界主義者、他也不能說一句原諒日本人民的話。事實如此、在日本帝國主義統治下的台灣、民族的差別太大了、仇恨太深了。你看、那一地方那一樣、不是日本人絕對優越？無論那個日本人、在台灣都比台灣人得有優越的享受。只此一端、你就沒有方法勸台灣人不高潮民族主義了。天道好還、一旦地位倒過來、實在難怪台灣人報復。但無論如何報復、比較日本統治時代的壓迫、還是渺乎滄海之一粟。我不知道怎樣批評這個問題。

在戰爭期間、我寫了很多關於日本的文章、「未嘗攻詰過日本人民。我以爲日本人民應與日本國家分開、而主張改造日本。」有些人認爲日本民族根本不可改造、我不敢苟同。假使我的意見對、日本人民能翻然改變、衷心傾向於民主、愛好自由與愛好和平、爲進步的世界主義奮鬥、建設一個無壓迫無剝削的理想國家、我相信日本民族是偉大的、日本本土是美麗的。如由被人憎惡走到被人敬愛、則海闊天空、何處不可適？這是我的結論、也是我的熱望。

（本文原刊自《新生報》，一九四五年十二月九日）

作者簡介

李純青（一九〇八—一九九〇），台灣台北市人。出生於福建安溪縣，幼年在台灣渡過，及長，返福建就讀集美師範，後畢業於南京中央政治大學。一九三六年留學日本，進日本大學社會系學習，翌年九月回國參加抗戰。

先後到上海、重慶、香港任《大公報》主筆，天津《進步日報》副總編輯。通過新聞報刊宣傳抗日，抗戰勝利後，他隨行政長官公署前進指揮所返台，光復初在台灣寫了許多評論文章，結集出版了《獻曝》一書，並主編了民主刊物《台灣評論》，二二八事件前後，他用筆聲援了台灣人民的愛國民主運動。

建國初期，任上海《大公報》副總編，天津《公報》副社長，歷任全國人民大會代表、全國政協委員、台盟中央副主席等職。晚年著有《望台灣》、《筆耕五十年》，兩書，共有八十五萬字。

李純青是我國著名的政論家和日本問題專家。

【新美日帝國主義批判】

論日本再起問題

孟憲章

日本問題又發生了

當中國內戰日趨擴大的時候，被我們艱苦抗戰八年，打得屈膝的日本，因美國的積極扶植，不到一年的功夫，又立住腳，抬起頭來了，從勝利伊始，爲一般國人所忽略的日本問題。又吸引著大家的注意。日本能否再起？日本何時再起？日本如何起法？日本起後對我國影響怎樣？隨時盤旋湊洄於多數人的腦海，亟求一個明確的答案。筆者因此問題關係我國家民族前途至鉅，居常注意，思索，又若芒刺在背，不能一刻安，爰本管見所及，草此一文，藉作引玉之磚，敬祈國人群起討論，以爲今後樹立國策之根據。

日本能否再起

日本能否再起？對這一問題，我是十分肯定的，想稍具國際常識者。也沒有懷疑的，其理由是：

一、在美國世界政策中，是中日兩國爲其在遠東將來對蘇作戰之兩翼。日本以作戰潛力較強，且國內無激烈的黨爭牽掣之故，特別受美國的青睞。故在美國獨占管制日本情形之下，百般援助日本，以促其復興。如聯總運濟中日之糧食量，約略相等：麥帥不顧中國及澳洲之反對，允許日本到公海捕魚，並向南北水洋補鯨；本年由美國輸入棉花八十七萬包，以恢復其紡織業；最近美國允許日本資產運往受戰事損失之國家，以下超過每種工業估計總值百分之二十：皆是。美國這種對日盛意，誠如美衆議員遠東視察團邵特氏，所坦白表示，再下次對蘇戰爭時，使日本人穿著美軍制服。

二、工業爲近代資本主義國家國民經濟體系中最重要的一個環節，因美國積極援助之結果，爲日本輕工業重要部門之棉紡織業，今年底可恢復到三二八萬紡錠，約等於我國國營民營之和（約四百萬），而運轉率及技術遠之，蠶絲今年可輸出十三萬五千包，我國僅萬餘包。人造絲明年預計可產六千萬磅，最近已有一萬箱輸入我國。至於允許保留之重工業，有鋼鐵三百五十萬噸（我國所謂五年計劃之第五年才產兩百萬噸），硫酸三百五十萬噸（戰前僅兩百三十萬），水力火力發電共五百萬瓩（我國全國不足百萬）工作機兩萬七千台（我國僅兩百台），造船，新造十五萬噸，修理五百萬噸（我國全國商船尚無百萬噸）。平時挾遠東最大之商船隊，將輕工業輸入各國市場，一旦有事，商船便可變爲軍艦，和平工業便可轉爲軍需工業。

三、在遠東能與日本抗衡者，只一中國。中國果能發憤圖強，日本即能復興，其過程亦必較緩。中國在科學技術上，原已較日本落後半世紀。國人刻苦強毅之精神，又較日人爲遜。今於八年抗戰之後，又繼之以內戰，致國民經濟，瀕於破產，國家元氣，消耗殆盡。試拿中國與日本相比，一個是戰亂分裂的，一個是和平統一的，一個是向復興路上走，一個是向毀滅路上走，適成一極尖銳之對照。就工業生產：說日本戰後主要貨物已增加百分之三百七十，消耗品增加百分之六百六十。我國的工業，卻日在萎縮倒閉中。就農業生產說：日本今春雖荒，因職總接濟了它與接濟我國相等的糧食，並未餓死人。今秋已經普遍農收，具農部估計，米收穫量是九百七十萬噸，而一九三三——三六年之平均產量是九百九十二萬四千噸。吳半農先生回國報告說，一般日本人都比中國肥。我國今年春荒，計有災區十九省，災民三千萬，因吃樹皮草根觀音土而不可得，以致餓斃者，眞是成千上萬。今秋雖有一部豐收，但據聯總估計，仍有數千萬人受飢餓威脅。美農部亦說：「戰前中國食糧消費量，超過生產量的數目是一百萬噸，依此推算，一九四六年中國食糧消費量，超過生產量的數字，是五百四十萬噸。」**就金融說**：日本銀行紙幣發行額，據八月發表，爲五百三十億，我國則以萬億計。中日通貨兌換率，是一六三比一。就價說：日本物價相當穩定，我國就上海言，去年十月比戰前高四四〇倍，今年十月二十六日是五二五三倍（央行編物價指數），就財政說：日本今年的預算，去年所編者爲三百億，七月間提出議會之新預算，爲五百六十億八千八百餘萬，內雖包含有佔領費兩百億，但日政府卻深以軍備解除，可省一筆龐大軍費從事建設爲幸事。我國今年預算，去年所編，爲兩萬五千億，軍費佔絕大比例，因物價步漲，到五月時已用完了。

就交通說：日本除上述擁有龐大商船隊外，其國內鐵道，並未破壞，共擁有一二・〇八〇公里，有蒸氣發動機車五・四六九，電力發動機車四〇〇，客車及電車六三五四，貨車一一九・七六七，日本面積狹小，水運便利，其陸路尚發達如是。我國鐵路，戰前僅共八・六四一公里，其中四分之一係外人經營，東北又佔去了五分之二。因戰時戰後的毀壞，全國已經陷入痲痺狀態。就對外貿易說：日本自佔領期間開始至五月底止，計出口五一・四七七・四五九美元，入口三七・八四五・八五四美元，出口相當於入口之百分之一八〇。本年四至七月，輸出超一億美元。再最後六個月中，擬在輸出四億美元。南洋各地市場，已經恢復，中國市場，亦已人造絲之開始輸入而捲土重來。我國今年一至七月，全國入口總計約六千一百四十億元，合美金（以二〇二〇匯率算）三億，出口約六百七十億元僅合美金三千萬強，而出口所佔入口之比例，僅只十分之一。如單就上海言，四月份出口，僅佔入口百分之五・〇一，六月份僅佔百分之五・四八，更加上大批的救濟物資，則比例更小，四月份上海出口，僅佔一般商品及救濟物資人口百分之二・三八罷了。且日本所輸出者多爲工業品，我國所輸出者反多爲農產品及奢侈品，消費品，如四月份上海進口貨物五・四五六億元中，棉花一項竟高達八六七億餘元，約佔全數百分之六十，比二十四五兩年，全年輸入者皆尚多一倍，小麥洋米，且不在內。在第一季輸入品中蜜餞竟高達一九・五三四・五七四金單位，在一至八月中，輸入菸酒高達一百三十億元之鉅，戰後日本向我們提出，工業日本，農業中國，我們認爲它是叫我們當作殖民地，現在已經是「生產外國，消費中國」，求爲一農業國而不可得了，至於開闢南洋市場，儘管還有人在喊，但中國商品在國內尚不能與人競爭，又怎麼能到國外與人競爭呢？日本在遠東既無一個敵手，又外得美國之善意援助，內有和平統一之良好環境，自如天馬行空一般，毫無阻攔的，日向復興大道邁進了。

日本如何復興

日本復興，可有下列三條途徑：

一、日本的眞的民主勢力抬頭，建設一個獨立民主的日本，與獨立民主的中國，攜手合作，援助東方一切弱小民族獨立，維持遠東和平。這樣的復興，是我們所最歡迎的，但是在美國積極的支持日本舊勢力情況之下，日本民主勢力，是很不容易發展的。日本投降以後，戰時束縛民衆的治安維持法，無形消失，本年五月一日勞動大遊行，與五月十九日飢餓大遊行，乃得展開。因麥帥宣稱此項行動，足以威脅日政府及佔領軍的安全，日政府遂發表一維持治安聲明，將戰時治安維持法復活。對於日本民主勢力曾努力爭取的工人生產管理權，也認爲是對經濟及企業組織的破壞，而下令否定。加以日本共產黨與社會黨，又不能切實合作，集中力量。所以儘管日本工會組織，有一萬多單位，在過去海員鐵路大罷工及報館中下從業員清算反動的老闆各運動，都曾表現出相當的力量，可是在最近的將來，眞正的民主力量，還是不易抬頭起來的。

二、舊日軍國主義之完全復活。日本這次投降，不僅大資本家大地主，依然故我，爲舊日軍國主義動力的社會經濟結構，原封不動，即過去統治人物，除少數大軍閥外，上起天皇，下逮政客官僚群，亦是過去的一套。一旦羽毛豐滿，向外侵略，實有其必然性，不過日本在形式上現亦淪於殖民地的地位，即令軍國主義復活，也不像過去那樣獨斷專行的幹，而要服從於美國的世界戰略的。因此，日本再起，是走下一路線，即

三、在美國殖民地形式之下，靠美國力量的幫助，恢復其過去的軍國主義。在美蘇衝突尚未十分尖銳，在四國對日管制委員會中，蘇聯還可以說話的時候；在日本新憲法中，削弱陸海軍與參謀本部，和規定拋棄戰爭的假面具，還需維持的時候；美國只能從工業方面積極武裝日本。一旦美蘇關係接近破裂邊緣時，日本人就要正式穿上美國軍服，日本軍服就要全副美裝了。

日本何時再起

當日本投降之初，許多由滬回國的日本人，問中國朋友說，二十年復見吧！以後因日本日向復興路上走，中國日向破壞路上走，這種再見的期限，漸漸縮到十年八年，最近又縮到三五年了！美國遠東問題專家拉鐵摩爾曾譬法日本爲一顆定時炸彈，二十五年後將要爆炸，吾人從下列幾種理由，推測其爆炸期，最多當不出十年。

由於武器之進步，交通工具之發達，與革命思潮之逐漸開展，在近代世界史中三個規模較大的戰爭——拿破崙戰爭，第一次世界大戰，第二次世界大戰——其每兩個大戰役間之間隔，越近則越短。前者延長至一世紀，後者僅不過二十年。假使萬一不幸有第三次世界大戰發生，恐將在十年左右。

（本文原刊自《民報》，一九五七年十一月十一日，曾健民提供）

日本民主內幕

人民導報

日帝國主義外形以倒下來了，可是它的精靈還在活躍，中國人民，應當心再一次「九一八」啊！

拿現時的日本和戰爭中或者戰爭發生前的日本比較，的確是顯得「民主」多了。每個人口上都掛著民主，沒有一本刊物不是以民主前進相號召。如在中國所看見的一樣，擺攤頭的小店鋪。也有取「民主」爲招牌了。上次臨時選舉前，據說漏夜趕製登記競選新政黨，達三百個以上，最近也還在積極趕製中。不消說，所有這些政黨都是以肩負「創建民主日本」爲己任的、名字也極顯得民主前進且夠刺激，如「進步黨」，「自由黨」，「社會黨」，「國民黨」……最近，我偶爾在東京街頭上，還看見一所建築物的大門上，還掛著很大的一塊招牌，寫著，「公民黨」幾個大字，我屢次向日本朋友（在政府和社報的活躍分子）打聽這個「公民黨」的組織和領袖，可是沒有一個人知道有這樣一個政黨存在著，據說，在秋田縣還曾出現過一個以夫妻兩人爲中心的甚麼黨，黨首是丈夫。黨書記長是太太，除此以外，沒有任何人再知道這個黨有無第三人。這種情形，實在沒有什麼奇怪，現時的執政黨自由黨與進步黨，佔據了議會大多數的席次，算是最大的政黨了吧？可是它有多少黨員呢？所有的幹部都是黨員，而所有的黨員也都是幹部？除了幹部外就外不出來了它們的所有黨的支部，分設在各處都專門預備爲辦理選擧而設的，日本大多政數黨，還有一個最特色的特點，多數政黨都沒有政綱，即使有，也僅僅是寫上幾個抽象的民主名詞。自由進步兩黨，誰都知道是資本家的政黨，從腐舊的民政黨政友會轉胎來的，社會是從過時的勞農派社民系而來的，高揭實行社會主義爲目的，所列擧的政綱；從維持天皇制一直到以勞農階級的解放爲己任，廣泛的叫人摸不著頭腦。談到天皇問題，它有點像保皇黨談到經濟改革，它又與資本家的自由進步黨一鼻孔出氣；談到勞農解放問題，它又總歡喜妥協調停「中間」態度。

這些標榜創建民主日本諸政黨的領導人物，也叫人看的眼花，自由黨與日本大財閥三井三菱關係最深，前任總裁鳩山曾公開高叫結成反共統一戰線，實行所謂「保守的民主主義」，突然一下子，被麥總部以戰爭罪犯被取消了，結果只好把吉田茂提出來作替身，自己躲在背後操縱實際的指揮。進步黨的總裁幣原，大家的記憶還很新鮮，幣原內閣的倒台，就是以反民主太過火，弄得無法敷衍而被脫下首相袍子，現在，仍然是內閣大臣，他和吉田茂有著親戚關係，和鳩山更是政治經濟一體的老朋友。

社會黨的新任黨魁片山哲，一般人都不大知道他過去做過些什麼足以稱道的民主工作，現時社會黨的實力派極右派的西尾末度，松崗駒古和河野密等，他們在戰爭中，或者對「大政翼贊皇道會」大賣過力氣，或本身曾擁有過軍需工場，社會黨成立後，跟紡織資本家的勾結，接受大量的經費，更是衆所皆知的。社會黨內，雖然還有所謂的左傾一派，如加藤堪十，荒田寒村等，可態度也非常模稜兩可，遇著問題，總喜歡拉上中間性的妥協調停，而且這樣中間性，往往又都成了緩和鬥爭，爲了保守派所希冀的，如最近國鐵和海員爭議及現時正在熱烈中的讀賣新聞爭議，社會黨左派所表演中間性。和反動保守資本派的要求，是完全配合的，日本廣大人民，要求結成人民統一戰線來對抗反動的舊勢力，社會黨卻拒絕與共產黨合作，說是與共產黨的友誼不夠，現在日本有三個結成民主聯盟爲口號的活動，一個是社會黨的救國民主聯盟，一個是政治上隨著季候改換主張的山川均所領導的，另一個是共產黨所倡導的。可是直到現在沒有一個能正式產生。在重慶住了很久的青山和夫，回到日本後，以上海大公報特派員名義到處活動，據說也要組織什麼團體，可是又常常捧山川均，因此，有人把青山和夫爲山川均的人民戰線派唯一的幹部了。

除了共產黨外，沒有一個政黨乾乾淨淨找不到戰爭罪犯的。現時日本民主政治就是由這些份子來領導。組織政黨的目的，唯一設法獲得選舉掌握權，現時作爲日本民主唯一象徵的保存天皇制，以及許許多多的新立法，就是經由這些份子的手創造出來的。

（本文原刊自《人民導報》專論，一九四六年十二月十七日，曾健民提供）

麥帥的日本控制政策

民報

自日本帝國主義屈膝投降以來將即一年，在這一年中間，日本在麥帥總部控制下，被動的在改進它本來的凶惡面貌，盟國的要求只有一個：希望日本肅清一切法西斯侵略主義的要素，眞實地走上和平民主的道路上。尤其我們中國，處在鄰邦的地方，實有最密切的利害關係，所以不得不特別有所關懷。

麥帥總部的對日控制政策，我們坦白下一個批評，我們覺得其壓力過於輕微，其作風過於客氣，所以在這一年之間，控制的工作，顯然並未突破問題的重心，而還在其在門戶徘徊著。這我們可以由其經濟政策，對日皇，憲法，政黨等等問題，很明白地看得出來。盟國要求日本民主化，然而日本的一切法西斯分子，都可以搖身一變，穿上民主的衣裳，而重登政治的舞台上活動。這是其中的一例，其他事事莫不如是。

麥帥總部的政策爲什麼這樣？這自然有種種原因，第一，麥帥極端害怕日本的秩序發生紊亂，第二，麥帥在考慮對蘇聯的關係。麥帥的第一個根本方針，是在於對日管制政策，要通過現在的日本政府機構而推行，因此，對於現有機關的保存，是抱著非常小心，而對日皇制度便是一例。其實這種政策是錯了，在現在盟國控制下，那裡怕什麼秩序不秩序？相反的，法西斯分子，即可以不客氣地抬頭起來了。

談到對蘇聯的問題，這的確是一件國際性的悲哀，現在戰勝國家，每次在討論對付戰敗國的問題時，都不是眞正在講究如何對付戰敗國，而是在講究如何對付另一個盟國，這種傾向，已經表現於每次的國際會議上。在日本控制的諸問題上，也不會忘記了這種作風，所以麥帥要日本民主化，卻又怕日本走的太快，在這裡便又發生著政策的惱悶，而表現著進一步，退兩步的現象。這種政策自然是危險的，日本法西斯，也在利用著這種國際的矛盾，在拼命尋找它自己的死灰復燃之路。

我們應當知道我們中國是和日本最接近的國家，過去受日本法西斯的荼毒最利害，此後的日本的命運，對於我們有可能有最大的影響，對日本的管制是應當有最大的關心的。所以我們對於麥帥的這種危險的政策，應當有痛切的認識。

（本文原刊自《民報》，一九五七年十一月，曾健民提供）

向麥克阿瑟抗議

邦人

美軍在日本登了陸，麥克阿瑟事實上已經是美國版的日皇。它對日管制的政策，向扶植日本保守勢力的抬頭，向扶植日本財閥經濟上的復興，向偏袒日本對盟國的賠償。這些，我們今天不來檢討它，但是，麥克阿瑟的縱容日本警察與日本政府壓迫台灣留日同胞，這我們是非說話不可。

我們要向麥克阿瑟抗議！

我們六百萬台灣省民要向麥克阿瑟提出嚴重的抗議。

麥克阿瑟背叛了聯合國的人民，違反了聯合國數千萬將士與無千無萬的聯合國人民對法西斯戰爭的目的，和犧牲了數千萬將士用血肉換來的勝利的果實，我們非向麥克阿瑟抗議不可。

不久之前，日本東京曾發生澀古事件，日本以殘酷的手段槍殺了我們的留日台胞，日警不得到應有的膺懲，不必說。後來反得了日本政府的鼓勵酬勞，這也不必說。我們總以爲這個事件可以合理解決，身繫囹圄的台灣同胞，也可以安然出獄恢復自由，可是，消息傳來，這些被捕入獄的台胞，竟被判了徒刑。這是什麼話！麥克阿瑟！你管制日本，還是管制台灣？你管制戰勝國，還是管制戰敗國？你管制敵國？還是管制友國？要不然，那裡會幹出這樣貽笑世界，遺臭千古的行爲！我們六百萬台灣同胞得知你這種行爲，我們都心膽俱裂，五中俱焚，我們站在聯合國人民的立場，我們有權向你抗議，有權向你提出嚴重的抗議。

不寧唯是，麥克阿瑟還做了更荒唐的事。所有由日歸台的台胞和留日韓人一樣，要向日本政府交出所有財產，只准攜帶日金二百元。麥克阿瑟！你把台灣同胞看作什麼？你還要以日本的奴隸看我們嗎？退一萬步說，即使把台胞當敵國人民看待，依照法令也可以攜帶日金一千元，怎麼只能帶二百元？是不是過去日本剝削我們台灣同胞還不夠，由你的「美國裝備」來幫日本再剝削一下？麥可阿瑟！你如此做，你也讀過開羅會議的文告沒有？你如此做，實在豈有此理！荒唐至極！我們全台灣省民都要向你抗議！

麥克阿瑟！我們要向你抗議！

麥克阿瑟！我們要向你嚴重的抗議！

（本文原刊自《人民導報》，一九四六年十二月二十五日，曾健民提供）

戰後的日本越來越有戰前的味道

李中邦

日本的現代史一般都以二次世界大戰爲分水嶺，戰前從明治維新到帝國主義、軍國主義，侵略亞洲大陸，割走台灣、朝鮮半島作殖民地，進兵中國，挑戰美國，發動太平洋戰爭，南下東南亞；對內一九一一年創設「特別高等警察」（即秘密政治警察），一九二五年頒布「治安維持法」，到一九三八年甚至可以「預防拘禁」，搜捕、驅逐反對武力擴張的社會主義、共產主義份子。直到一九四五年八月十五日天皇制軍國主義戰敗投降，一切歸零，重新開始。

戰後則在以美國爲主的駐日盟軍改造下，一百八十度轉換，搖身一變爲自由、民主的國家，靠著發韓戰財、越戰財，國民「所得倍增」，經濟先進繁榮，成爲GNP僅次於美國的「經濟大國」，又是個擁有放棄戰爭的憲法（第九條）的「和平國家」，沒有再啓動戰爭。

從表面上看，日本確實是如此，但如果從實質內涵及近年的演變來看，或許就會有另外一種看法。

一、主政者益發保守右翼化

戰後日本保守勢力很快又重新集結，政治絕大多數時間都由保守的自民黨把持，可是至少到九〇年代中期，還有頗具份量的社會黨等在野黨加以牽制，而自從社會黨出身的村山富市首相（一九九四年六月～一九九六年一月）下台之後，社會黨分裂、萎縮化，往後整個日本政壇，除了共產黨和殘留的社會黨小小點綴不一樣的聲音之外，可說朝野政黨大同小異、沆瀣一氣。

去年九月下旬上台、標榜是第一位戰後出生的首相安倍晉三，人雖是新的，卻渾身充滿保守右翼的DNA。

一九五四年出生的安倍，私立成蹊大學政治系畢業（曾留學美國南加州大學、任職過「神戶製鋼」公司），是戰後最年輕的首相，進入政界短短十三年就爬到權力的頂峰。他說過，「我是（日本）締結舊金山和約，完成日本獨立後出生的世代。那時（佔領時期）決定的事是不能改變的，有著不能改變的成見的那個時代結束了。我們不是可以用自己的手來描繪相稱於二十一世紀日本未來的樣子、理想嗎？」流露出欲突破戰後由美國加諸於日本的束縛，簡言之，就是脫離「戰後體制」。但他眞正想做的是什麼呢？

思想、血脈和戰前一脈相承

爲了選舉宣傳自己的政治理念，安倍出了一本新書『邁向美麗的國家』。東京大學榮譽教授和田春樹撰文說，該書對於「美麗的國家」完全沒有論述，僅在結尾處寫著「我們的國家日本，是個受惠於美麗的自然、有悠久歷史和獨自文化的國家。……日本人與其卑下，倒不如要自豪，而爲了開拓未來，不是應該流下汗水嗎？」這使得他憶起二次大戰末期、讀國民小學時看過的一本戰時兒童文學小說『島之旗風』（作者二反長半）在卷首寫的「在世界上，沒有一個像日本景色這麼美麗的國家。而且，這美麗的國家，帶著美麗、卓越的心，爲了使東亞乃至世界變得美好，正在打仗。」這樣的論調。他小小年紀讀那本小說時，馬上接受了這想法，卻不知道，當時日本正在中國和東南亞進行著醜陋的戰爭，不久，自己「美麗的國家」也漸漸化爲焦土了。短短數語，既深刻地述說了個人的反思，也點破了安倍繼承「戰前傳統日本」的心態。

吉田松陰是安倍「尊敬的人物」，這位他家鄉山口縣幕府末期的「思想家」，創立松下村塾，僅僅三年就教出很多「長州藩士」，蔚爲「明治維新胎動之地」，安倍讚揚吉田是「時代的先驅，優異的教育家」。不過，從亞洲國家看來，吉田松陰正是最先鼓吹日本向外擴張勢力，侵略包括台灣在內整個亞洲的「思想導師」。

安倍出身政治世家，外祖父岸信介（也是山口縣）非常顯赫——東條英機內閣的商工大臣，戰後一度被視爲有甲級戰犯的嫌疑，關在巢鴨監獄；一九六〇年在首相任上策動衆議院強行通過「美日安保新條約」，惹起日本國民激烈的倒閣運動而下台；岸信介的親弟弟佐藤榮作一九六四年十一月～一九七二年七月也長期擔任過首相。岸信介、佐藤榮作堪稱日本戰後最保守、最反共的兩位首相。安倍的父親安倍晉太郎在中曾根內閣也做到外相，與首相之位擦身而過。安倍在『邁向美麗的國家』的前言，自詡爲「鬥爭（也可譯為：作戰、爭鬥）的政治家」，其榜樣、模範事實上就是岸信介。

安倍進入政界沒多久，就將他的歷史意念付諸行動。一九九七年二月二十七日他擔任「思考日本的前途與歷史教育年輕議員會」事務局長；當年十二月即出版集合了從軍慰安婦等問題的書『對歷史教科書的質疑』（展轉社），嚴厲質疑過去歷史教科書的觀點、慰安婦的記述、……，立意要盡力製作「不教遭扭曲軼聞」的教科書。難怪他當了首相未久，就放任昔日「思考日本前途與歷史教育議員會（此時該會已經將年輕兩字去掉）」（會長為前文部科學相中山成彬）的同僚來打掉承認慰安婦錯誤的「河野談話」。安倍自己今（二〇〇七）年三月一日也對記者說「沒有關於強徵（慰安婦）的證詞、證據」；三月五日又在參議院預算委員會說「沒有官憲闖入民家將人強行帶走這種狹義強制性的證明」，而招致國際指責，被迫應酬式的表示道歉。

悄悄編織日式「圍堵」

安倍不僅天生具有極右派DNA的血統，他的重要人脈、策士，譬如：財界，JR東海會長葛西敬之（安倍官房長官私人諮詢機構「關於海外經濟協力檢討會」的成員）；學界，京都大學教授中西輝政（極力煽動「中國威脅論」，並主張日本應設立對外情報機構）、高崎經濟大學教授八木秀次（右翼「新歷史教科書編纂會」因內訌被解職的前會長）；外交界，前駐泰大使岡崎久彥等全是保守右派甚至就是右翼的大老，連經濟界USHIO（ウシオ）電機會長牛尾治朗（安倍嫂嫂的父親）對教育改革的論調也跟安倍極相似，在這些人的圍繞下，他如何能不保守、如何能不右？於是，表現在對外政策上，也有「舊思維」的影子。

冷戰時代，美國有「圍堵」社會主義國家的戰略。如今冷戰結束，中國崛起，日本爲圍堵、牽制中國，不僅一邊和美國進行更密切的戰略、軍事、情報合作，現在更爲了廣結盟友、避免獨尊美國的孤立而猛打「共同價値觀」牌，展開拉攏印度、澳洲和具有軍事意義的北大西洋公約組織（NATO，簡稱北約，歐洲部分的加盟國幾乎與歐盟重疊）的動作。

去年十一月，日本外相麻生太郎提出「自由與繁榮之弧」的構想——日本積極參與、協助從波羅的海三國，經東歐、中亞，到東埔寨、老撾、越南這些「新興民主主義國家群（這是日本自圓其說的美稱，事實上，該地帶有很多國家並非民主國家）」政治穩定與經濟繁榮事務的外交政策。基於此，日本認爲有必要讓波羅的海沿海、中亞的新興民主國家安定，並強化和北約國家的關係。

今年一月九～十三日，日本首相安倍晉三和外相麻生太郎兵分兩路分別訪問西歐和東歐，就是此一意圖的具體行動。「戰略夥伴」已成爲日本政府對印度、澳洲及歐美等具有「自由民主」等基本價值觀的國家常用的辭彙。

二、切香腸式拓展武力和軍事觸角

在一般人的印象裡，今天的日本似乎都只是個經濟大國，但如果參照日本戰後初期與現在軍事力量的規模及其活動範圍，再看看其軍事預算、尖端先進的武器、精銳的訓練，相信很多人會立刻改觀。

二次世界大戰後，日本依據駐日聯（盟）軍總司令部（GHQ）「非軍事化」的方針，陸海空軍完全解體。可是，一九五〇年六月韓戰爆發，該年七月遂由聯軍統帥麥克阿瑟下令日本成立警察預備隊。一九五四年七月日本設置防衛廳、陸海空自衛隊正式成軍。剛開始時，自衛隊僅擔任防衛、治安、海上警備、防禦領空、救災五種任務，船艦、車輛乃至槍枝等裝備大部分是購自美軍的拍賣品。

七〇年代後半，日本右傾勢力開始發聲，八〇年代更是蠢蠢欲動，欲突破過去的諸多約束。但總體說來，這段期間日本尚頗爲節制。一九九一年一月的波斯灣戰爭是個轉捩點。日本藉著國際社會批評「光出錢，不流汗」，順勢於該年四月派出掃雷艇前往波斯灣負責清除水雷的任務，打破了自衛隊不出勤海外的限制。此後，日本自衛隊即以「美日安保」同盟，再聯繫到美國主導的聯合國，頂著「人道救助」、「緊急救災」、「國際和平」、「國際貢獻」之類漂亮的理由行遍天下。

日本近年嚷著要成爲「正常（普通）國家」——擁有跟一般國家一樣的軍隊，但實際上，其自衛隊活動的範圍比世界絕大多數「正常國家」的軍隊還要廣闊得多，稱得上是全球「趴趴走」，偶爾更充當美國的傭兵（伊拉克）。如此，自衛隊的腳色一步步由「防衛國家」朝「維持區域秩序」、「全世界規模的協調」等領域擴大。

去年十二月，日本國會通過了防衛廳升級爲防衛省的相關法案，防衛廳遂於今年一月九日晉升爲防衛省（即國防部）。一月十二日，安倍在北約的決策機構北大西洋理事會演說時表示，自衛隊參與國際和平活動已變成「本來（基本、應該）的任務」，並強調，「現在日本人爲了國際的和平與安全，對自衛隊派兵海外不會猶豫了」。

這是一九五四年自衛隊建軍以來，首次變更「自衛隊的任務」，本來在憲法的約束下，是不應該給予自衛隊超過「專守防衛」的任務的（這才是「自衛」隊，不是嗎？）。但現在的日本，不僅參加聯合國維持和平活動，美國出兵阿富汗、伊拉克，自衛隊都參與了，現在日本媒體經常講「世界中的美日同盟」，顯示在國家安全上「美日一體化」了。

拆卸憲法禁止的「集體自衛權」

防衛省成立，日本在軍事安排上非但沒有滿足而告一段落，反倒陸續推出新的動作，現階段是欲解除迄今憲法所禁止的「集體自衛權」。

關於「集體自衛權」——國家對於針對和本國關係密切的外國的武力攻擊，儘管不是直接攻擊本國，也以實力阻止的國際法上的權利。長久以來，日本內閣法制局均堅持「擁有但不行使」，並說明「憲法第九條之下所容許行使的自衛權，應該在防衛我國（日本）所需最小限度的範圍內，行使集體自衛權，超過其範圍，是憲法所不允許的」。可是，日本保守派認爲，如果拒絕行使，則「台灣海峽有事」等在公海上支援受敵方攻擊的美軍就不夠充分了，「美日同盟」有破局之虞。再者，爲了維持軍事技術和軍需工業，保守派又主張，「如果不能保持世界級的軍事技術水準，自衛隊的能力就會下降，根據『美日同盟』的共同作戰恐怕無法順暢的進行」。

安倍政府著眼於「強化日美同盟」，爲了更改迄今憲法禁止的「集體自衛權」，藉口討論「個別事例」：一、以飛彈防禦系統擊毀攻擊同盟國美國的彈道飛彈；二、在公海上與海上自衛隊船艦一起航行的美國船艦遭到攻擊時，自衛隊做反擊；三、如同多國在伊拉克支援復興的案例，別國的軍隊受到攻擊時，自衛隊趕來使用武器反擊；四、自衛隊做外國軍隊的後勤支援。宣布設置「關於重建安全保障法制基礎懇談會（另稱有識者懇談會）」爲打破「集體自衛權」做準備。

邀來的十三位成員全是外務省、防衛省退休的高級幹部或與這兩省關係密切的專家，譬如：擔任召集人的柳井俊二是二〇〇〇年十月首份「阿米塔吉（Richard L. Armitage）報告」《美國與日本：朝向成熟的夥伴關係前進》（The United States and Japan: Advancing Toward a Mature Partnership）出爐時的日本駐美大使，該報告對日本發出空前的善意（諸如主張美日兩國應建立類似美英的特殊關係，雙方共享情報、軍事科技並聯合作戰訓練），但也指出「日本禁止行使集體自衛權，制約了同盟合作」，翌年發生「九・一一事件」，其後美國對阿富汗用兵，那時他就有關於「集體自衛權」夾在美國期待、日本愼重的經驗；前駐泰大使岡崎久彥是安倍的外交智囊，這兩位老早就鼓吹「行使集體自衛權，對日本安全保障的基軸——強化日美同盟是很必要的」；另外，現任拓殖大學客座教授的佐瀨昌盛是安倍進入成蹊大學時的口試官，自然與安倍「心氣相投」，以及幾乎安倍的智囊組織都有份的葛西敬之等等，也就是說，找來的人根本是一夥的、是安倍志同道合的「舊識、策士」，都認爲要「行使集體自衛權」，只是用修憲或變更解釋的方式不同而已，安倍早有定見結論，弄個「有識者懇談會」背書兼掰理由。

民意不同調，搬出美國施壓

近幾個月，包括安倍首相在內的日本政府高官、報紙、學者、政論雜誌等經常在討論或發表主張要變更「集體自衛權」的解釋或修憲，做此論調的幾乎都是保守、右翼人士，弄得好像日本民衆也希望修改集體自衛權的解釋似的。然而，日本共同通信社五月十二、十三日所實施最新的全國性民調卻顯示，關於至今憲法禁止行使集體自衛權的解釋，百分之六十二的受訪民衆表示「現在這樣就好」、「沒有修改、變更的必要」，抱持這種態度的人比上一次四月做的調查上升了百分之七點四。相反的，認爲應該要修改、變更而行使集體自衛權者還減少了百分之五，僅百分之十三點三；主張修憲來行使者爲百分之十九點一。

這顯示，日本政府高官和保守右翼學者跟一般國民的想法落差很大，只是日本政府、保守右翼握有權力，他們會不會不顧民意而「硬幹」，值得觀察。「巧合」的是，日本共同社五月十六日接著獨家報導說，四月下旬在美國華府召開的美日美國防部長會談上，美國國防部長蓋茨曾要求日本政府行使目前憲法解釋上禁止的「集體自衛權」；他同時表示「日本是飛彈防禦系統（MD）的重要夥伴，必須建立互相保衛的關係，日本應做改變，以便攔截射向美國的彈道飛彈」，要求日本允許行使集體自衛權。一起出席會談的美國駐日大使希弗也語帶威脅的說：「如果（日本）不能攔截射向美國的彈道飛彈，美日同盟難免變質」。共同社分析，美方之所以提出行使集體自衛權的要求，反映著「美國的國防戰略旨在透過加強抑制力，來扼制軍力上升的中國」。

日本防衛相久間章生則順水推舟表示，因日本現行計畫中的MD系統技術條件無法攔截射向美國的彈道飛彈，要求美國進一步提供合作以提高相關技術。一石數鳥，既想利用加強合作，獲取美國軍事高科技，又可以回應美國的請求，逐步解除憲法對軍事行動的種種限制。

不難體會，保守派有搬出美國老大哥的威勢來壓民意、誘導民意的味道。

「和平國家」覬覦尖端戰機（F—二二A）、戰艦！

日本經常誇稱自己是擁有放棄戰爭的「和平憲法（第九條）」的「和平國家」，其軍隊又取名作「自衛」隊，可是四月傳出日本防衛省正與美國談判，考慮配備美國最新銳、可隱形的「F—二二A」Raptor（猛禽）戰鬥機作下一代的主力戰機（另一選擇是F—一五的改良型F—一五FX）。隱形戰鬥機之所以要有隱形的功能，主要是用於深入敵境做攻擊用的。日本的空中「自衛」隊欲引進美國這種最尖端的武器，不知存何居心？

該機是美國空軍從八〇年開始研發的第四代戰鬥機，是目前世界上唯一同時集超音速巡航、超高機動性、隱形和綜合電子偵蒐系統等機能的超級戰鬥機，一架造價三億美元，除了美國本身裝備、部署這種戰機，全球大概只有日本有財力買得起。要是日本取得這種飛機，鐵定會改變東亞軍事平衡。

韓國國防部長金章洙五月二日與前往首爾訪問的日本自民黨前幹事長加藤紘一、前副總裁山崎拓會談時，已表達了此一憂慮。

一九六七年四月，當時的佐藤榮作首相曾宣布「武器輸出三原則」，即不向「共產主義陣營」、「聯合國禁止的國家」、「發生國際爭端的當事國或者可能要發生國際爭端的當事國」出售武器。到了二〇〇四年，「武器輸出三原則」亦有鬆動的跡象。美日共同開發飛彈防禦系統（MD），日本研發的高科技零件會因「原則」限制，無法出口到美國，於是立下突破「武器輸出三原則」的「特例」。而「特例」一開，「特例」就向其他武器系統蔓延，況且日本善於利用美國親日退休高官的建議來投石問路，前美國副國務卿阿米塔吉是最佳人選，他（二〇〇七年）二月製作的「第二次阿米塔吉報告」說「日本應該解除有關 MD 以外領域的禁止事項」，換言之，就是要求日本「全面解除」三原則。四月底日防衛相久間章生就提出欲參與美國的新戰艦開發。

美國正在策動「軍艦革命」，開發海軍下一代艦艇系列主力的神盾艦「CGX」系統。「CGX」是大型巡洋艦，據估計，一艘造價三十二億美元，計畫配備長距離、高精度追蹤彈道飛彈的革新型雷達系統，搭載可攻擊接近一〇〇〇公里內陸上空或深入地下的司令部的大型對空、對地飛彈等。首艘預定二〇一一年開工，最後要建造十九艘。阿米塔吉四月二十六日在東京演講時就提到CGX，「希望美日共同開發技術。如果美日專家合作，就能建造出最棒的軍艦。集中技術，還可以降低成本」。這設計不正是在醞釀另一項「例外」嗎？要是日本能實現參與共同開發CGX的話，即具有兩層意義：一、有個強化美日同盟的巨大計畫；二、是日本獲得最尖端「防衛（其實是攻擊）」技術的大好機會。

美國會不會甘冒尖端機密武器技術外流的風險，賣給日本「F—二二A」戰鬥機、神盾艦「CGX」系統是另一回事，美國有美國的顧慮，但積極爭取購買這種頂尖武器，可符合日本自我標榜「和平國家」的形象？正當中國在和平崛起，日本反而意圖在做「軍事崛起」。

三、積極搶佔海洋資源、擴張海權

日本爲了爭奪東海資源以及利用太平洋上沖之鳥「島」之類的島嶼所延伸的「排他性經濟水域（EEZ）」或大陸架資源，今（二〇〇七年）年四月三日，衆議院通過「海洋基本法」，依據此法，要在內閣官房內，以首相爲本部長，設置「總合海洋政策本部」，而以新設的「海洋政策擔當相」爲中心，協調、整合相關省廳的政策和企劃。

另外，今（二〇〇七）年一月二十五日同一天提出的還有「推動開發海底資源法案」（提案人細野豪志等人）、「在排他性的經濟水域就調查天然資源及海洋科學調查關於行使主權的權利及其他權利的法律」（提案人細野豪志等人）、「關於興建海洋建築物等設定安全水域的法律」（提案人為前防衛廳長官石破茂等人）等三項法案在衆議院審議中。可以看得出來，這些是環環相扣的整體法律配套措施。

其中，「推動開發海底資源法案」是鑑於日本主要的礦物資源大部分都仰賴進口，因此開發海底資源的意義格外重大，立此法即在加速海洋開發，讓相關省廳互相密切合作。

而「在排他性的經濟水域就調查天然資源及海洋科學調查關於行使主權的權利及其他權利的法律」裡明訂「禁止外國人在排他性的經濟水域等地區探查天然資源（包括進行具有經濟性目的的海水、海流以及由風力生產能源的調查乃至其他政令所規定的探查活動）」（第二章，第三條）。

外國人如果要在排他性的經濟水域進行海洋的科學調查計畫，除非獲得日本主管大臣的許可，否則不得自行或委託他人進行海洋的科學調查。（第三章，第五條）。同時，還對違反此項法律者定有「處罰規則」（第五章，第二一條、第二二條）。

由於東海不夠寬敞，中國和日本各自主張的排他性經濟水域甚至大陸架主權的權利一定會重疊。任何國家進行海洋開發都必須事先做縝密的調查，日本擬用法律禁止外國在日本（片面）設定的「排他性的經濟水域」進行海洋調查，等於是要用法律坐實日方所主張在東海的權利。

「關於興建海洋建築物等設定安全水域的法律」則是在確保日本在排他的經濟水域（東海）乃至

大陸架進行開發時，所有興建的建築物本身、工作船、挖掘船的安全（第二條）。所謂「設定安全水域」，爲建築物外緣延伸五〇〇公尺以內（第三條，第五項）。這法案規定，設定（及廢止）後就要立刻公佈（第四條）。乍看之下頗爲合理，實則等於公佈就要他國、他國船隻遵守、默認，以便造成事實。

日本的周邊海域從北到南共有與俄國的「北方領土」、「漁業」問題；與韓國的「竹島（韓稱獨島）」、「漁業」問題；與中國大陸及台灣有「東海油氣田」、「釣魚台」、「漁業」問題等爭議存在，而且很多是日本片面主張或挑起來的，日本急於通過「海洋基本法」等法案，意味著日本往後會在這些爭議上趨於強硬。

硬要把「礁岩」做成「島」！

日本是多麼霸道地在搶奪海洋資源，可以從其在太平洋沖之鳥「島」（其距東京一七三〇公里、沖繩一〇七〇公里）上的動作窺知一二。「沖之鳥」到底是「礁岩」、還是「島」在國際上是有爭議的。目前只有日本堅持說它是「島」，其他國家的政府及著名國際海洋法學者幾乎都不認同。可是，日本爲了保住這最南端的「領土」，並要讓國際承認其爲「島」，再利用它來申請四三萬平方公里——

比日本現在陸地面積（三七・七萬平方公里）還大的排他性的專屬經濟水域（EEZ）及大陸架資源權利，強大的右翼組織日本財團（東京，赤坂）二〇〇四年十一月、二〇〇五年三月等數度召集了龐大的、約四十位海洋研究人員的民間視察團登上沖之鳥「島」，去做珊瑚調查、如何有效利用「島」的研究。

沖之鳥「島」在退潮時是一環狀的「礁嶺」，東西四・五公里、南北一・七公里，但漲朝時絕大部分都會被淹沒，僅剩日本稱「東小島」、「北小島」的兩處地方能露出水面，兩者合起來才四個半榻榻米大（就像一般家屋的一個房間大小），日本在此四周建了直徑五十公尺的混凝土護岸。據了解，因海水水溫上升等因素，珊瑚有枯萎、範圍縮小的情形，一旦珊瑚少了，構成「島」的「材料」就會不足，也擋不住海水的浸蝕，所以多次調來一大批海洋專家，研究如何覆育珊瑚。

由於中國的海洋調查船曾在附近出現，日本抗議，而中方引用國際承認的聯合國海洋法條約第一二一條第三項的定義「不能維持人類居住且營獨自經濟生活的礁岩，不可以之主張EEZ或大陸架」，認為沖之鳥是礁岩，不是島，中國調查船並未違法。

日本深怕中國調查船的出入，以後眞會形成類似中國主張的國際輿論。近年卯起來硬是要把沖之鳥的「礁岩」做成「島」，具體行動有覆育珊瑚、在「島」上建燈塔、建水溫差發電設備及海象觀測雷達。海象觀測雷達另還有監視附近船隻的作用，其實就是針對包括中國在內的所有外國船隻。台灣漁船亦有在這海域遭到驅趕、追擊的紀錄。日本擴張領土、海權，搶奪海底資源的野心由此可見。問題是，如此人工化的「島」，眞能算是島嗎？

日海保廳斥巨資更新機艦監控東海

爲了布局與中國爭奪東海天然氣田和利用沖之鳥「島」搶佔大陸架資源，日本海上保安廳提出「自成立以來最大的預算要求」，從二〇〇六年起七年間約要花費三五〇〇億日圓來更新、加強監控的機、船新銳設備。

二〇〇五年海保廳巡邏艇、飛機的裝備費是一五〇億日圓，而〇六年一口氣倍增到三〇〇億日圓，打算引進二七艘巡邏艇、一一架飛機等高性能、高速化的裝備。海保廳聲稱現在的設備多是七〇年代後半籌辦來的，約四成已逾耐用年限。然而，事實上，海保廳是應日本政府的要求，對開採東海的天然氣田、沖之鳥「島」附近的海域，建立二十四小時的監視設備和人力。

海保廳先前已經對東海和日本海重點配備了時速三〇節以上的高速巡邏艇，這等於還要持續「增兵、強化武力」。未來海保廳每年會有平均超過五〇〇億日圓更新設備等的豐富經費。而海上保安廳和海上自衛隊參加美、英、法、德等國的多國訓練也有拉攏國際的作用。

四、「愛國教育」全面沾染教育體系

戰後一九四七年日本制定的教育基本法，去（二〇〇六）年十二月做了首次的修改，就教育的目標，加入了「培養愛我國家和鄉土的態度」，說穿了，就是要仿效戰前那樣，養成學生的「愛國心」。

在日本，有很多教師認爲，「君之代」國歌過去和日本侵略亞洲密切結合，不能公開伴奏。」而且主張「不要教『君之代』的作用，也不要叫兒童唱」。可是，日本政府及教育當局自八〇年代末，逐漸動用行政的壓力，迫使老師在校園裡要執行升旗、唱國歌的工作。

關於在入學典禮、畢業典禮上處理國旗、國歌的問題，一九八九年當時的文部省宣稱「希望升旗、一起唱國歌」，於是修改了學習指導要領爲「要指導升旗同時一起唱國歌」。一九九九年，日本國會通過了訂定「日之丸」爲國旗，「君之代」爲國歌的國旗國歌法。於是，文部省向全日本的教育委員會發出通知，要求貫徹升旗、唱國歌的指示。

嚴懲不唱「君之代」的老師

在該法通過之前，日本公立小學、國中、高中一起唱國歌的比率在九成以下，此一指示一出，到二〇〇三年一起唱國歌的比率上升到百分之九十九點九。另一方面，懲處唱國歌時不起立、不一起唱的教職員的案例也增加了。一九九九年全日本遭懲處、訓誡的教職員有九六人，二〇〇〇年快速增加到二六五人。施行該法後的二〇〇〇～二〇〇五年，被處分過的教職員爲八七五人（懲處五三五人，訓誡三四〇人）。

懲戒最凶悍的是，二〇〇三年十月二十三日對教職員發出通告，謂起立一起唱國歌等是「義務」的東京都（知事正是右翼巨頭石原慎太郎）。對違反者，貫徹第一次告誡，第二、三次扣薪，第四次科以停職處分，並得接受防止「再犯」的研習課程等非常苛刻的「指導」。（東京）都立高中一起唱國歌的比率從一九九九年的百分之七點二，飆升到二〇〇三年的百分之百，而遭到懲處的教職員有三三八人。

而之前一九九九年四月東京都日野市市立小學入（開）學典禮上，一位女老師拒絕鋼琴伴奏「君之代」國歌，六月受到申誡處分。二〇〇二年一月，她向東京地方法院提出訴訟。而校長命令反對「君之代」的音樂老師鋼琴伴奏是不是侵害了思想、良心的自由？——否定這種想法而施加的職務命令，到底有沒有違憲是最大的爭議點。如果違憲，受到處分的老師就可以要求取消處分。但二〇〇三年十二月，東京地方法院駁回了該女老師的請求。

二〇〇四年一月東京都又有二二八位老師（後來原告增加到四〇一位）集體向東京地方法院提出

都教委通告違憲的訴訟。也就是說，跟「君之代」有關的訴訟分成兩線進行，一是女老師個人的訴訟，一是東京數百位教師集體對都教委的訴訟。二〇〇四年七月東京高等法院駁回女老師的訴訟。二〇〇六年九月東京地方法院就集體訴訟判決「一〇・二三通告違憲；所有的處分都不可以」，教職員方面勝訴。可是，二〇〇七年二月出現翻盤，最高法院駁回女老師的上訴。

至於說明，一（二〇〇六年東京地方法院，集體）、二（東京高等法院，個人）審判決說，教師的認知符合「思想、良心」，認爲職務命令有可能「侵害」或制約了「思想、良心的自由」，只是作爲公務員（公立學校教師）「思想、良心的自由」受到一定程度的制約是沒辦法的，也認爲職務的命令「不能說是違憲」（個人）。可是，這回最高法院的判決是採多數決，四位法官意見一樣，只有一位法官持反對意見，和一、二審的觀點完全不同，審判長認爲「校長的職務命令未侵害到憲法（一九條）所保障思想、良心的自由」，亦未強制表態，鋼琴伴奏只不過是音樂老師一般職務上的工作，「教師有服從上司命令的義務」。

因入學典禮、畢業典禮拒絕升旗、唱國歌、鋼琴伴奏，全日本共懲處了超過九五〇位老師，這些老師以各地的教育委員會爲對象，共提出十三件訴訟。今年二月最高法院的判決影響很大。未來，日本校園裡升「日之丸」、唱「君之代」這種「回到從（戰）前」的儀式會做得更徹底。學生如同一張張白紙，小時候灌輸什麼意識，長大後就會成爲什麼樣的人而且根深蒂固。

校園有法西斯的影子

一位以前很受學生歡迎、愛戴，卻因反對「日之丸、君之代」、持續不起立而遭懲處的東京都立養護學校教師根津公子道出了她這些年的感受，「一九九九年石原（慎太郎）都知事誕生之後，氣氛就變了，二〇〇三年十月二十三日發出通告以來，完全就像是遭到大惡棍打擊一般」，她被排除擔任班導師、教課變成兩人制、每年都強制調職。校長公開批評她「利用學生」。這四年間，她認為教育猶如在「進行法西斯」。

戰前日本學生每一天的很多場合都要唱「君之代」。那個時代，不少年輕人在軍國主義的教育下，會覺得為天皇而死是理所當然的。現今的日本小朋友，也被教育成覺得唱「君之代」是當然的，認為有戰爭就應該去打仗的小孩子正在增加，走上跟過去軍國少年一樣的道路。

然而，石原居然能夠二度連任（即第三次當選）東京都知事，根津很痛心的感到「（日本）社會變了」。

五、右翼利用電影媒體影響史觀

今年五月十二日，一部片名為《我正是為君赴死》，歌頌、美化神風特攻隊的電影在日本的電影院上演。擔任製作總指揮、寫腳本（編劇）的是日本右翼巨頭、現為東京都知事的石原愼太郎。

先從片名說起，日文的「君」字有兩層意思，一是男人對長輩或晚輩的愛稱「你」；一是「國君」、「主君、主人」的意思，這就令人不得不聯想到日本國歌「君之代」頌讚天皇的「君」字，很厲害，一語雙關。

放映前夕的五月九日，右翼報紙『產經新聞』有整版的企劃、石原專訪來介紹這部電影。五月十日，再來整版的彩色廣告，稱此爲「向全世界放射感動與衝擊的超級大作！」四周有「想要守護所愛的人」、「一九四五年在知覽（鹿兒島縣地名）——殘酷卻有著美麗的青春，有位用心擁抱他們的女性。」之類的字句，把特攻隊員赴死的故事「悲壯化」、「唯美化」，加上前述一語雙關的片名來「感動人心」。

該片是石原根據眞實的鳥濱女士「回憶」，編撰出描寫一九四五年春天，美軍登陸沖繩（被日本併呑的琉球），日本「被迫」死守沖繩，鹿兒島空軍機場成了特攻基地，在此四三九位十八～二十三歲受訓的年輕隊員，出任務赴死之前，和經營（軍部指定）食堂（飯館）的老闆娘鳥濱之間所交織著「慈愛」、「照顧」、「托付遺言、遺物」、「內心怯弱」、「激昂赴死」、「爲愛赴死」的悲歌故事。

石原在專訪中說「覺得鳥濱可說是慈母觀音。……特攻隊員在知覽遇到她是見到佛。……隊員們都感謝她而安心出擊」。他更表示，「我看過這之前所有放映過的特攻隊電影，都沒有眞的描寫出特攻隊。我聽過鳥濱講的各種故事，只想將鳥濱講的拍成電影。要描寫爲了國家，雖然困惑痛苦但還是犧牲生命的年輕人的青春群像，這必須傳達給現在的年輕人」。

導演新城卓是石原的老搭檔，自認想法和石原「很契合」，他希望人們看了這部作品，「能注意戰後「歪斜（右翼指稱正確教導二戰實情的歷史是「自虐史觀」）」的教育」。但對於該電影有一段話說得「很耐人尋味」，「雖然（跟石原）大方向一致，但我追求的重點在寫實。關於鳥濱女士，經過徹底調查的結果，我覺得把她太過美化了。可是一講到這事，可把完全相信她的石原惹火了」。可見該片腳本裡摻了多少「加料美化」的成分。

不過，石原最叫人驚訝的是表露對現今日本年輕人的看不順眼、強調和平不好，他說「現在很富裕、持續著和平，儘管年輕人看起來很幸福，可是我認爲現在的年輕人一點都不幸福，不覺得羡慕。……其原因是和平的毒害。和平是値得慶幸，但結果是，和平所帶來的豐裕、安逸，產生缺乏緊張感，如此反而形成自我中心主義」。似乎年紀輕輕爲國效死才是最美、最有價値的青春！

戰後日本因爲不再打仗，使國民享盡經濟繁榮的好處，在石原眼裡這竟成了壞事，難道戰爭才能凸顯人生的價値？更進一步說，石原自己已老，他的幾個兒子也都步入中年，所以即使有戰爭他們也不必上戰場爲日本而死，可是他卻在誘導年輕人要勇於站出來打仗、爲日本而死，這是教唆別人「就義」，而自己高高在上坐享成果很自私的想法，不是嗎？

據報導，這部電影耗資十八億日圓，日本右翼爲美化歷史、爲軍國主義抹粉上妝，眞的很敢灑錢。包括石原在內的右翼一向強硬地宣稱，日本發動的戰爭是「自衛戰」。因而這類電影都有個不成文的固定特色——完全不提當初是日本先帶著尖刀、火砲攻進他國，不反省戰爭的是非，不追究戰爭責任，只一味地強調日本「被攻擊」、「日軍奮勇防禦」……等等。

另一個值得探討的是，被石原讚譽爲「發光的鑽石青春」的特攻隊員，他們「駕機赴死」的作爲，跟「九・一一」恐怖攻擊以及自殺炸彈客到底有什麼差別？執行「九・一一」行動的人員，之前有無受過類似《我正是爲君赴死》的精神教育，這恐怕是一個不可忽視的課題。

六、戰前戰後的日本異曲同工

日本早稻田大學教授水島朝穗在一篇論自衛隊變質的文章開頭講到：從前警察預備隊（自衛隊前身）成立之初，裝飾在隊員帽徽上的是象徵警察的旭日章，其上半部的背景是一對張開的鴿子翅膀，當年定這樣的標誌，或許有駐日聯（盟）軍總司令部（GHQ）的意思，而現今航空自衛隊的帽徽已換由老鷹點綴了。他認爲，這帽徽由「鴿」變「鷹」正象徵著自衛隊的變遷。水島教授的譬喻中肯又具深意。

其實，不單是自衛隊，在保守右翼勢力的翻弄下，近年日本的政治、教育、社會不都是瀰漫著由「鴿」變「鷹」的氛圍嗎？

二〇〇七年五月三日是日本戰後憲法施行六十週年的日子，但自該憲法施行以來，就遭到保守右翼激烈的攻擊，政界與一部分媒體鼓動了十年的「修憲」論，到了安倍政府，終於進入具體程序。

安倍希望日本如其著作『邁向美麗的國家』，卻盡提出一些使「和平憲法」折翼、竄改歷史、擴張軍權的政策；誇稱是第一位戰後出生的首相，但他的思想和作爲最有戰前的味道。

戰前戰後的日本的確有些不同，不過如果前後對比一下，應該不難察覺，前後或許作風、方式不一樣，可是動機、目的則是很相似的。

譬如：戰前日本侵略亞洲大陸的中國、朝鮮半島，戰後日本非但沒有反省，還繼續對中國、南北韓充滿敵意。其保守右翼愛用「親日」、「反日」這種簡單又容易製造敵我意識的字眼評論外國，尤其是歷史、教科書、靖國、慰安婦這類是非問題，視外國對日本觀點的同意與否，拉高成國家民族的對立或是國家利益的衝突，把不同意的歸類爲「反日」、「排日」，中國、南北韓即經常被貼上「反日」標籤。

戰前凡阻礙日本伸展者，連歐美亦是「擊滅米（美）英」的對象，戰後日本則緊緊地依附美國，在「美日同盟」的「庇蔭」下，搭配經濟、文化（軟權力）爭奪陸地、海洋資源，繼續謀求抗衡中國、稱霸亞洲。

戰前右翼浪人涉入中國革命，暗奪在華權益；戰後政界及「民間人士」——右翼團體、學者、自衛隊退休高階官員、旅台人士亦涉入台灣海峽兩岸事務，指導、暗助獨派，意欲台灣與中國大陸分離。

如今看來，戰前，日本向外擴權赤裸裸的動用武力，反而容易了解，戰後，日本打著「自由」、「民主」、「共同價値觀」、「貢獻世界和平」、「配合美國的政策」等冠冕堂皇的詞藻和理由來做掩護，由於僞裝得更好，尤其不容易讓一般的民衆乃至國際社會洞悉，這比戰前更陰柔、更難纏呢！

七〇年前的一九三七年九月，台灣新文學的開創者楊逵在日文的『星座』雜誌語重心長的質疑實際上就是「法西斯」、「軍國主義」化身的「新日本主義」，同樣的，在當前日本「回到戰前」的蛻變中，日本政治領導者究竟要引導人民走向何方？而日本人民對整個國家、社會的右傾化，又抱持什麼樣的感覺和想法？實在教人憂心、關注。

新日本軍國主義的新階段（摘錄）

——從日美安保、美軍整編、惡改憲法的動態分析

纐纈厚　著
申荷麗　譯

告發海外派兵國家——日本

在日美軍事同盟路線擴大進展的同時，也決定了日本愈發走向「臨戰國家」之路。在此意義上，美軍再編也與日本的國家再編深刻地聯結在一起。美軍再編在促進自衛隊的組織再編的同時，也將導致以〈軍事化〉爲關鍵字的日本政治總體上趨於保守。

原本爲日美二國間協定的安保條約的性質，因而不能不從根本上發生了變化。在逐漸和美軍一體化的過程中，以「專守防衛」爲前提的國土防衛型日本自衛隊，開始顯露出進攻型「軍隊」的性質。

二戰後的日本保守體制原是由不依賴軍事的經濟優先型政治支配，這時也開始後退，在日美同盟

愈益強化的過程中，依賴軍事獲得經濟利權的政治態勢變得愈加顯著。從而，重新評價支撐戰後保守體制的現行憲法，也就是說，改憲動向就愈加明顯。在這個意義上，繼小泉之後的安倍政權，正是爲這一保守體制的再編活動加熱助燃而登場的。

安倍首相主張正當行使集團的自衛權，修訂憲法、教育法，且在其施行的「自我主張型外交」中顯示出對亞洲外交的強硬態度，諸如此類的言行，表明其試圖從根本上重新加固戰後保守體制。安倍政權乘借美軍再編的順風之勢，力圖加快構築強權的保守體制。

上一節，從美國軍事戰略轉換以及強化日美同盟觀點探討了美軍再編問題，美軍再編問題最終將促使日本保守體制發生根本變化。也就是，美軍再編和保守再編是連動在一起的。

如果看一下有關美軍再編的「最終報告書」、「共同聲明」，以及有關美國軍事戰略的文書就會知道，美軍再編不僅僅停留於軍事基地的再分配調整以及戰力的重新部署。實際上最重要的問題是，爲推進美軍再編及其實現，日本就不能不重新評估其外交防衛政策，這是個前提條件。

關於美軍再編的目的首先有三點需要加以明確。第一是軍事基地的遷移調整以及重新部署戰力，第二是在廣大區域長期持久地進行反恐怖戰爭，第三是加強美國國家自身的軍事化。從美軍再編的觀點評價有關日本軍事化或者說趨向臨戰國家的程度。因此美軍再編的實現將自動關聯著日本國家政治和經濟體系，甚至也規定著國民的行爲意識。

在美國政府以及國防部檔《東亞太平洋安全保障戰略》（The U.S.Security Strategy for the East Asia-Pacific Region，一九九五年二月）中已經明示的美國軍事戰略的重新部署，成爲日美新方針的起點，另一方面，又歸結出實施美軍再編。該文件中提到將在東亞部署達十萬人規模的美國兵力，理由是該地區攸關美國的「生死利益」。

具體地講，就是赤裸裸地表明其目的在於確保打入東亞的美國跨國公司的經濟利益和確保武器輸出地（這是軍事產業複合體〔military-industrial complex〕的利益）。根本不是爲了「國際貢獻」、「國際和平」這些「國際公共價值」而進行兵力配置和部署戰力。

在此我們有必要確認如下問題。有一種觀點認爲，橋本龍太郎內閣推進的安保再定義不是日美間的外交問題，而是冷戰構造終結的結果。這一觀點我們不能不說是不充分的。正如同把由締結日美安保條約、創設員警預備隊及預備隊發展爲保安隊直至成立自衛隊（一九五四年七月一日）這一連串的日本再軍備視爲「冷戰的產物」是錯誤的一樣，上述認識也犯有同樣的錯誤。事實上，安保條約之所以會造成日本境內基地的擴展，是由於在美國的戰略構想下，把日本當成維持自由市場的軍事據點。

那麼，成爲日美安保體制母體的美國戰略又是什麼呢？暫且不論它針對何種意識形態和政治目標，其不變的戰略目標始終是形成和維持有利於美國資本主義的世界市場秩序。我們應注意第二次世界大戰以來美國一貫持有的這種勢態。

從這樣的戰略觀點來看的話，戰前的納粹德國和天皇制日本帝國主義，戰後的蘇聯、利比亞（南非）和伊朗（中東）、中國・北朝鮮（東亞）都被視爲妨礙美資本主義的自由行動，因而都是美國的障礙或威脅，應該等同視之加以抵制。由於冷戰結束，舊蘇聯、東歐圈等也被列爲自由市場從而出現更加廣闊的市場，而在試圖支配新市場的美國資本主義（形成跨國公司的美國企業群）的要求下，美國軍部（表現為美國國防部的軍事戰略）擔負著重要的作用。

盡可能減輕過重的軍費負擔，從而不斷重視強化與日本的軍事同盟，以作爲達成美國資本主義目的的手段。「冷戰後時代」美國的新戰略（從封鎖戰略到擴張戰略）是以維持和確保新到手的市場爲重要目的，可以認爲〈安保體制新方針〉體現了美國新戰略的成果。

日本積極的從屬

日美安保體制的變更是與美軍再編聯動的，如果僅僅單純地把它看作是日本對美國資本和美軍部的所謂產軍聯手新戰略的唯命是從，那就大錯特錯了。應該將其理解爲戰後日本「對美從屬」這種政治選擇的進一步延伸擴展。在這裡，涉及到擴大日本在東亞的跨國公司的利益這一經濟利害問題，因此對美從屬是其積極的選擇。也就是說，爲確保擴大跨國公司的經濟利益，日本資本主義陣營本身也倍加期待著自衛隊與美軍合爲一體協同作戰以發揮更大作用。這就是我所說的「積極從屬」論。

有必要反覆強調的是，日美同盟路線並不是美國強加於日本的結果，與其說是被強加不如說是日本主體的選擇。所以「對美從屬」論並沒有充分把握美軍再編和日美同盟的意圖。

從一九七〇年代後半，日本資本主義的結構轉換日益明顯，也就是說，到目前爲止以國內生產爲主導的輸出型產業結構，由於日元匯價偏高，生產開始大量向海外轉移，加速了日本跨國公司的發展。爲此，輸出地區和海外生產據點的政治秩序和勞動現場的「安定」成爲不可缺少的要素，由此不得不加強關注海外諸地區的政治。

韓國、台灣、菲律賓、印尼等開發獨裁政權曾經以確保日本輸出市場的「安定」爲藉口，強行實施一些政策。正如阪本義和（國際政治學和平學學者，東京大學名譽教授）將其稱之爲「周圍國家的軍國主義」或者「代替性軍國主義」一樣，各開發獨裁國軍事化的結果確保了日本輸出市場的穩定。另一方面，相對於輸入國國民在軍事政權和強權社會下痛苦生活，日本國內好歹在「民主主義」或者「民主化」推進的社會中取得了經濟發展。

從一九八〇年到一九九〇年之間，在開發獨裁國家民主化運動高漲的情況下，越來越難確保在這些市場的既得權益。爲了對應這種局面，各國實行物質強制力，也就是說，對軍事力量的依託逐漸增強起來。加之冷戰結構的結束，軍事力量不直接與世界大戰關聯的時代狀況，更便於邁入「軍事解決爭端」的門檻。

在如此變化的國際社會中，日本也把軍事放在首位，謀求發展和擴大既存的經濟霸權。這就是當前日本軍事化右傾化的根本原因。從民主主義支配的經濟發展轉向軍事支配的經濟發展—這種政策的轉換，是由於冷戰結束後國際社會發生變化而做出的選擇。

由日美安保再定義開始的日美安保的「亞洲化」或者說「世界化」，是國家方針轉換或者日本資本主義轉換的軍事側面。結果出現了從周邊事態法到應付武力攻擊事態法、國民保護法等一系列軍事法制，這些都是爲新軍國主義國家——日本發起行動時所做出的必要準備。

日本政府以及日本資本主義的這種戰略轉換，被所謂的可疑船事件、誘拐問題、導彈發射問題等備受關注的北朝鮮動向所掩蓋而未受注目。另外，由於靖國神社和竹島（韓國名「獨島」）的所有權問題日韓之間糾纏不休的摩擦，以及爲尖閣諸島（中國名「釣魚台」）領土之爭和以高度經濟發展爲由的中國威脅論的抬頭等導致日中摩擦加劇，日本的這種戰略轉換也被悄然掩蓋下去。以大媒體爲中心進行排外民族主義的煽動，也促進了國家意識和國防意識的愈益高漲。

跨國公司急速發展的日本資本主義，目前沒有餘力整備眞正能夠在海外單獨作戰的自衛隊的軍事實力，只有選擇日美軍事同盟之道。從而，一方面迴避國內外反戰和平運動的同時，靠協助美國軍事力的形式探尋確保海外利權之路。

保守化再編和日本的軍事化

本來，爲解決外交上的問題，日本政府應該遵循國內安全和國際和平的原則，從多樣的選擇中採取決策，取得國民的贊同。只有實現國際的和平才能獲得國內的安全。但是，日本的現代政治能說是朝著努力實現國際和平並爲之貢獻嗎？只把實現美國所說的「國際和平」視爲實現和平，不是長久持續著這樣的「錯誤理解」嗎？

日本政府以誘拐事件和導彈發射爲奇貨，給北朝鮮戴上「威脅」的帽子，一邊煽動輿論說有必要進行軍事對應，同時促進與日美安保新方針有關聯的法案的法制化和加快日美共同研究TMD（戰域導彈防衛）。從現實來看，北朝鮮既不具有進攻日本的政治意圖，也沒有足夠的軍事能力。可是顯而易見，在明確的政治目的下，認爲北朝鮮對日本是構成威脅的象徵的看法正在擴展開來。

把中國和北朝鮮列爲對日本敵視的國家，煽動排外的民族主義這種做法，即使有助於醞釀向軍事大國推進的「情緒」（小泉前首相所說的「國民感情」），也是與緩解整個亞洲的緊張局勢以及構築和平共同體不相容的。

小泉內閣任期的五年半之間，伴隨日本跨國公司的發展對亞洲諸國的關心隨之增大。與此並行，跨國公司作爲強化國際競爭力的一環，強力地推進著國家機構和經濟結構的徹底改革。

另外，美軍再編的過程，以財界爲主軸的日本戰後保守政治迎來了新階段。直率地說，就是爲不可避免的軍事社會的到來構築政治體制。反過來說，只有通過高度軍事社會才能完成美軍再編，才能貫徹與美國的軍事同盟路線。

美軍再編的完成，日本不是消極被動地參與，其積極主動地參與是絕對重要的。從這種意義上講，美軍再編能夠得逞的話，那麼日本的保守體制就必然會軍事化。也就是說，如果從軍事上且政治上僅僅消極地從屬於美國的話，美軍再編，加之日本保守體制的再編都決不能夠實現。

渴望軍事化的國內勢力

那麼，以美軍再編爲契機，日本保守結構的改編或者有意於使保守體制軍事化的勢力表現在哪里呢？暫且不論其本身是否具有強烈的軍事化意向，從客觀上看他們代表了選擇軍事化方向的勢力。

現階段，名列前茅的就是自衛隊制服組（擔任實戰的自衛隊武職人員）的一部分人。他們是新方針實質上的策劃者，是完全美國化的軍事合理主義者。他們持有極其強烈的國防意識，對軍事合理性堅信不渝。

現在，輿論對自衛隊的支持率約爲七成。自衛隊制服組以美國的認知爲背景，在把自衛隊向「新日本軍」推進的同時，不斷摸索將來自衛隊所擔負的作用，其目的就是構築穩固的軍事官僚機構。例如，他們不過把現行的文民統制（civilian control of the military）（即文民的政治家統制軍隊這一政軍關係中的基本方針，也就是政治原則上優先於軍事的理念，有的資料解釋所謂「文民」意指「文官」「一般市民」「非戰鬥人員」、「不在軍（現在日本的自衛隊）中就職的人員」）視爲「文官統制」（按照防衛參事官制度、防衛省・自衛隊中是文官支配統治武官，因而被揶揄為文官統制），事實上並不隱瞞其架空文民統制的行爲。在美軍攻擊阿富汗之際，爲支援美軍，越過日本政府敦促美軍當局以及美國，請准予向印度洋派遣海上自衛隊電子戰裝備艦。

另外，他們決不是採取「制服組獨行其是」的行動模式。而是不斷按照日本資本主義的意向做出客觀選擇。也就是說，軍事並非充當日本資本主義的先導，而是企圖按照日本資本主義的必要性向海外擴展。這也許是因爲目睹以往教訓的緣故吧，因爲戰前時期軍事充當了資本主義的先導，雖然實際上結成了被稱之爲「軍財擁抱」的深厚關係，但最終落得了單獨背負敗戰責任的結果。

近年，自衛隊防衛廳爲升格爲防衛省的活動越發活躍。借助支持這些制服組活動的政治家們的勢力，防衛廳已於二〇〇七年一月升格爲防衛省，防衛廳長官也隨之升格爲防衛大臣。同時，由於制訂了一系列的軍事法案的結果，國內自衛隊的活動自由度比以往任何時候都大爲增加。更有甚者，在限期通過伊拉克復興支援特別措施法等法案的立法時，也成功地實現了按法律程式向海外派兵，由此正式向事實上處於戰爭的區域進行海外派兵。雖然從伊拉克撤回了陸上自衛隊，但是在戰鬥最激烈的巴格達附近航空自衛隊的運輸任務正在擴大。像這樣出於政治目的利用自衛隊的做法，今後在美軍再編和強化日美同盟路線的過程中，必將進一步增大。

因此自衛隊制服組的發言力當然增大。防衛省、自衛隊強烈期待在小泉政權後，能夠通過自衛隊「海外恆久派兵法」。直接、間接地支持自衛隊制服組的是一些跨國公司。例如，一九九八年五月，在發生顛覆印尼蘇哈托政權的政變之際，經團連的牛尾治朗（牛尾電機會長），爲保護當地日本企業的安全，請美軍儘早出動，以軍事行動給印尼政府當局施加壓力，並且提議日本也派駐自衛隊。爲了能應對這樣的局勢，安倍新首相早在就任以前就說過要制定「海外恆久派兵法」。

由於日本的跨國公司在海外設置生產基地的關係，對亞洲各國的動向尤其變得極其敏感。爲了依靠軍事力進行恐嚇、壓制，更加關心以日美同盟來維持和確保權益的這一最終手段。其結果是，通過「安保國家主義」的滲透來進一步促進啓動國民動員體制。

過量地強化軍事力，給周邊的亞洲諸國造成不必要的不安和警戒。也有一些財界人士看出由此反而會成爲造成市場不安定的因素。他們對一連串的軍事法制以及自衛隊的海外派兵都表明持愼重或反對的態度。尤其是，亞洲各國針對日本依靠軍事力和強化日美同盟路線而興起反美、反日的民族主義，親歷過一九三七～四五年的日中戰爭的戰中派財界人士以戰爭體驗、侵略體驗爲背景，對此深表憂慮。

如今像這樣的人士還依然健在。在這種意義上，要說日本資本主義完全傾斜於日本軍事主義，很難被認同。但是，不久的將來，他們如果成爲少數派的話，已經日益顯著的自衛隊和財界的關係將會急速加深下去。根據防衛省整備計畫的長期實施過程來看，如今雖然暫時從經濟不振中擺脫出來，由於經濟結構尚未根本好轉，兩者關係正急速加深。也就是說，資本和軍事內在的互補關係，如今在外觀上已經表現出來。

在戰前期的日本，從準戰時體制到戰時體制轉換的過程中，財界和軍部結成了所謂的「軍財擁抱」的密切關係，加強了軍事和資本的聯手，從而一步步走向了軍事擴張。軍事力負責擴大市場和掠奪資源，其背後是資本爲謀取利益加入進來，這一構圖如今也同戰前一樣沒有變化。

這種資本和軍事的結合關係，今後將會尋找各種藉口變得具體化。另外，爲保證其具體化，在國家政策上會以「爲國際和平作貢獻」、「維持國際安全保障環境」爲名目而推進下去。

在諸如〈資本的軍事化〉、或者說〈軍事的資本化〉的本質再次浮現之時，〈輿論的軍事化〉也日益顯著。二〇〇六年七月五日，針對北朝鮮的導彈發射實驗，日本政府向聯合國安理會提出了不辭使用武力的「制裁決議案」。當時，對其內含的容忍無條件行使武力論，包括媒體在內，略顯正式的反駁至少沒有表現出來。從這裡也可以看出內在於國民意識的某種〈軍事化〉傾向。這與在誘拐事件中，採取「經濟制裁」理屬當然的輿論動態具有同樣的意識。

在針對北朝鮮導彈發射的「決議案」中，最終到底還是删掉了具有軍事制裁和經濟制裁義務的聯合國憲章第七章的文句。爲「制裁決議」奔走的日本政府的態度，反而讓亞洲諸國間有了不信任和警戒感。尤其是韓國媒體明示，造成威脅的與其說是北朝鮮，不如說是日本，諸如此類的抨擊言論很多。

順便看一下韓國對這次北朝鮮核實驗的反應。韓國在對北朝鮮的行徑表示憤慨的同時，再次敦促從根本上解決朝鮮半島局勢，表現出冷靜的對應態度。

如何評估對安全的侵害是極其困難的。冷靜且盡可能地進行客觀地分析，議論是極其必要的。因而，在議論「安全保障環境」時，最爲重要的正是以徹底和平主義爲目的，採取非暴力手段的方式才是最確實的獲得安全的途徑。儘管如此，現代日本依然簡單地選擇包括暴力和壓制的軍事制裁和經濟制裁的態度，才正是問題所在。

在此意義上講，今日的〈軍事化〉，可以說是以自衛隊制服組、擴大的跨國公司和輿論構成的三位一體在發展。以此爲背景實行具體決策的是掌握政權的執政黨及與其沆瀣一氣的官僚們。

我不過是個歷史研究者，我認爲在一九二〇年代戰前型民主主義思潮活躍的大正民主時期，就已經爲日本走〈軍事化〉之道有所準備了。爲此，分析從合併朝鮮（一九一〇年）到滿洲事變（一九三一年）的歷史過程非常重要。

在這裡的分析觀點是誘導〈軍事化〉的〈民主化〉和〈近代化〉的問題。實際上，不追問寄宿於民主主義胎內的軍事主義這一問題，就不可能分析當時日本的〈軍事化〉和現今急速推進中的〈軍事化〉的共同因素。

在此意義上，從一九二〇年代到三〇年代的時代延續過來，二〇〇七年現在我們究竟來到怎樣一個時代？另外，重新認識歷史教訓也是極其必要的。有種觀點認爲，雖說日本在整備軍事法制和強化日美同盟，但並不會就馬上全面展開〈軍事〉社會，軍事主義也並不會橫行跋扈，持這種見解的並不少。甚至可以毫不過分地說這種見解正在呈支配地位。正是不自覺地表現出對歷史教訓的這種見解，才更突出地象徵著現代軍事主義的特質。

現代軍事主義和軍國主義或者法西斯伴隨著極其高尚的現象表現出來。因此，被稱爲「微笑的法西斯」、「西裝軍國主義」。它們以適合現代人感性的方式正侵蝕著市民社會。

現代的軍國主義化具有無痛覺地，同時通過極其輕鬆的言語表現擴散下去的特徵，對此要加以認識。如果要明確現代民主主義內在固有的軍國主義這一觀點的話，我們應該把什麼看成眞正的威脅，其解答自然是顯而易見的。

朝向和平構想與和平實現

美國的世界戰略的基調是：以美軍再編爲槓杆的先制攻擊戰略和獨斷專行。美國這種動向成爲朝向構築和實現和平、謀求國際社會達成統一認識的巨大障礙。美國不願簽署防止地球溫暖化的京都協定書，拒絕參加設在荷蘭海牙的國際刑事法庭等，脫離國際協調路線，輕視聯合國憲章和國際法或者國際規範的傾向正在增強。

日本對北朝鮮連續試射導彈提出「制裁決議案」，試圖封殺北朝鮮。對此美國與日本共同展開了聯合國外交，但由於受到中國和俄羅斯的反對而轉為妥協。那並非意味著回歸聯合國外交。美國是只在認為有利用價值的時候才利用聯合國。美國對國際協調的主張一貫採取否定的立場，這從其對伊拉克戰爭的對應方式就足以證明。

日本政府，一邊說強化與美國的同盟關係，但又不主張「同盟」本來意義上的「對等性」，使自己陷入了「從屬」這種畸形關係的境地中。美國的軍事優位戰略必將招致整個國際社會反駁的結果，實際上在世界各地掀起全球的反對浪潮，世界的市民開始「圍攻」美國。如果日本是美國真正的同盟國的話，在這一點上，日本將面對孤立於世界的局面。

但是，注視一下日本政府和其周邊的發言，例如，在過去圍繞美國對伊拉克實施先制攻擊而展開的爭論中，諸如：「日本有日美安保條約，在伊拉克問題上，先協助美國，賣個人情，等發生北朝鮮引發的危機時再要求美國反過來還債就可以了」（佐佐淳行前內閣安全保障室長、『每日新聞』二〇〇三年二月二十八日）的言論，以及「不是沒有辦法嘛，因為日本是像美國第幾號州一樣的一個地方」（久間章生防衛廳長官、《朝日新聞》二〇〇三年二月十四日）等，發出像這樣極其屈辱的言論也有人在。類如這種發言和心理，恐怕現在日本政府周邊及輿論方面也仍然存在。順便說一下，現在久間再次就任安倍內閣的防衛省大臣。

北朝鮮在美國向伊拉克實施先制攻擊之際，發表聲明說，「國際輿論、聯合國憲章都不能制止對伊拉克的攻擊。正是具有強大的軍事抑制力，才能防禦戰爭，保衛國家和民族的安全。這是從伊拉克戰爭中吸取的教訓」（二〇〇三年四月六日）。並說「我們也具有抑制核武器的權力」（『勞動新聞』二〇〇三年六月十八日）等，進一步明言通過保有核武器和導彈增強「抑制力」。

北朝鮮表現這樣的態度，可以容易地想像這次導彈發射實驗是有其背景的。美國對伊拉克實施先制攻擊的衝擊，也許使北朝鮮政府痛感到，只有突出以軍部爲中心，增強抑制力才是維持體制的最要之務。

在此，當然應該指摘北朝鮮的導彈發射引發東亞軍事衝突的危險和問題，但是爲了從根本上解決，必須截斷軍事擴張的連鎖。爲此，以美國爲首的導彈保有國及所有的核保有國，必須凍結包括發射實驗和臨界前核實驗在內的所有實驗。不是依靠軍事對決解決爭端，而應以構築和平共存的關係爲前提，正是現在必須認眞考慮以何種方式去構築相互信賴的關係。

爲實現一致且共同的和平構想，需要克服各種各樣的困難，而首先最爲緊要的是，阻斷由於美軍再編而加速的國內〈軍事化〉，從多樣的選擇中採取最安全的政策建議，同時確認拒絕依賴於軍事主義的和平意識。

結語

在本連載結束之際，最後通過分析介紹二〇〇七年二月公佈的「阿米塔吉報告」再來看一下美國危險的意圖。之所以如此，是因爲所謂日本新軍國主義，不止是日本國內的問題，而是與美國危險的軍事戰略密切地結合在一起。

「阿米塔吉新報告書」中中國、韓國、台灣的位置

二〇〇七年二月十六日美國發表了題爲「美日同盟：讓亞洲正確邁向二〇二〇」（**The u.s.-japan alliance: Getting Asia Right through 2020**）（通稱為阿米塔吉新報告）的報告書。二〇〇〇年十月發表的阿米塔吉舊版報告，露骨地要求日美軍事同盟，導致日本於二〇〇三年向伊拉克派遣自衛隊。

這次的新版報告書比舊版報告書進一步增加了敦促日本發展軍事體制的內容。具體建議寫於該報告書的附錄〈美日安全保障和軍事的合作〉。例如，在開頭說，「美國和日本必須增強迅速反應緊急危機的能力」。日本的軍事能力要反應「緊急的危機」，也就是與美軍的共同軍事作戰，這不僅需要正面整備能充分發揮戰力的體制，還要求進一步完善法制。

報告書還進一步強調增進日美兩國軍事產業的合作，要求全面解禁日本的武器輸出，並藉日本軍

品出口到美國，增進兩國軍事武器的共同開發與國防設備的相互運用。報告並建議，在硬體和軟體兩個方面推進日美軍事體制的一體化，日本防衛省的代表派駐美國太平洋軍司令部（PACOM），在自衛隊統合幕僚部裡則設置美國軍事代表，以進一步推動聯合作戰。

不言而喻，以行使集團的自衛權爲前提，意圖在於構築日美軍事體制，從而更加具體地規劃日美兩國的資本以軍事爲媒介的結合，以及日美兩國軍隊的統合。美國爲了在中長時期施行構築日美軍事體制的意圖，進而推出目前進行中的美軍再編。

在報告書中，應特別注意的是美國對中國、南北朝鮮、台灣的態度。報告書說，「中國和印度兩個大國史無前例的同時崛起」是亞洲今日的特點之一，尤其預測中國到二〇二〇年「若有更多可支持經濟開放並對本國人民和鄰國更加負責的政治自由與自由制度，有可能成爲負責任的共享利益者。相反，中國的行徑也可能充斥重商主義的色彩，具有不符國際規範並危及鄰國的不自由的制度、唯我獨尊的國族主義及貪汙腐化」。日美與中國之間是採取利害一致呢，還是進入對立關係呢，關係到日美中三國關係的實質，故報告主張，「美日兩國必須謀求指明一條讓中國成爲負責的共享利益者的道路」。

美國資本把中國視爲巨大的市場，就此而言，期待與中國發展經濟關係。另一方面，在政治及軍事領域則露出對立的要素，因此美中關係將會以複雜且多樣的方式展開。說到底，現在美國尚未形成對待中國的長期戰略。

有關韓國也同樣，到二〇二〇年朝鮮半島能否實現統一，報告認爲「很有可能」，同時明確指出，北朝鮮的核開發問題「越來越可能只有在統一時才能最終解決」，這一見解應加以注意。也就是說，現在圍繞核問題（二〇〇七年四月至今）雖然在進行六國協議，但對其進展和成效令人置疑，故想通過統一的手段另找解決的端緒。問題是，採取什麼樣的方法實現「統一」，就此沒有詳細說明。基本上到南北朝鮮統一爲止，很有可能對北朝鮮繼續持軍事恐嚇的態度。

例如，美軍在沖繩配備了最新銳的戰鬥轟炸機 F22 的一個飛行隊（12架），這也是採納報告書的內容，爲監視朝鮮半島以至中國而配備的。

在此也簡要提一下報告書顯示的與台灣關聯的問題。「如果未來台灣通過民主程序，選擇一條不同的道路，美國和日本就必須重新評估在該地域實現共同利益的最佳方式」，這段話在台灣境內也許引起諸多議論吧。美國和日本現階段所採用的是維持現狀的政策，所謂「不同的道路」，可以理解爲與此不同的「台灣走向獨立之道」。美國對台灣問題的基本方針從來是「雙重抑制政策」，即在抑制中國對台灣行使武力的同時，也抑制台灣獨立，這段話提示了對該基本方針的修訂。

圍繞台灣獨立的國際形勢，很顯然是朝著對獨立派不利的方向發展，即使在台灣島內，對陳水扁總統領導力低下的批評和不信任的聲浪也日形高漲。也就是，在台灣獨立的可能性愈益渺茫的情況下，

超強者在戰慄

——從帝國論爭解讀美國的悖理

押村高 著
林書揚 譯

前言

布希總統的第二任期，已過了五個月。美國人民的多數處在內外出刊的，新帝國主義批判書籍的巨浪侵襲中，且也面對著攻擊伊拉克一事在國際法上的違法性逐漸成爲自明常識的大小政潮中，竟然表示出他（她）們還是願意再選出布希爲總統。爲甚麼那麼多的布希批判不克奏效，多數美國人對「帝國批判」還是不感痛癢。這中間，確有不論是N・詹姆斯基或I・華勒斯坦等人刻意揭發的「美國的惡意」，或者所謂「布希加新保守主義者竊據了美國核心」的圖式，都無法解釋的某種因素在。

爲了理解美國的變調，或許有必要針對九・一一帶給美國社會的衝擊的深度，重新加以剖視一番。

美國在該事件中所承受的，已經不是一般認識中的「國益」受損，而是第一次遭到稱爲「國土」的「身體」的直接攻擊，因而喪失了平常心、平衡感，甚至深慮、中庸、寬容等一般正常的心理機制。我們可引用麥克爾・曼在「自我衝擊的帝國」一書中的表述，那一次的空前體驗使美國變成了「驚慄的強者」（註一）。不僅於此，布希政權的一再的錯誤對策，使得「變調」不停地深刻化。

美國一方面因爲無法正確評估安全保障領域中的九・一一，而盲目追跡恐怖組織，向其影像掃射投彈，另一方面在意識型態上，大幅度盪向說得上是原理主義的新保守主義而不再盪回。甚至在政治社會面表現的是，爲了安全保障而犧牲個人權利或社會的健全運作的，充滿著矛盾的病態。著《新世界無秩序》的哲學者旨衛坦・杜突羅夫所解讀的，布希政權下美國的最大的悖理，在於，主張中東民主主義的強化的一面，卻在國內壓縮民主主義，使其弱質化的事實（註二）。

若我們依據如此變調中的美國人的心理狀態，或許美利堅帝國批判論所能運用的戰略空間，會顯得狹窄。因爲當前的美國已經一頭栽進與恐怖主義者的「無盡無休」的戰爭。根據不少世論調查報告，美國國民的恐怖心隨著「反恐戰爭」的進行而一路高漲著。而更糟的是，多數美國國民，做夢也沒有想到自己的國家正在變成一個帝國。因此對於所謂的「帝國批判論」，即使出於同胞之口，也一律視爲反美主義的爛調。

當然，若站在列寧的帝國主義論觀點，美國是資本大國加軍事大國，最符合帝國主義國家定義，不論雷根時代的美國或廿一世紀的美國，基本上沒有差別。如二〇〇三年出刊的厄連・烏托的「資本的帝國」，認爲隨伴著資本全球化而來的，世界性階級鬥爭的激化過程中，爲了保護富國的利益，扮演著防衛階級剝削制度的，警察角色的美國，正是當然的美利堅帝國（註三）。

但，此一類「糾彈」，現實上難以眞正形成論爭空間，進入生活化變調過程中的一般美國人的耳朵裡，這一點也是事實。不過，所謂「美帝」的動員口號，當然也有可能導致一定的反美主義，甚至也可能產生引導世界疏離美國的效果，但針對當前「來自國際社會的批判反而刺戟了美國人的道德使命感」的怪異現象，卻不具有太大的解釋作用，這一點不可忽視。

原來，對帝國主義的批判，是以「帝國」一辭所具有的負面的，侮蔑性的語意爲前提。但當前把這一名稱用在美國，往往反而使得論爭的雙邊，一時間失去交聚點。因爲在論爭的空間，有兩種「扭曲力」同時介入的關係。其中的一種，是九〇年代的美國，曾發生了有關「帝國」的界說內容的變化，對「帝國」賦給一種肯定性意涵的觀念似有復活的趨勢；另一種，是幾乎所有的美國人，到現在爲止，認爲自己與帝國完全沒有任何瓜葛。

考察這種意識狀態中的扭曲的同時，爲了斷定美國是不是一個帝國，如果是，與過去的帝國有如何的異處，我們必須深入現代美國人的精神構造的內面，進行必要的分析（註四）。

本論文將溯及九〇年代美國的帝國論說，且隨著考察的必要，提及其後各時期的主要爭議點，包括幾位重要論客的認識立場的時代性，加以追踪一番。

一、新保守主義者與帝國的意義變換

形成環繞帝國的新論爭空間，起自美蘇兩極體制的對峙終止，和美利堅合衆國不容懷疑的帝國建構的事實。在政治、外交、經濟、情報、文化各領域，擁有壓倒性力量的「事實存在的帝國」的出現，便是過去的帝國論和九〇年代以降的帝國論的歷史區隔點。

就如李查・哈思或安得・J・巴塞維支所說，即便在公式表述上一直否認合衆國政府是「帝國」，但事實上美國已經接受了歷史上的德洛斯同盟盟主雅典、帝制羅馬、大英帝國等曾經承擔過的「帝國地位」，曾經背負過的「帝國問題」，這一點是難予否定的（註五）。

九〇年代中葉，美國人一方面摸索著表現「自己的國家壓倒性的優於他國」的適當的言辭，一方面也開始議論有關自國坐上了單極構造的中心位置的好處和壞處。那是「霸權」、「世界領導」、「美國和平」等等用辭造成了自家形象的時代。雖然如此，眞正能表現當時一般美國人的心情的一句話，也許是屬於傳統現實主義派的哈思，在九七年寫的書的題名——「不怎麼情願的警長」（註六）。也就是說，當時多數美國人的心情是，「領導者」的任務即使不得不接受，「帝國」還是免了吧。多數人還是把過去以門羅主義的口號支援西班牙帝國殖民地的獨立的體驗，以及，向與全體主義抗爭的自由世界伸出援手的記憶，一直珍惜保留著。

但當廿世紀接近結束時，出現了把快要喪失肯定性意義，寧可說已經變成了侮蔑性用語的「帝國」，從說明概念，提昇到理念目標的「帝國復權」運動的嚐試。其開端，是華盛頓的決策精英們企圖說服民衆，帝國不是「是非的問題」，而是「事實的問題」。以此提法來塡充事實與認識之間的落差。這種做法，是因爲這些精英們希望遮住民衆對美國在世界所推動的角色，所行使的破壞力的觀察和視線，而能取得國民對政府外交政策的支持。

九八年，在「外交政策」上登載的論文「善意的帝國」中，放言「世界中有不少人期望著美國的霸權」，而引起了廣泛注意的是新保守主義的一員，羅拔・克剛。他的論調，不管內容如何，相當技巧且雄辯。他一方面設立「善意」的限定詞，另方面搬出「宿敵」法蘭西，說一旦法國人掌握到了力量，有誰能保證他們會「不比美國傲慢，不比美國自私，不比美國容易走歪路呢？」巧妙地利用反語法，掃除了美國國民的道德上的猶豫心理（註七）。

當然，也有像「不要帝國要共和國」的作者，右派孤立主義者巴特里克・J・布坎南那樣，憂慮著帝國贊美會帶來傲慢的人士。例如，在「外交事務」上刊登「名爲帝國美利堅（同時也是帝國美利堅所面對）的凶險」一文的查爾士・W・梅恩主張，沒有從屬國的同意，霸權國無法存續，美國應該回避單獨行動主義或軍事力的行使（註八）。但新保守主義者們則回應說，正當性來自對領導權的信賴，而那一種領導權，則來自毅然行使世界上所有的住民都能理解的共同語言——力量的「勇氣」（註九）。

這種帝國論爭的主軸，首先因爲九・一一的一場惡夢，而經歷了大幅度振動。再因爲新保守主義者把九・一一解釋成「帝國的問題」，而向右方向移動。其論旨，是斷定九・一一爲「美利堅帝國的悲劇」，而不是像查爾馬茲・詹遜所說的，美國外交政策的「報應」（blowback）。是因爲美國是「強國，所以有此不可回避的命運」。

一位領導者，會經常招來反感。霸權國家即使滿懷善意，只因爲比別國強有力，不可免地常遭敵視。因爲如此，美國已經沒有退路了，只有將「帝國」聯帶著其「代價」接受下來。這樣的言說，對於正處在自信喪失的心理谷底，天天自問「我們爲甚麼被憎恨？」同時也在反彈心情下覺得需要自我確認「愛國心」的一般美國人民大衆，還是具有一定的吸引力的。

九・一一發生後一個月，在「恐怖」和「憤怒」的異常氣氛中，弱冠三十二歲的新保守主義者麥克斯・布特在「標準周刊」上發表了一篇題爲「美利堅帝國的擁護」的論文。強調像阿富汗那樣在暴政統治下痛苦不堪的多少國家，需要像當年大英帝國的那些「穿著騎馬褲，戴著遮陽帽的總督們」的支配，亦即啓蒙性統治，是必然的。美國背負著改變非民主主義國家體制的使命，而這種使命同時也完全符合美國本身的安全的最高課題（註十）。這一論文，幾乎稱得上是布希政權日後推進的新帝國主義的宣言。

就新保守主義者來說，這種具有強大說服力的機會的來臨，也許有一點意料之外。不錯，以「標準周刊」為據點的論者們，如威廉・克里斯托爾、羅拔・克剛、麥克思・布托，還有保守派智庫「美利堅新世紀企劃」的杜馬士・達那里等人，早在九〇年代初期便經常發表帝國主義論調。他們認為老布希政權「穩健卻過度怕事」，對接任的柯林頓政權，則批評說對諸如中東和平、北愛和平等與美國國益關係不大的問題過份介入。這一批人捧那位與「邪惡帝國」蘇聯戰鬥的雷根為模範，一直等待著主導共和黨政權的機會（註十一）。

雖然如此，九・一一發生之前，善意帝國論的支持者還是少數派。即使在列奧・殊特勞士的影響下學習過政治哲學的保羅・窩爾佛維支那樣，主張把各地域的人民從暴政下解放，讓他們選擇自由政體，美國的國益便能大大地提高，這一類新保守主義論客，在布希政權的一角（國防部副部長）早已佔有一席（註十二）。但在同一政權中，卻有錢尼（副總統）或倫斯斐（國防部長）等人物，他們認為對國土的安全沒有直接關聯的問題的介入是不必要的，主張軍事力的行使應該限制在明顯的危機存在的範圍內。如此，在布希政權誕生的初期，可以說「兩種鷹派」共存在其中（註十三）。

但是，九・一一讓兩派聯合起來了，擴大了新保守主義者的發聲機會。不僅如此，開始時許多人都預想阿富汗戰爭必定是一場苦戰，卻看到了塔里班掃蕩作戰的順利成果，美國人民從心中掃除了越戰或蘇馬利亞軍事介入事件的陰暗記憶。也帶給伍爾福維支難得的發揮機會。他本人堅信，阿富汗戰爭的勝利就是他的理念的勝利！他逼著布希接受有關攻擊伊拉克並促成中東民主化的政策。依據新保守主義者的言說，海珊雖然對美國形成了威脅，但他的暴君性格，反而讓美國有機會向全世界明確地展示「美國全球政策的目的和道義使命」之所在（註十四）。

對新保守主義者來說，處決獨裁者海珊，其意義超越了懲罰一個中東無賴國家，而能進一步展現出後冷戰期美國外交政策的總決算的立場。因爲，經歷了「老布希的現實主義」和「柯林頓的自由主義」而仍能存續下來的伊拉克獨裁者終被打倒，這件事表示的是，前面兩個政權尚未完成的使命，延至今日總被完成了（註十五）。這一批人，原來就認定，適合於美國帝國理念的實踐場所，早已經不是歐洲，而是中東。有關中東民主化與自由化的構想，從歐亞大陸一帶的權益確保的視角來看，不僅可帶來美國國益上的重大貢獻，更能符合所謂「道德使命與國家利益的一致」的原則，可做爲判斷美國政策的良窳的基準。

九・一一發生後的短暫期間，布希還採取了維持與NATO或其他同盟國之間的連繫，及與前東方陣營諸國的新同盟關係的建構等所謂的「選擇性多國間主義」的方針。但不久在二〇〇二年的中間選舉中共和黨勝利，解消了總統就任時頗受議論的「當選正當性不足」的問題。再加上阿富汗戰爭的一舉的成功，抹去了「外交經驗貧乏」的貶辭。此後，終於撮合新保守主義者的意識型態和倫斯斐、錢尼等人的軍事中心路線，形成了戰略領導的雙頭馬車，推出了軍事力驅使下的中東民主化政策了。

不過，無論如何，在國民這一方缺乏一個帝國所必需的「統治意志」的美國，以言論自由和多樣性的保證爲賣點的美國，爲甚麼少數者的帝國思想能夠掌握外交、安全保障的政策呢。或者，爲甚麼新保守主義者在短期間便能完成了帝國的「意義變換」呢。問題的答案，不論從新保守主義者的論理和布希政策的分析中，或從美國總統的權限的絕大性的系統解說中，恐怕都不可能發現。在下一節，筆者將針對這一點，檢討從批判性立場試做解析的美利堅帝國論。

二、增幅中的恐怖

代表美國的市民政治學的邊查明・巴伯，認爲「恐怖」是美國人委身於帝國的誘惑的原因。這種恐怖，只有「最強者」或「富有者」才能體會，因而很難使別國國民理解。舉例說，布希在二〇〇二年九月十七日發表的「國家安全保障戰略」中提到，美國所面對的危險是「連看不見的個人間的網路，都能使美國人陷入極度的混亂中。以不足一輛戰車的成本，便能帶給我國重大的混亂和禍害」（註十六）。

「國家安全保障戰略」文件中的另一節也說到：「我們不能在危險增高的情況下束手」，「威脅愈大，不採取行動的危機也愈大」等，表現出恐懼、戰慄的人的心境（註十七）。但在「恐怖的帝國」

一文中，巴伯正從布希的如此的反應，看出了已經陷入恐怖主義者術中的，愚蠢的美國。因爲恐怖主義者的武器，不是最新兵器，也不是大量殺戮武器，唯一的武器正是恐怖，他們的目標，不止於搞破壞，而是讓敵人陷進「恐怖的鏈鎖」（註十八）。

在美國人的不安心理中，的確存在著還不能說是妄想的聯想，也是使他們的恐怖「狂奔」的原因之一。美國的媒體曾經對「地下鐵撒林毒事件」大肆報導過（一九五五年），還有「炭疽菌事件」（二〇〇一年）的宣傳等，使得「恐怖」帶上了眞實感。美國人看過不少好來塢的恐怖電影，甚至海珊對反對派的處刑記錄片等，一般美國人對恐怖的想像力並不缺乏。U・貝克所提倡的「成爲危機社會的全球化社會」的圖式，對於以「開放社會」爲認同基礎的美國人，更成爲煽起恐怖感的東西（註十九）。

恐怖主義者經過這樣的過程，成功播下了連全能者都變成無能者的不安的種子。在無所事事的狀態下抑不住恐怖感的人們，把危險的「蓋然性」膨脹爲「確定性」。稱爲「大量破壞兵器」的懷疑，不知何時變成了「確證」。美國人一向認爲「無策」就是失敗主義，極端厭惡它。爲了忘卻恐怖中的自我，奔向先制行動。布希爲了逃避恐怖採取了讓別人恐怖的行爲。

根據巴伯的診斷，敵人不是外在的恐怖主義者，而是自我內在的恐怖心結。人們無法採用使別人恐怖的手段來打敗自己內心裡的恐怖。克服恐怖的唯一的處方，唯有保持平靜，對恐怖主義者的正確的戰法，只有依賴國際連帶和國際法理智解決事端。

美國力量的根源，是巴伯稱爲「金錢世界（muck world）」的市場經濟的波濤織編而成的相互依存的世界。美國忘卻了相互依存而走向單邊行動，等於放棄了自己的存在理由。不過做爲替代方法，巴伯所提的恐怖主義對策，亦即，依據人類共同體的普遍法所建立的秩序，民主國家協力執行的預防性外交等，或許有些部分稍欠現實性。但針對美國以軍事力守護國際秩序的單邊企圖本身，正在瓦解國際秩序的警告，實際上包含著所有的政策擔當者不得不傾聽的論理價值。

九・一一的犧牲，若不加算影像帶來的衝擊，實際上不比冷戰後的舊南斯拉夫紛爭、蘇馬利亞或盧安達內戰帶來的禍害更大。但美國人之所以表現得如此失常，也許是因爲平日對現實威脅的毫無警覺，甚至對可能失去「帝國」的心理震撼的結果。本來，一個強國經常懷有受別國聯合攻擊的警戒心，有時候反會產生一種自我約束的作用。而現在已經達成不虞他國反擊的武力條件的美國，卻變成了恐怖的辯證法的俘虜，也許說得上是一種反常現象吧。提出這種指摘的是寫「恐怖與帝國」的法國人彼厄爾・亞斯耐爾（註二十）。

書中說，美國人受驚戰慄的樣子，很像文明人漠然地害怕野蠻人。也就是，野蠻讓人聯想「瘋狂」，而「瘋狂」令人再聯想「暴力」。根據亞斯耐爾，任何時代平靜這種恐怖的方法是宗教。這可能就是近來布希常常口稱上帝，一般美國人也異常地傾向「信仰」的理由。然而，爲了鎮靜恐怖，需要「儀式」和「牲禮」。亞斯耐爾的解釋是，布希選出不具有反擊能力的弱國——阿富汗和伊拉克，做爲「牲禮」。另外，根據二〇〇三年出英譯本——「帝國以後」的作者，法國人愛瑪紐爾・托杜的說法，攻擊阿富汗和伊拉克的意義，不過是強者爲了忘卻「衰退的恐怖」而「虐待」弱者的行爲（註二二）。

詹遜所作的「美利堅帝國的悲劇」，也生動地描出無法評估威脅實態的美國人的姿態。他說在地理上被海洋隔絕的美國人，不知道他區域經常體驗到的「戰火下的災禍」爲何物。對九・一一的浮動心態下的對應方式，表示著對現代戰爭的威脅的認識不足。也就是說，美國人缺少對「死亡攻擊對活人的眞正攻擊效果」的理解能力（註二二）。針對惹來反擊的恐怖，有時候也可能抑制戰爭的動機。但美國手中有長程巡航導彈，也能從超過對空砲火所及的高度施以空襲的能力，對來自遠距離敵國的報復可以不在意。這就是美國經過詹遜所說的「無痛牙科手術式的戰爭」，或「非接觸戰爭」等手段，走向軍事帝國的由來（註二三）。再加上恐怖攻擊下所擴大的「非守護不可的地點或責任」，和討厭「束手無策」的「作爲主義」連結起來，美國把自己推向「地球全體的軍事管理」這種可怕的構想。

然而，威脅論本身會推薦出一些意圖靠煽動威脅論獲得優位的人物群。提出對恐怖主義的恐怖，是「爲了增加共和黨的得票，我們的領導者所發表的虛言所造成」這一類的懷疑論的社會學家曼，在他所作的「自我衝突的帝國」一書中，多處表示對「自行走向不能反映實態的威脅而戰慄著」的美國人的慨嘆。他引用布希演講中的一句：「我們面對著過去所沒有經歷過，連想像都不曾想像過的危險⋯⋯」，批評說「這些話惹來了歐洲人的失笑」，指出把恐怖主義者比擬爲希特勒、史達林的布希，還想從情勢的混亂和人民的恐怖中撈到得分的布希，實在是夠「幼稚」云（註二四）。

不用說，恐怖主義依靠人海戰術這種低技術手段並且不具有繼續不斷接受人力資源供給的條件。減少恐怖主義的共鳴者，遮斷其預備軍的供給才是正面的課題。但美國在這時機卻去侵略沒有必要侵略的國家，引來阿拉伯人的反彈，盡幹些相反的行動。這裡，就是曼所描繪的第一個「自我衝突」。曼在書中，爲了讓布希能測定到威脅的實際規模，能把握九・一一的整體像，甚至想提供布希一把尺。他說，發生三千人犧牲的九・一一事件那年，在美國境內死於槍擊事件的民衆有三萬人，死於交通事故者超過三萬八千人（註二五）。

對土地豐饒，居住快適，且受海洋保護的美國，世界是安全的場所。甚至可以是繼續安全的場所。但是，美國追擊共產主義者，追求石油資源的支配，把美國軍隊派駐沒有必要的地點，侵略可以放任不管的國家，支援一些國家恐怖主義。只要美國不去做上述的行動，只要停止這些行動，它所面對的危險便能消除，但它卻相反地每日製造出新的危險。因此之故，曼指說美國確是「自我衝突的帝國」。

曼所描繪的美國雖然在軍事上是巨人，但在政治、經濟上是脆弱的。新帝國主義者爲了掩飾自己的弱點，有時策劃出軍事力的行使。托杜稱其爲「演劇式」的小規模軍事行動（註二六）。但那一類的行動效果無法長久。曼引用社會學者T・巴宋的話：「赤裸裸的力，不同於基於共識的行爲，其價值會很快地貶低。實際上有愈用愈降低的趨勢（註二七）。

如果說除了布希以外還有從恐怖受到利得的人士，則那些推動美國發動伊拉克攻擊的新保守主義者應該當之無愧。斯德芬・哈巴和約那散・庫拉克兩位的「孤獨的美利堅」是針對新保守主義者把外交政策往錯誤的方向誘導的過程，做綿密的分析的勞作。在書中，他們注意到那些一方面不知如何抑制恐怖，卻放行了新保守主義專橫的美國國民的「無知」。這種無知，不是缺乏情報的無知，而是變成了「Fox News」（福斯新聞）的俘虜，視野狹窄化，對其他情報一概不顧的新型態的無知（註二八）。

根據哈巴和庫拉克兩人的分析，將國民多數放置於無知狀態，美國民主政治的領導者們所應負的責任是沉重的。政治家「對最新的民調太過敏感」，媒體界則「只能談些可以明示來源的消息」。新聞節目的主持人，「需要有名人士的來賓。爲了不得罪他們，總是把專訪的預定內容先行通知他們」。學術界如何呢，「他們從聯邦政府或財團那裡平常就得到資金支援，只能講些無關痛癢的話」。另方面，那些智庫只期待著「帶有黨派色彩的資金」。上述的這些個人或團體，全部都有參與，共同形成肯定伊拉克戰爭的正當性的美國「國民認識」（註二九）。

自明。世界還需要力能排除建立制度基盤時的障礙的自由的帝國。也就是，美國應該承擔的角色，是「必要時行使武力，在缺少法律或秩序的地方，建立它」。根據法卡遜的說辭，維持帝國的眞正的力量，並不是軍事力的行使本身，而是利用軍事力解決問題的能力（註三二）。

美國的代表性戰略家約雪夫・S・奈（Jr）的議論中，隨處出現作者對短視地追求國益的單邊行動主義者運用審愼的「利害算計」施以反擊的手法。奈的論敵，根特里查・萊斯，對「國益」一辭，定出「防止對美國本土的武力攻擊，阻止對抗勢力的出現，守護同盟國的利益」這樣的界說。這時候，萊斯除了力倡對國益的忠誠，對「國際利益」的概念卻認爲那是「沒有實體的東西」。不僅萊斯如此，凡重視國益的主權至上主義者們，都認爲聯合國或其他國際機關，雖然有時候也會產生利用價値，但基本上是愛干涉美國的政策方針，常想綁住美國手腳的存在（註三三）。

相對的，柯林頓政權時代經歷過國防部副部長輔佐官的奈，在他的「美國力量的逆說」一書中，批判了聯合國輕視論的視野狹窄，提出如下的議論。

他說，多邊主義雖然有時代價高一點，但只要能從「更大的視野去瞭解，我們往往可以收回超過成本的利益」。國際法對美國有拘束力，短期間好像會限制美國的自由，但「它同時也能制約別國的行動，實際上帶來美國的利益」（註三四）。

當我們聽到新帝國主義者和實用主義者之間的爭論，自然會聯想到「戰士對商人」的構圖。追求霸權的戰士，指的是新保守主義者，而計算得失的商人，是追求在政治經濟學的界說範圍內繼續扮演溫和霸權者的好處的實用主義者。回顧現代史，美國的外交政策同時具有這兩個側面，一直在兩者的平衡點上運用著。但歷來同時追求「霸權和實益」的美國，現在卻面對了「霸權乎，實益乎」的大搖晃的局勢。

四、潛存於帝國主義批判中的帝國氛圍

認爲單邊行動主義是從美國傳統的逸離的曼、法卡遜、愛肯伯里、奈等人士，對重視多邊協調的柯林頓政權懷有一定的鄉愁，是很淸楚的。但，民主黨政權時代的美國就不是帝國嗎，還有，如果布希不和新保守主義者相提攜，或者第二任期的布希被高爾所取代，在如此的情況下帝國主義批判就沒有意義了嗎？

在這裡，也許我們有必要把帝國主義與帝國，愼重地加以區別。不過即使在這種區別上充分注意的前提下，我們還是要指出，美國的「帝國式的行爲模式」的起源，其實不在於布希政權，而在於更早之前。從後冷戰的廣度的文脈中去反映，美國一向以「必要時不惜使用武力」來建立基於自由與市場主義的世界秩序，這種普遍性目標，公開成爲其奉行的公式。這種立場，把共產圈的崩潰視爲霸權擴張的好機會，在政治、外交、經濟、文化、科技等方面以美國式價値觀的浸透爲目標，成爲九〇年

代以降所有政權的共同方針。

但，就如多數論者所看透，美國主張的自由與市場主義的秩序，其實是被設計成讓美國的軍人、資本、企業、研究者、傳播媒體等能成爲最大受益者那樣的構造的東西。不僅如此，假藉全球化名目的新自由主義的浸透，在世界各地對市場或文化都產生了破壞性的惡果。如果把它稱做帝國式行爲，其擔當者倒還算不上布希政權，而是美利堅合衆國本身。不錯，在美國也存在著前面介紹過的抵抗力量。但我們即便在那些出自抵抗勢力的批判布希帝國主義的字裡行間，也可以淸楚地感覺出，帝國式氛圍或氣味還是相當濃厚。

實際上，曼、法卡遜、愛肯伯里等人的帝國主義批判所共有的主題，是在歷史或傳統的比照下，邏輯嚴謹地解析出，布希的政策有可能自行破壞美國長年以來所建立的既有霸權。其眞意是強調美國維持霸權是自明且正當的事，因而帝國的衰退或放棄，無論對美國，對世界，都屬不幸。

在這裡，我們再度傾聽曼的帝國主義批判。他批判新保守主義者毫無忌憚誇說現在正是「美利堅帝國的時代」，是一種「對力量的過度盲信」。但同時不忘附加說，「我並不是主張應該放棄帝國作風，歸依和平，像聯合國主義者喜歡高唱的善良而遵守多邊主義那一類的和平主義國家」（註三五）。也就是說，應該加以譴責的只是有可能把帝國搞垮的布希的矛盾政策而已。「美國不久會自發地放棄帝國主義事業。然後，美國便能維持幾乎所有的霸權」，這是曼所說的話。這時候，曼做爲一個善意霸權的代言人站在我們的面前。

法卡遜也說：「世界需要強有力的自由的帝國」，「合衆國才是承擔這份任務的最佳候補」。他也放言，「只要美國是帶來資本自由，投資自由的自由帝國，它便能比那些獨立自諸帝國的民族國家或自決政府更有條件使其國民生活得更幸福（註三六）。他也介紹內戰國家利伯利亞，說從美國回鄉的解放奴隸，雖然在形式上學習美國制定憲法，創立了共和國，但如此達成的自決，不久帶來了破壞性結果，變成了惡意的政府把國家推向破綻。他的論說的涵意，不外強調美國的力量和美國的價值觀對世界民主化的有用性。

總結諸說的大概是愛肯伯里。他的主著「勝利之後」，簡單地說，是論證當戰後進入「無對手」狀態的美國之所以沒有變成專制君主（如有意便有可能）的理由，還有，世界的安定是如何依賴美國的自制。即使美國任意行使其力量，「幾乎沒有一個國家能加以抑制」。雖然如此，美國的力量有「威脅性低，可抑制，可溝通的特質」。就因爲如此，美國「能夠繼續坐在世界政治秩序中心的位置」（註三七）。他的意思，似乎要強調國際社會應該感謝美國沒有做出太多惡行。

愛肯伯里對美國善意的信仰，到了評論美國在後冷戰的世界秩序建構中所完成的任務時，可以說發揮到極點。他說：「針對所謂的美國力量的傲慢性的指責，從戰後期全體的現實來看，經常是小爭論而已」。以整體情勢來說，當歐洲各國批判美國的時候，並不是指責美國恐嚇他國，干涉他國的行動，而是不滿於「美國不願明確地表態有意發揮其指導力」（註三八）。

尤有進者，愛氏在二〇〇四年的「外交事務」上發表的書評中，對新保守主義者的一般性帝國理念不用說，甚至對詹遜的「基地的帝國」，法卡遜的「自由的帝國」，巴伯的「恐怖的帝國」，曼的「自我衝突的帝國」，統統加以反駁，而以「稱呼美國爲帝國本身就是錯誤」來做爲結論（註三九）。

合衆國即便對「周邊的弱小國家」採取了帝國式的態度，但對歐洲、日本、中國、俄羅斯等國家是有安全保障共同體的建構，形成了不可能採行力量威嚇的關係也是事實。就與先進民主主義國家之間的關係而言，美國已經被編進各種利害交涉，相互主義的網絡裡面，幾乎無法採行單獨行動。在這種理由之下，愛肯伯里認定，稱呼美國爲帝國的人們，是忽視了大國間的和平這種「近年來最重要的國際狀況的進展」。

當然，如把問題重新放回美國國內論爭的文脈中，我們可以認出沃爾福維支的新保守主義和愛肯伯里的新制度主義之間，有幾近天壤之別的差異性。不過本人站在非美國國民的立場，可以坦白指出，這種論爭，不過是同樣浸沒在帝國氣氛中的兩派的路線鬥爭而已。聽到這樣的論爭，只有令人慨嘆，難到世界上只有「新帝國主義的美國」和「善意帝國主義的美國」，或者說，只有最惡者和次惡者之間的選擇嗎！

結語

其實，把布希的外交政策批評爲新帝國主義，多少掩飾了不得不放任美國單幹的國際社會的脆弱構造，也就是，只有依賴美國的善意帶來和平與安定的國際社會的無奈現實。還有，美國的霸權所反映出來的是，被美國國內的論爭所迷惑，身不由己地被牽進布希共和黨政權對柯林頓民主黨政權的報復的漩渦中的國際社會的幼稚性。

根據寫出「混沌的帝國」的法國人亞蘭・約克斯的話，美國自從柯林頓政權時代，已經預料到了「混沌世界」將要到來。並有準備利用此種情勢擴大勢力的帝國意圖。約克斯所看到的美國，是趁著全球化帶來「巴爾幹化」，及早進入該地區，扮演混沌的「調停者」的角色（註四十）。從另一方面看，美國的如此的企圖，正表示著亞洲、中東、拉丁美洲，中・東歐等各地區，缺乏獨力維持秩序與和平的意志和力量，提供美利堅帝國活躍的舞台，自己則甘願接受反派或配角的地位。

這一種混沌，其實不外是美國製的所謂的新自由主義的意識型態所產生。新自由主義會讓本來共和式的秩序，換句話是將政治的營爲本身歸於無效，從而造出無政府的空間。國民由市民被改變爲消費者，各個國家之間的一體感，因爲規制和緩化、自由化等政策，受到毀滅性的打擊。就這樣，出現了使軍事力爲後盾的「合作的美利堅帝國」容易浸透的環境。

美國的外交政策，說得更廣泛一點，美國對世界的關聯方式，在某種程度上也是以總統爲首的政策精英、政治家、智庫、學者、研究者、新聞工作者等的「作爲」的成果。在這種意義上，把帝國產生的結果的責任，歸之於這些範疇的人們，並不算是錯誤。但，美國的自由主義不讓國民大眾有運營帝國的自覺。尤有進者，美國的民主主義更使得國民相信自國的善意。亦即，帝國主義批判的聲音傳入他們耳朵的機會並不多，而國際社會雖然是帝國的利害關係圈，幾乎不被允許對美利堅帝國內外作爲的參與。

但即使如此，爲了確認美國人的善意，取得他們的保證，以聯合國爲中心的國際社會，能追究美國提出解釋的責任，總是一件好事。只是現在的國際社會並不具有這種力量。如此則，問題在於除美國外的，世界這一方面的組織力，被要求的，不是單純的反美主義，而是不需依賴美國人的善意或自我批判的，能構想帝國批判論理的國際社會的力量。

譯後小記

二〇〇五年七月號的日本「思想」月刊，登出押村高先生題爲「超強者在戰慄」一文。令人感受到廣義的人文價值觀，在僞說和混淆的時流泛濫中艱辛搖擼溯行的一幕幕，確是相當的莊嚴可觀。

作者可謂入微穿細，深究當代帝國在九・一一弱者群的捨命反挑戰事件中，如何的驚慌失措，橫衝直撞，「令歐洲失笑」。卻擺不脫資本主義內在侵略性的自縄自縛的宿命，特別是，美國執牌下的全球化中的巴爾幹化現象的咒縛。作者當然尚未敢明白提示自己的預見——反恐戰爭的恐怖未來，爛熟的美國資本主義的返祖趨向。卻透過對學、政界，思想文化界的廣博的引伸和剖析，描繪出受傷的最強國家上層的統治意態，所豢養的意識型態方陣，圍圈下的在「最惡」和「次惡」的帝國之間的美國人的「自由選擇」，亦即，美利堅優越主義的再確認，以及基層社會的深沉的生存恐懼。從而讓一種模糊的方向感浮顯出來。

一個外國人評論家，一個外國人讀者，此時共同期盼的，不外這一類轉折期的方向感覺，有賴於有心者群的，說明白一點，解放史基線上的不倦的營爲，始能有一日具象化、有型化。

鑑於台灣政論界一向對美國，無論對其政府、社會、民心等，出於莫明心結的觀點缺落，認識不毛狀態，此文或可提供一些參考。

（原文刊自《思想》月刊，日本岩波書店出版，二〇〇五年七月號）

註釋

註一：Michael Mann, Incoherent Empire (London and New York: Verso ,2003) , p. 43.

註二：Tzvetan Todorov, Le Nouveau Desordre Mondial : Reflexions d'un Europeen (Paris : Robert Laffont, 200 , p. 53.

註三：Ellen Meiksins Wood, Emipre of capital (London and New York : Verso, 2003), pp. 143-163.

註四：強調「自由」側面的研究近來有 William E. Odom and Robert Dujarric, America's Inadvertent Empire (New Haven and London : Yale University Press, 2004)

註五：Richard Haass, Imperial America, Foreign Affair, November 2000 ; Andrew J. Bacevich, American Empire: The Realities & Consequences of U. S. Diplomacy (Cambridge MA : Harvard University Press,2002), p. 243.

註六：Richard Haass, The Reluctant Sheriff : The United States After The Cold War (New York : Council On Foreign Relations Press, 1977).

註七：Robert Kagan, The Benevolent Empire, Foreign Policy, Winter 1998.

註八：Charles William Maynes, The Perils of (and for) an Imperial America, Foreign Policy, Summer 1998 ; Patrick J. Buchanan, A Republic, Not an Empire : Reclaiming America's Destiny (Washington, D.C.: Regnery Publishing, 1999)

註九：William Kristol and Robert Kagan, National Interests and Global Responsibility, reprinted from the Introduction to Present Danger : Crisis and Opportunity in American Foreign Policy (San Francisco : Encounter Books, 2000), cited in Irwin Stelzer(ed.), The Neocon Reader (New York : Grove Press, 2004), pp.63-68.

註十：Max Boot, The Case for an American Empire, Weekly Standard, October 15, 2001.

註十一：Stefan Halper and Jonathan Clarke, America Alone : The Neo-Conservatives and the Global Order (Cambridge : Cambridge University Press, 2004);
Irwin Stelzer (edited with and introduction by), The Neocon Reader (New York : Grove Press, 2004); Dan Plesch, Neo-conservative Thinking since the Onset of the Iraq War, Alex Danchev and John Macmillan (eds.) The Iraq War and Democratic Politics (London and New York : Routledge, 2005), pp.47-58.

註十二：Anne Norton, Leo Strauss and the Politics of American Empire (New Haven and London : Yale University Press, 2004) ; Kenneth L. Deutsch and John A. Murley, Leo Strauss, the Straussians, and the American Regime (Lanham : Rowman & Littlefield Publishers, INC, 1999)

註十三：James Lindsay and Ivo Daalder, It's Hawk vs. Hawk in the Bush Administration, Washington Post, 27 October 2002.

註十四：Lawrence Kaplan and William Kristol, The War over Iraq : Saddam's Tyranny and America's Mission (San Francisco : Encounter, 2003), p.iii.

註十五：Ibid.

註十六：The National Security Strategy of the United States of America, 17 September 2002.

註十七：http://www.whitehouse.gov/nsc/nss5.html

註十八：Benjamin Barber, Fear's Empire (New York and London : W.W. Norton & Company), pp.24-26.

註十九：Stanley Hoffmann with Frederic Bozo, Gulliver Unbound : America's Imperial Temptation and the War in Iraq (Lanham : Rowman & Littlefield Publishers, INC, 2004), pp.48-49.

註二十：Pierre Hassner, La Terreur et L'empire : la Violence et la Paix II (Paris : Edition du Seuil, 2003), pp.

393-398.

註二一：Emmanuel todd, Apres L'Empire : Essai sur la De-composition du Systeme Americain (Paris : edition gallimard, 2002), p.187.

註二二：Chalmers Johnson, The Sorrows of Empire : Militarism, Security, and the End of the Republic (New Y: Henry Holt & company, 2004), p.78.

註二三：Ibid., p.288.

註二四：Mann, op. cit., p.197.

註二五：Ibid., p.103.

註二六：Todd, op. cit.,p.190.

註二七：Mann, op. cit., pp.83-84.

註二八：Stefan Halper and Jonathan Clarke, America Alone : The Neo-Conservatives and the Global Order (Cambridge: Cambridge University Press, 2004), pp.268-269.

註二九：Ibid., p.304.

註三十：G. John Ikenberry, After Victory : Institutions, Strategic Restraint, and the Rebuilding of World Order after Major Wars (Princeton and Oxford : Princeton university Press, 2001) , pp.199-214.

註三一：Niall Ferguson, Colossus : The Price of America's Empire(New York : Penguin Press, 2004), pp.290-295.

註三二：Ibid., pp.301-302.

註三三：Promoting the National Interest, Foreign Affairs, January/February 2000.

註三四：Joseph S. Nye Jr, The Paradox of American Power : Why the World's Only Superpower Can't Go It Alone (Oxford : Oxford University Press, 2002), p.158.

向歷史學習的人，把歷史歪曲的人

——戰後四十年德日兩國領導者的差距

竹內謙　著
勞　歸　譯

編者按：去年第二次世界大戰的四十週年，戰爭禍首日德兩國的現代政府首長都有講話。

日本首相中曾根康弘除了講話之外，還在八月十五日官式參拜靖國神社。雖然在日本民間引起批判之聲，並引發了北京學生「九一八反日示威」，但並未受到國際應有的注意。美國或以為日本重整軍備可以抗俄，中共則除了美國之外，還想向日本借錢，「吃人的口軟，拿人的手軟」，所以，也只有形式上的「外交辭令」而已。中曾根也就趁著這國際政治的空隙，使戰後的日本轉舵了，轉向新軍國主義。而對國際政治最敏感的蘇俄卻有了反應，而有近日的俄日和解之議。長遠視之，日本未來的發展也未必一定是美國、中共的如意算盤。

日本評論家竹內謙比較西德總統和中曾根二人對戰敗四十週年的講演，說一個由歷史學習，一個歪曲歷史，說中曾根是希特勒的應聲蟲，這是日本的有識之士對其同胞提出對中曾根的警告了，而受日本禍害最深的我們中國人，痳痳木木，難道歷史之國的人於今已對歷史盲目，或喪失歷史意識了嗎？

今年十二月八日，我訪問了三淵半島西岸的荒崎。湘南的風景一向都很明媚，獨有突出於相模灣中的此地，名如其實，的確有點荒涼。

我要訪問的那一家，位置在很陡的斷崖上面，要穿過菜園中的小路爬上去。在一片茫茫的冬草中，只有房子周圍整理得還乾淨。是一間紅瓦洋房，現已無人住。走過荒廢了的宅地，站在前院，眼下就是太平洋。房屋的主人曾任戰艦「比叡」的艦長，戰後三十年來，朝夕面向著一片青藍的海而不曾他遷。十年前的十二月十五日去世，享年八十六。

地方上大家都叫屋主是「海軍大將」。據說每年的十二月八日，老提督總是坐在院子裡的籐椅上，整日不動地凝望著水平線。只喝些抹茶，不攝食。老提督那樣的坐姿，至今還有一些人記得很淸楚。

他的名字叫井上成美，是帝國最後的一位海軍大將。在其軍務局長任內，曾經強硬地反對過日德意三國軍事同盟。因爲據他判斷，此一同盟會招來毫無勝算的對英美戰爭而危險性很高。所以他被逐出主流派，貶遷爲海軍兵學校校長。在那一段江田島時代，他重視常識性的「人的教育」勝於軍事課程，並且英語教學也沒有停斷過。到昭和十九年再度受徵召，回到軍部中央，出任海軍次官，悄悄地擔當起困難的終戰準備工作。

日本接受波茨坦宣言後，井上立即辭官，退隱於荒崎，至死守的沉默。他雖不曾公開說出他的心情，他心中的話卻留在一本藏書的某一節旁邊，他親手加註的幾行紅字──此一戰爭，呑沒了幾百萬生靈，決定戰爭的少數犯人，實値萬死。被提督井上成美斷爲「値萬死」的A級戰犯，現已合祀於靖國神社，而中曾根首相，也已於（一九八五）的八月十五日，開戰後歷代總理之先例，舉行了公式參拜了。

與希特勒共鳴的中曾根

先此，在七月二十七日，中曾根首相在自由民主黨輕井澤講習會上，發表了値得注意的演講。「在戰前，日本有個皇國史觀。戰敗後，有了太平洋戰爭史觀，也有人說是東京裁判史觀。聯合國獨斷地造出法律，把日本當被告。以文明、和平及人道等名義裁判了日本。歷史將最後來裁判這次的裁判。當然，我們也不無一些該受裁判的行爲。但那一次的方式，作爲一具體的裁判究竟正當不正當，那是要歷史來判定的。」

中曾根首相所說的「東京裁判史觀」有何含義，不太清楚。大概是說：日本進入太平洋戰爭，是有一些不得已的因素的，片面加強被告地位，令人不服。大概是這樣的意思吧。

戰後不久，有一次日本海軍的最高首腦會集一堂，檢討有關太平洋戰爭的問題。那一次是井上成美離開荒崎上京的，少數異例中之一。討論的中心是：「爲何日本突入太平洋戰爭」。大概是這樣的意圖：在將要開始的「東京裁判」前夕，先把海軍首腦部的意見調整一下。會中，及川古志郎、豐田貞次郎兩位大將，針對後來變成進入太平洋戰爭的決定性轉捩點的「日德意三國同盟」問題提出辯解說，當時如果海軍反對，陸軍可能會發動政變。井上成美卻對兩個人的說法提出措辭激烈的批評：「海軍大臣應該也可以對諸如農林大臣、外務大臣等所掌管的事提出意見。這就是所謂的閣僚連帶責任。意見不合，內閣自然倒。國務大臣能做到這一點。還有，說海軍沒有政治力，我們應該還有一殺手鐧，大臣有現役的大、中將就任，這就是辦法。只要海相一抽身，內閣就無法成立。這個殺手鐧固然不可濫用，但是國家面臨緊要問題的時刻，卻必須斷然採行。」

這一段舌戰載在「海軍戰爭檢討會議記錄」中。因爲井上本人顧慮到這些發言對「東京裁判」可能產生影響，遵其希望，這分史料在他死後始見公開。但在當年的統帥部，軍事首腦部之間，曾經有過這樣嚴苛的自我反省，未知身爲前海軍經理少校的我們的總理，有否耳聞？或者是有意淡忘它？

在被稱爲十五年戰爭的日本侵略戰爭中，遭受過無可名狀的慘禍的中國，以中曾根首相的靖國神社參拜爲機因，掀起了反中曾根的示威遊行。日本的保守階層，財政界中的部分人士，對此竟有「如果這樣的反日遊行再繼續下去，對華經援是否也要加以再檢討」的說法，一方面說「歷史會判定」，一方面又從那「歷史」中，意圖抹消南京屠殺以及其餘的侵華史實，意圖忘卻中國政府曾經以「戰勝國索取賠償金，對國際和平的前途有不良的後果」爲由，而自動放棄賠償請求權的「歷史」。和那位終身重「恥」的井上成美相比，這中間的差距該有多大！難道是「將」與「校」級之差嗎。可是中曾根先生此刻已是一國領導者。位在「將」官之上。這位首相，在同一講習會上，以熱切的口吻說，經歷了戰後四十年，日本正須再度確立獨自的自主性。他說：

「贏了，是國家。輸了，還是個國家。國民時而沐浴榮光，也時而承受污辱。棄絕污辱，求光榮前進，那才是國家與國民應有的姿勢。我們必須站在這樣的立場。以世界史的普遍性來對日本過去的業績加以批判，從而確立日本的自主性。」

把代表本國的內閣總理大臣的演講，拿來和希特勒的言論相比，指出其間的相似性，將令人心情沉重。可是事實上中曾根首相的輕井澤演講，和希特勒的那一場高調——「如果德國國民喪失了贏取戰爭的勝利的力量，我們寧願全民族滅亡」，是有共鳴點。什麼叫「世界史的普遍性」？究竟以何種自主性爲目標呢？首相的演講，渾濁而意理不清，一味利用空疏的語句訴於情緒。這樣的調子實在不能不說帶著獨裁者的味道。

一位總統傳達給年輕人的「歷史」

早於中曾根演說兩個多月前的五月八日，同爲第二次大戰戰敗國的西德，另外有過一場令人感動的演講。

「五月八日是回憶的日子。回憶是把事實誠實地、純粹地、加以思索，把它變成自己內部思想的一部份工作。我們在這一個日子裡，在哀傷中想到了死於戰爭與暴力支配下的所有不幸的人們。」西德總統値此戰敗四十週年之日，在聯邦議會發表了這樣的演說，追悼所有在大戰中死難的人民。還特別提到，死在集中營的猶太人，在蘇聯波蘭等地死於戰火的無數市民，被納粹殺害的吉普賽人，同性戀者、精神病患等。

在日本，首相與閣僚齊往奉祀A級戰犯的靖國神社那一年，在西德的議會裡，卻由總統毅然指出本國歷史中的可悲的污點，追悼了死於非命的無數人民。「五月八日是解放的日子，這個日子，把所有的人從被納粹暴力支配的侮辱人性的體制下解放出來了。」總統還不忘加上這樣的話：「雖然是解放了，但相信沒有人會忘掉，從這個解放的日子起，又有了不少人重新經歷苦難，一直到現在。可是，我們不要誤認爲，出奔故土喪失自由的原因，在於那場戰爭的終結。眞正的原因，開始於戰爭的發動，或者說，是導向戰爭的那種暴力支配的體制的出現。我們切不可把一九四五年五月八日和一九三三年一月三十日分開來思考。」一九三三年一月三十日是希特勒攫取政權的日子。

據來自波昂的報導，大戰結束四十週年的今天五月八日，做爲解放的日子，應該加以祈念呢，還是祝賀呢，出現了很多不同議論，因爲五月八日也是後來東西德分裂的起點，他們德國人對這個日子的感受，自然比日本人對八月十五日的感受更加深刻，且蒙上了一層陰影。在這樣的氣氛中，西德總統的演說，在提及死在戰場上的德國士兵和自東德被逐的大多數人看來平淡的措辭中，多少反映了當前西德所背負的微妙政治情勢。

雖然如此，演說很平穩簡潔，通篇溢露著這位總統的知性與品格。維氏於八十四年七月就職總統，這次演講受到了西德人民普遍的讚揚。演說內容至今仍然在德國內外廣被傳誦著。他說：「我們無法改變過去，更不能抹殺過去。對過去閉著眼睛的人，對現在也會變成盲目。」回憶希特勒常以偏見、敵意與憎恨煽動人民時，他特地呼籲青年人說：「請各位遠離對立，學習在協調下生存！」並以此做爲演講的結論。

「日本號」終於轉舵！

我實在不願意，把別國總統的演講拿來和我們總理的演講做比較。可是不得不承認，日德兩國領導者的言論之間，存在著決定性的差距。

《戰艦大和的下場》一書的著者吉田滿，在一篇題為〈戰後日本所缺落的東西〉（一九七六）的文章裡面，自己設問：「自昭和初年以來的歷史過程中，使日本不得不走上戰爭的最初決定性的原因是什麼？」然後說：「如果現在的我們已經自太平洋戰爭中學到了充分的教訓，對上述的設問將立刻有一明快的解答。」不過吉田滿卻指出，現代日本已經再度迷入於孤立化的死胡同。他稍帶悲傷地警告著說：「這是不是證明，我們還是沒有從那場悲慘卻至為珍貴的太平洋戰爭的經驗中學習到應加學習的東西呢。」

把那一批和大和艦同眠於海底的三千遺骸的心聲，一貫地做為自己的聲音而活在戰後時代的吉田滿，他透徹的批判，戰後日本應加珍惜的這樣明徹的認識，正是中曾根演說中所完全缺落的東西。

同時，遺憾的是，批判中曾根演講的勢力方面，也至今還不具備一種對太平洋戰爭教訓的依據，和如何確保日本的和平與安全的具體策略觀。吉田滿的批判，部分也是針對著這一點。像這樣的批判勢力方面的怠慢，不可否認，也是催生中曾根政治的一個原因。

對於今年的最大政治爭論點的，有關防衛經費超過 GNP 的百分之一限制的問題，首相也說過：「我們要堂堂正正走王道，我們要以勇氣走我們自己的道路。」表示了很強烈的廢棄限制的意慾，還有，說是爲了取締間諜，一種針對包括報導機關在內的一般國民探知政府秘密的行爲加以處罰的，完全的開倒車法案，也已經由自民黨正式向國會提出來了。就像一艘巨型油輪，在波濤中徐徐轉換巨大船軀的航向方向一樣，中曾根內閣正把戰後日本的「輕武裝重經濟」的方向在轉變中。

令人憂慮的另一點是，本來很多人以爲極不容易的轉舵工作，中曾根船長竟然輕易的完成了。批判勢力即使能夠對眼前的一些個別問題加以批判，對於中曾根首相所企圖的，政治構造的大轉換，卻暴露出無力加以適切的批判和對應。這就是令人省思的一九八五年。

（譯自《朝日週刊》，一九八五年十二月二十七日，原載《中華雜誌》總二七一期，民國七十五年二月）

對過去閉目的人必對現在盲目

R·維茨哲卡 著
勞 歸 譯

（以下是西德總統維茨哲卡（R. von Weizacker）在德國投降四十週年紀念日演說辭摘錄。）

對我們德國人來說：五月八日並不是節日。常年已經懂事了的人們，這一天將各有不同的追憶。有人回到了故鄉，有人卻失去了故鄉。有人由羈囚身份重獲自由，也有人變成了階下囚。多數人只覺得那夜間空襲與不安的日子已成過去，感謝上蒼在戰爭中倖存人命。有人痛心祖國覆敗，有人因幻想破滅而自棄，也有人因得到了人生的新出發點而慶幸著。但要立即探出新的方向，卻很不容易。全國上下一切都在動盪之中。軍隊無條件投降，我們的命運轉入敵人的手中。我們覺得從前的日子很悽慘、也知道從前的敵國人民的日子更爲悽慘。我們自然有一種「他們是否會對我們報復」的恐懼。

幾乎所有的德國人，都自信爲了祖國的大義而戰鬥過和受苦過。現在那些犧牲不但全變成無益無意義，甚至原來還替那些有罪的領導者執行過非人的目標。多數人的感受是、困乏、徬徨、不安。大家都在想「生離的家族有沒有再聚的一天？」「在廢墟上重建、有意義嗎？」。一回頭，是黑暗似深淵的過去，看前面，也是渺茫暗淡的未來。

可是，日子一久，今天我們所一致承認的事實，逐漸地明朗化了。即是，五月八日是解放的日子，這一天，把我們從這枚侮辱著人性的國社黨暴力支配體制下解放出來了。

雖然是解放，相信沒有人會忘記，從這個解放的日子起，又有了不少人重新經歷苦難，直到現在。可是人們不要誤認爲，出奔故土喪失自由的原因，在於那場戰爭的終結。眞正的原因，開始於戰爭的發動，或者說，導向戰爭的那種暴力支配的體制的出現。我們不可把一九四五年五月八日和一九三三年一月三十日分開來思考。今天，我們的確沒有理由參加戰勝國的紀念儀式。不過一九四五年五月八日，是一轉捩點，從此德意志的歷史不再迷失於錯誤的道路上，對未來也萌出了新的希望。我們有充分的理由相信這一點。

五月八日是回憶的日子。回憶是把事實，誠實地、純粹地、加以思索，把它變成自己的內部思想的一部分的工作。這時候，最需要的是誠實。今天我們在哀傷中，想起那些在戰爭和暴力支配下死去的人們。特別是，我們想到了在德國集中營中被殺害的六百萬猶太人。我們想到，所有被捲進戰火中國家的人民，尤其是，蘇聯波蘭的無數死難的市民。我們也悲哀地想起了我們的無數同胞的遭遇。身著軍服戰死的士兵：在家鄉因空襲、或因被俘、或被驅逐後，死去了的同胞們。我們想到被虐殺的吉普賽人，同性戀者、精神障礙者、以及，因宗教與政治信念不同而不得不赴死的人們。我們想到被槍殺的人質、和德國佔領下的各國抵抗運動中的犧牲者。德國人中間，也有以市民、軍人的身分反抗暴政；或出以信仰上理由，在戰場上、工會中，以共產黨員身分從事反抗運動，終於在奮鬥中被犧牲的人們。我們身爲同胞，在追悼的同時，也以他們英勇的殉道爲光榮。也有雖然沒有積極參加過抵抗運動，卻因不願出賣良心，甘心赴死的人們，我們也追念這些人。

在衆多的死難者的旁邊，活人的疾苦也已堆積如山。生離死別的痛苦，負傷殘廢的痛苦，被迫避妊的痛苦，空襲之夜的痛苦，逃亡與放逐的痛苦，暴行與掠奪，強迫勞動，不義與苦刑，飢餓與窮困的痛苦，恐懼被捕、被殺的痛苦，還有，誤信教條、獻出一切，到頭來卻失去了一切意義的痛苦。今天，我們不能不想到這麼多的人間痛苦，在哀傷中思索著這些。

人類肩上的重擔，主要的擔當者，是各民族的女性。但一部世界史，常反疏忽了女性的苦難和忍受，以及她們內蓄的力量。女性們在暴力與戰爭中恐懼，卻在恐懼中工作，以其工作擔負了人的生活，支撐了社會的生存。她們默默地哀悼死在戰場上的父親、兒子、丈夫、兄弟、愛人等。在一年復一年的黑暗歲月中，因爲有了她們的奉獻，才使人性的光輝不致消失。戰爭一停，還看不出前途有何光明，她們早已率先把石塊一個一個地堆上去。在柏林，在任何其他城鄉，搬運著瓦礫的，多數是婦女。但前線的男人一還鄉，婦女們往往得讓出位置來。也有不少女性因戰爭而誤了婚期，終生獨身，在寂寞中渡過餘生。國民們之所以不曾因破壞與荒廢，殘忍與非人性而逕趨精神崩潰，戰後仍能辛苦緩慢地恢復了生機，我們必須首先感謝我們的婦女同胞。

在暴力支配的初期，首先出現的是希特勒的針對猶太系同胞的無限憎惡。希特勒在公開場面從未隱藏他的憎惡，還使全國人民變成他的憎惡的工具。即使在一九四五年四月三十日，臨死之前他還用下面的話做爲他的遺言的結尾：「本人對此後的國家指導者及服從者，課負嚴守人種法，對所有民族禍害的國際猶太主義，進行毫不妥協的抵抗的責任。」的確，世界上沒有一個國家，在其歷史中從未涉及戰爭及暴力。不過，要把整個的猶太人從世界上抹消，這樣瘋狂的主張與作法，卻是史無前例的。實際執行過這種罪惡行爲的人是少數，且暴行的場面通常是被掩飾著。可是冷漠與無關心，非正式的歧視，或公然的厭惡態度，這些曾經讓猶太同胞苦惱的現象，所有的德國人都有所見聞。像對猶太教會的放火與掠奪，對猶太之星的侮辱，法律保護的剝奪，對人格尊嚴的不斷的冒瀆，這一類事件可說整年累月都有，誰能說不知道呢。除非是故意閉眼不睹或掩耳不聽的人，只要想知道發生了甚麼事情，誰都能發現天天有載滿猶太人的火車離去。也許平常人不易想像出對猶太人的虐殺的方法和規模。不過包括當時因年少而未參與這些罪行的決策和實行的，本人這一世代的人，多數人的確有意避開正在進行中的那可怕的犯罪行爲。逃避現實的方法很多。

或不讓良心正視現實左顧右盼，或自我辯解說這些事情不在自己職權內，或乾脆裝著沒有看見而沉默不語等。我們中間確有很多人，等到戰爭完了，有關大量屠殺的慘絕人寰的報導公開了之後，還說著「我當時毫無知覺」，「我雖覺得奇怪，可是也沒有想到……」這樣的搪塞的話。

絕對不會有國民全體有罪，或全體無罪，這樣的情況。有罪也好，無罪也好，那是個人的問題，不是全體。個人的罪，有的會暴露，有的被隱藏，有自己告白的罪，也有本人否認的罪。因此，希望凡是經歷過那一個時代的同胞們，在這一天都能平心靜氣地自行檢討自己與時代的實際關連。

今天，國民中的一大部分在當年都還是小孩，有的還未出生。這些人不能因爲自己所沒有參與過的罪行而懺悔。懂道理的外國人，也不會只因爲你是德國人，而要求你贖罪。可是你們的先人，的確留下了一筆很難清理的遺產給你們。我們德國人，不論個人有罪無罪，不論年老年少，都得承擔歷史的過去。我們都對過去的歸結有關連，對其負有不可推卸的責任。因此，我們必須不論世代互相提醒，一同去理解爲甚麼要認眞回憶過去的道理。這應該是做得到的。

問題不在於克服過去，那是不可能的。我們不能改變過去，更不能抹消過去。但是對過去閉著眼睛的人，對現在也會變成盲者。不願意回想歷史中所暴露出來的非人性的人，有再度感染那種非人性的危險。

猶太人一定會回憶過去，他們將一直回憶下去。而做爲一個人，我們所需求的是和解。但我們要知道，沒有回憶就沒有和解。數百萬同胞的被殺這個過去的事實，已經變成了世界上每個猶太人的內部思想的一部分了。那不只是因爲事情太恐怖。而是因爲回憶是屬於猶太人的信仰的本質。「有意忘卻過去，放逐的日子便會更長。得救的秘密在於回憶。」，這一句常被引用的猶太人的信條，意思大概是說，對神的信仰，就是對神在歷史中的業績的信仰。回憶就是重新經驗歷史上的神的業績。這就是得救的信仰的源泉。這樣的經驗產生希望，產生對得救的信念，產生被隔離者的重新結合，產生和解的信仰。忘去了經驗便會喪失信仰。在我們同胞中間，如有人不願回憶過去而只想忘卻它，那不僅也是一種非人性，這種態度將傷害到猶太人的信仰，折斷和解的萌芽。在我們本身的精神內部，豎立一個基於思想與感覺的，警鐘之碑，是很重要的。

五月八日這個日子，不但在德國的歷史上，同時在整個歐洲的歷史上，也已深深地被刻畫了。歐洲的內戰終結了，古老的歐洲已經崩潰。「歐洲在戰爭中耗盡了」（M・舒朱馬的話）。當美蘇兩國的士兵在易北河畔相會時，歐洲的一個時代於焉結束了。的確，一切都植根在古老的歷史中。我們歐洲人，雖然能對世界發揮很大；甚至決定性的作用，卻已逐漸地喪失了在自己的大陸上面協調共存的能力。一百多年來，歐洲曾經陷入於過度昂揚的國家主義的衝突中。雖然，第一次大戰後有了一個和約，卻缺少保障和平的力量。國家主義的情念又見高張了，和社會的窮困化糾纏在一起。希特勒於是變成了將之驅往破亡道路的推進力。他創造出大量的幻想，加以利用。尙處在稚弱階段的民主主義，無力阻止他。而西方列強，就如邱吉爾的評語「雖無惡意，還是有罪」，以其軟弱而助長了悲劇的展開。美國在第一次大戰後重回孤立主義，對三十年代的歐洲不具有影響力。希特勒企圖支配歐洲，且決心以戰爭爲手段。他把導火線求之於波蘭。一九三九年五月二十三日——大戰爆發的幾個月前——希特勒向他的將軍們如此放言過：「更大的成果只有通過流血……。但澤市不是我們的目標。我們所要的是，東方生存空間的擴大和糧食的確保……。

也就是說，我們不必在意波蘭。趁此好機會攻擊波蘭的決定絕不改變……。甚麼正義不正義，甚麼條約，現在都變成毫無意義了。」一九三九年八月二十三日，德蘇互不侵犯條約出現了。條約的祕密付屬於議定書中，有分割波蘭的規定。本條約是爲了使希特勒的進攻波蘭成爲事實而訂立的。當時的蘇聯領導者知悉這一點。當年注意政治情勢的人，誰都明白德蘇協定意味著希特勒的進攻波蘭和第二次大戰的開始。但是，這個事實並不減輕德國人發動戰爭的責任。蘇聯只是爲了本國利益而放任別國之間的戰爭，且認爲事屬不得已。實際上發動戰爭的是德國而不是蘇聯。訴之於暴力的是希特勒。第二次大戰的爆發，於是連結在德國的名字上面了。

整個戰爭期間，國社黨體制帶給多數國民極大的痛苦與凌辱。被虐待、被奴役、被凌辱到最後的一個民族。正是我們德國國民。希特勒常常放言：「如果德國國民喪失了贏取這場戰爭的能力，我們寧願舉國滅亡。」別的國民先當了德國發動的戰爭的犧牲品，然後我們自己成爲自己發動的戰爭的犧牲者。接下去，出於戰勝國的共同意見，德國被分割成許多區域。在這中間，蘇聯進軍於德國佔領過的東南歐洲。除了希臘外都變成了社會主義國家。不同的政治體制把歐洲一分爲二了。使這種分裂固定下來的是戰後的情勢。不過，如果沒有希特勒發動的戰爭，情況不會變得這樣。有關國家的國民，每一想及由德國領導者所發動的戰爭的時候，所想到的是這一點。當我們看到祖國的分裂和舊領土的喪失的時候，所想到的也是這一點。東柏林的邁斯拿樞機主教也在有關五月八日的說教中說：「罪惡的絕望性的結果，是德意志的分裂。」

這幾個月來，有些年輕人問我，爲甚麼戰後四十週年特別受到議論。爲甚麼比起二十五週年，三十週年，大家的議論顯得特別熱烈呢，有沒有甚麼內在的必然性呢。

要解答這個質問：並不簡單。有些是外在因素所引起的，但也不能全部歸於外來影響。四十年的歲月，對一個人的人生，同時也對一個國民的命運，都具有重大的意義。在這裡，請讓我再度引用舊約聖經吧。這本書，不論信仰立場爲何，含有一些能使所有的人產生同感的深邃的洞察力。書中很頻繁地出現四十年這個數字。每次都含有很重大的意義。以色列的子民，遷到誓約之地，等待歷史的新章，留在荒野四十年。因爲當時處於負責任地位的父親們的世代，必須以四十年的歲月來完成交替。在書中別的地方（士師記）也記載著個人所體驗的援助和得救的記憶只能持續四十年。記憶一喪失，平穩的時代也將告終。這樣，四十年含有一個大段落的意思。不論是做爲預示更好的未來，結束黑暗時期的意思也好！做爲提醒忘卻過去的危險，和其結果的警告也好，對人們的意識會發生作用。我們要把雙層的意義都深加考慮。在我國，年輕的一代已經成長，可以擔當政治責任了。他們年輕人，對當年發生的悲劇是沒有責任的。但是，對由歷史中產生出來的東西，是要負責任的。我們年長者，要教給年輕人的，不是夢的實現，而是誠實。認眞的回憶是如何的重要，我們要幫助他們去眞正理解這一點。我們要幫助他們，不要讓他們逃避於空洞的救濟論，也不要讓他們生出道德的優越感。要讓他們敢於，能夠正視歷史的眞實。這是我們的責任。我們已經從我們自己的歷史當中，學到了一件事實。那是，人是會做出非常荒唐的愚行罪行的。我們不要自以爲我們是不同於別種的，更好更高尙的人種。個人也好，國家也好，在道德上達到完璧的境界，那是不可能的事情。我們雖然爲了做人的條件而學習到今天，但仍然是隱含有做人的潛在危機。只是，我們也具有察覺危險，克服危險的能力。希特勒經常以偏見，故意，和憎恨來煽動人民。我對年輕人的希望是這樣：不論對甚麼人，怎樣的人，美國人也好，俄羅斯人也好，猶太人也好，土其其人也好，（否定傳統生活方式的）自由派也好，保守派也好，黑人，白人，都好，都不要抱有故意或憎恨。離開對立的立場，學習在協調下生活的方法。

所有經由民主途徑被選出來的政治家，也要經常記住這一點，要有所示範。讓我們大家一起來尊重自由，努力於和平，尊守法律吧。遵順我們內在的規範，爲正義而盡力吧！在這五月八日，讓我們大家都聚精會神地，來審視眞實吧！

（譯自《朝日週刊》，一九八五年十二月二十七日，原載自《中華雜誌》總二七二期，民國七十五年三月）

【人間書序】

鄭重推介《新日本軍國主義的新階段》中譯本

林書揚

日本國立山口大學的纐纈厚教授是當代日本學界第一線上相當突顯的人士。他在教育研究、時事評論，再加上運動論述等方面的活動業績，使他成為極富時代代表性的，日本近現代政治史學家之一。特別是，針對二戰後美日軍事關係的特異本質和現實走向的掌握方面，其多篇研究論文日漸受到國際注目，自然也引起了與美日安保體制具有特殊關聯的，台灣的民間反戰和平運動界的注意和重視。近年來，已經有數次在台、日兩地共同參與過一些研討活動。而纐纈厚教授每從美、日兩國以其分佔全球第一、第二經濟體的，資本共利立場為基礎的，政治、軍事連結高密度化的具體揭發，確使關切亞洲和平情勢——包括台海政情的人們，深懷警覺與憂慮。雖然台灣的讀者們，對日本的國情傳統，社會結構或生活意識偏向等瞭解有限，但總因兩地地緣和一段歷史緣故，對一定範圍的兩地政、經互動的自然趨向等，還是有某種「感度」，是事實。

特別是，當前台灣的政治現況，還保有相當比重的，前世紀前半期的中國內戰，和後半期的東西冷戰的歷史殘局的特質，使得反映著「法理定位上的中國領土」，和「政治現實上的分離地區」的矛盾命題，多年來形成了台灣社會成員所面對的「統獨主要矛盾」。且除此外，台灣也以其一定成熟度的資本主義內部體制，有它階級分化規律下的勞資對抗關係，則被視爲「結構性基本矛盾」，這兩種矛盾往往交織錯綜，成爲型態不一的社會內部衝突。而形成其外部條件者，有美台「保護」關係，美日軍事同盟關係，中美間戰略互動中體制性矛盾的時隱時顯等，當然也都容易成爲台灣版「周邊有事」的事態之一，而引發台灣人民的廣泛注目了。

據此視野，纐纈教授的諸多研究，對此地台灣的人民和平運動是具有重要的支援和鼓勵意義的。該項運動一向反對美帝在全球的單極超霸行徑，如時而干涉中國的主權行爲，暗助台灣分離運動等。並也反對日本統治階層謹守美帝從屬地位，意圖廢棄戰後日本的民主主義和平主義回復軍事大國的凶險走向。對於如何推動跨國界人民連帶指向纐纈教授在書中所提的「亞洲地區和平共同體」的建構，相信往後還有一大片空間有待開發。

文末，另提有關續續教授身爲研究者的敏銳的感受力和犀利的推理力的一件事情。對「新日本軍國主義的新階段」一書將在台灣翻譯出版的經過，作者已在他親寫的序文中做了說明。到了今年五月間，作者在其最後寄到的「結語」中，提到了美國華府的著名智庫「戰略暨國際研究中心」（CSIS）在二月間所公佈的一篇「美日同盟：正途邁向二〇二〇年」（執筆者前美國副國務卿阿米塔吉、前國防部助理部長奈伊。該份文件在媒體上被稱為「阿米塔吉新報告」）。

作者在其終章「結語」中指出報告中的一段文字：「如果未來台灣通過民主方式，選擇一條不同的道路，美國和日本必須重新評估和調整政策，以尋求在該地域實現共同利益的最佳方式」。

依作者判斷，所謂「不同的道路」，可以理解爲與美國和日本現階段採用的維持現狀政策有所不同的「台灣走向獨立之道」。「……在台灣獨立的可能性愈益渺茫的情況下，還硬是在報告書中提及台灣獨立的可能性，其用意顯然是爲牽制中國」。「美國的危險意圖，也就是強化和日本的同盟，借助台灣問題的口實，推進對中國的包圍戰略」。

筆者於接讀該份「結語」稿後，記憶中一時沒有所謂「新報告」的明晰印象。一方面自責怠慢，一方面初步搜索網際的結果，只取得「中央社」和《聯合報》各一篇簡短報導，還有一家大學研究人員的一篇評論不滿二千字。與續續文章相比，反應模糊用辭平淡。感受不出對美國戰略公式中潛在性動態的探索用心。

總之，這一部譯書，是一位日本知識分子對母國社會的內在危機的，也許在些許刺心之痛的感覺下的客觀剖析和深層暴露。對居住在鄰近島嶼上的我們，也是很有啓發意義的。因此，即使台灣島與日本列島史地條件有距離，但同處廿一世紀由美霸執最高權柄的世界權力構造的網絡之中，兩地人民大衆的禍福還是緊緊地連在一起的。扮演著唯一者的，政治的單邊主義，軍事的先制原則，受宰制的全球人民群衆之間，相互瞭解的必要性，連帶共鬥的急需性，是不言而明的。

二〇〇七・六・十

【文藝創作】

神交五十年相見在九泉

曉風

《鵝媽媽出嫁》日文版。曉風提供。

一

前些日子，我在清理父親的日文藏書時，忽然發現兩本台灣出版的袖珍本小書。一本是日文的《楊逵小說集・鵝鳥の嫁入》（即《鵝媽媽出嫁》），扉頁上簽著「敬贈胡風先生。楊逵」；另一本是中日文對照的《楊逵小說集・新聞配達夫》（即《送報伕》），扉頁上簽的是「煩樓憲先生送胡風先生。楊逵」兩本書都是一九四六年出版的，距今已有四十個年頭了。紙已發黃，變脆，簽名的鋼筆墨跡更是褪了顏色，但字跡還是清晰的。

在父親的最後幾年裡，他從未提到過楊逵贈書的事。雖然他和楊逵先生沒有見過面，但他曾不止一次地在文章中提到翻譯《送報伕》時的感情，並表示了對楊逵的懷念之情。可是，他也沒有憶起過這贈書之事。那麼，這書究竟是怎樣到父親的手中呢？他是否由於早年的顛沛流離，展轉南北以及後期的身陷囹圄，以爲此書早已遺失，就不便再提了呢？

經過了幾番查對，終於，我從樓憲（尹庚）、張禹、耿庸幾位叔叔的追憶中，把事情的經過搞清了。大陸和台灣這兩位老作家的非同尋常的友誼，深深地感動了我，使我久久不能平靜。

二

楊逵先生是台灣著名的愛國作家，早年就曾被日本統治當局逮捕坐牢十多次。在三〇年代初期用日文寫作（台灣人民在日本統治時，報刊書籍都必須用日文）的中篇小說《送報伕》是他的成名代表作，它寫出了在日本統治下的台灣同胞的深重苦難和覺醒。一九三五年，胡風在日本的《文學評論》上看到了這篇作品，搶著閱讀了，受到了感動。爲了使更多的讀者能夠看到它，胡風趕快將它譯成了中文，投給當時暢銷的《世界知識》發表了。後來，連同另一位台灣作家呂赫若的小說《牛車》一起，收進了胡風的翻譯小說集《山靈》，一九三六年由巴金辦的文化生活出版社出版了。胡風在《山靈》

的序中曾這樣說道，「……漸漸地我走進了作品裡的人物中間，被壓在他們忍受著的那個龐大的魔掌下面，同他們一道痛苦、掙扎，有時候甚至覺得好像整個世界正在從我的周圍陷落下去一樣。在這樣的時候，看到像……《送報伕》等篇的主人公的覺醒、奮起和不屈的前進，我所嘗到的感激的心情實在是不容易表達出來的。」

胡風首次把台灣作家的作品介紹給大陸的人民，溝通了海峽兩岸文化的交流，加強了大陸人民對台灣同胞深摯的同情和思念。

抗戰勝利後，台灣光復了。尹庚的幾位同學和朋友都在台灣工作，他們邀尹庚去台。他就和張禹一起來到台中，編《和平日報》。在編輯工作中，他們與各方面有了接觸，也就和楊逵逐漸熟識，建立了友誼。他們向楊逵介紹了胡風的一些情況，但因爲當時大家的處境都很惡劣，生怕信件會招致無端的意外麻煩，所以，他們在給胡風的信中都沒有提及楊逵的情況。

關於當時台灣出版《送報伕》的情景，張禹回憶說：

「有一天（大約在一九四六年冬），楊逵先生從台北回到台中，與沖沖地告訴我，在台北印了一批《送報伕》的中文單行本。他說為此奔走了好多時間；又說，印刷費是許多朋友幫他籌集的。他送了我一本。……我至今還記得，那是一本薄薄的三十二開小冊子，沒有另裝封面，很像家常的活頁文選裝訂成冊，而不同於普通的書本。……這個單行本是據文化生活出版社出版的《山靈》重排印成的，並標明譯者胡風，有日文對照。我當時沒有對照《山靈》進行校閱，不知道楊逵是否作過某些細小的修訂。照我估計，胡風據以翻譯的日文原本顯然留有刪節的痕跡；可以推想在發表時曾作過一些修改，還可能有些地方是創作時不得已故意隱去或改變原定計劃；所有這些為發表而作出的犧牲，原作者本人是有權也應該予以訂正修復的。但我斷定這個中文本即使有所修改，也只限於很細小的地方。根據有二；第一，當時楊逵初學中文，還很不熟練；第二，他尊重胡風並欣賞其譯文。」（張禹：《楊逵‧送報伕‧胡風》）

從他描述的情況看，我家中的這本有封面裝幀的袖珍小書和楊逵送給他的那本不是一個版本，很可能是不久又再版的。

張禹和尹庚二人都不記得有為楊逵轉送書的事。那麼，這本小書到底是經過什麼途徑到了父親手中的呢？……很偶然地，在和耿庸叔叔的一次閑談中，我提到了此事，他便說出這本書是他從台灣寄給我父親的。我查了查家中收存的信件，果然，耿庸於一九四九年一月五日給胡風的信中寫道：「現在，和這信同時，寄上《送報伕》和《阿Q正傳》的中日對照本各一冊」。

原來，楊逵還沒來得及將此書交尹庚轉給胡風，台灣就爆發了一九四七年的「二・二八」事件。不久，尹庚就和張禹相繼離開台灣回到大陸，從此就和楊逵失去了聯繫。而耿庸是一九四八年九月到台灣的，不久也認識了楊逵。第二次見面時，楊逵即讓他將此書寄給胡風。書寄出後幾天，楊逵被台灣政府逮捕了。楊逵夫人急忙去找耿庸，關心地勸他搬家　還問起此書寄了沒有，很擔心會牽累胡風。

由於政治上的種種原因，兩位老作家的聯繫只能限於此，但後來，甚至連這點聯繫都做不到了。

三

物換星移幾度秋。胡風歷經劫難，終於獲得平反，恢復了自由，又能參加會議，撰文著述了。而楊逵呢？雖曾因參加和平民主運動被判刑十二年，失去了自由，但近年來，寶刀未老，仍堅持爲祖國、爲同胞、爲人類進步事業而創作，被人們譽爲「壓不扁的玫瑰花」。

一九八二年九月，一位曾拜訪過胡風的美國女學者柯絲琪在愛荷華大學參加「國際寫作中心」的活動時見到了楊逵先生。她在給胡風的信中這樣提到：「最後，我告訴他（楊逵），我訪問過胡風先生，他就表示特別愉快的樣子。」父親看到信，驚喜地叫了：「楊逵還活著？眞太好了！」並爲此感慨良久。以後，他多次在文章中提到此事，並熱情地歡迎楊逵到大陸來觀光。

但不幸的是，楊逵沒有看到他深愛著的祖國大陸，就於一九八五年八月十二日與世長辭了。八月三十日，人大會堂台灣廳舉行了楊逵先生的紀念會。胡風抱病參加了這次會，並不勝悲哀地說道：

「在台灣回歸祖國運動正在旺盛展開的今天，祖國人民和我都熱切地期待著楊逵先生的處境能夠得到改善，能夠來到大陸觀光，並為這個運動作出更多的貢獻。我自己更是熱切期待著和他的會面。但不幸，噩耗傳來，楊逵先生竟去世了！我們的期待沒有能夠實現。在悲痛之際，我謹向楊逵先生的家屬和台灣同胞表示深切的慰問。」

但父親並不知道，他自己已病入膏肓，癌症此時正在他體內肆虐。在不到三個月後的六月八日，他也溘然長逝了。這次楊逵先生的紀念會成了他參加的最後一次會議，而他的這篇發言也就是他最後的發言了。

死者長已矣！大陸和台灣這兩位老作家長達半個世紀的友誼，雖然以終未見面而結束，但它已在我國文學史上譜寫下了動人的一頁。

一九八七年三月，北京

（原文刊自《隨筆》第五期）

毒蘋果札記（九）

施善繼

梅志先生，我曾拜望她兩次。

第一次，一九九六、一、三十。那日，在北京舉開的「台灣文學作品研討會」後，晚餐在人民大會堂北側餐廳，飯尚未吃畢，周爺（良沛）催趕提議先行離座，怕天色太晚，干擾梅先生休息。於是，匆匆放下筷子，奔上長安街，北風颼颼刺骨，六人分頭招了兩部出租車直駛木樨地。

周爺領頭爬上層樓，樓梯間照明昏暗，通過屋內玄關，直到入坐客廳，主人開了燈。周爺向梅志先生簡單介紹了五位來自台灣的訪客；施淑教授、呂正惠教授、我與家人。

梅志先生身體健朗。做爲左聯盟員，一九三三年底她與胡風先生結爲連理，數十年從無間斷，患難與共，相濡以沫，追隨魯迅先生，堅定不移，投身中華民族近現代追求民族獨立與階級解放的艱苦志業，毫不氣餒。

未見她之前，我在台灣讀過《胡風評論集》（三卷本，人民文學出版社／一九八四—八五年版），也當然知曉「胡風反革命集團」的歷史煙雲。聊了一些家常。親眼目睹了老人的健康狀況，我打心底裡非常高興。

她簽名致贈了前一年九月剛出版的散文集《花椒紅了》（中國華僑出版社／一九九五．九版）、《胡風回憶錄》、《胡風論詩》、《為祖國而歌》及《（石頭記）交響曲》。告別時，我瞥見好幾個窗台上鋪滿等候風乾的柑橘皮與蘋果皮，那一定有用途，我來不及詢問梅先生。

第二次，一九九八、九、二十九。受邀到北京參加十、一節慶典活動，這日我們夫婦用完午膳，在琉璃廠的中國書店買了平裝本的《胡風傳》（一九九八年一月，北京十月文藝出版社），掛電話給梅志先生，確定在家，她特別勻支寶貴的午休時間給我們這兩個興沖沖的不速之客。《胡風傳》共五十七萬七千餘字，一九八八年落筆，一九九六年五月殺青，我們攜去的平裝本，簽好名還給我們，她的簽字依然秀勁，她說那是我們買的，她另外鄭重簽名送了一本精裝本給我們。我掏出台灣攜去的肉鬆，擺在茶几上，這對老人的牙齒比較合適吧。

她在書裡七九〇頁上這麼寫著「它實際是我一家四口人的集體創作」，「有許多事應該由自己站出來說清楚，以免後人猜測或誤解。而我主要也是為了代他說清一些大是大非的問題，這是我在他生前最後見他一面時對他的承諾！」」。胡風先生逝於一九八五年六月八日下午四時零五分。

日後，我在台灣買到曉風・梅志合編的《胡風——死人復活的時候》（中國青年出版社／一九九九年一月版），對有興趣瞭解胡風的人，這本書，精要簡當。書中胡先生的女兒曉風執筆的〈九死未悔——胡風的一生〉，侃侃著墨，不愠不火。書封面折頁如此透露：「在傳略《九死未悔》中，介紹了胡風早期坎坷磨難的生活道路和他的文藝思想、文學活動；揭開了解放後他爲文藝請命而導致批判逐步升級，直至被定爲『反革命集團』頭子的緣由和經過；寫出了他身陷囹圄二十四年的不幸，以至平反後的情景……。」

梅志《花椒紅了》這本散文集，誠然是一本絕佳的紀實散文，讀它時屢屢掩卷靜思。善良而堅韌的生命躍然其間，在苦難的重壓之下，鮮明彰顯女性精神的溫厚深沈與從容不迫，這絕不是竟日把「女性主義」黏在嘴邊的女性主義者所能想像於萬一的。她的筆端並無四溢的哀怨，唯有平靜。她以坦然的微笑勾勒記憶，勾勒故人、往事、樹木、花草。生活的重負經她轉化而成美好的無言，「生命中不能承受之輕」大抵如是。

《花椒紅了》在我的書架上，是一冊和煦寧靜的珍品。

尾崎秀實與中國

張學鋒

從左翼的立場上來把握支那，完全使我迷醉了。對於我，並非因研究馬克思主義而激發了對支那問題的關心，而是相反，是支那問題的現實，加深了我對馬克思主義理論的關心。我即處於這種關係之上。（《尾崎秀實著作集》，勁草書房版第四卷第二九六頁。以下引用《著作集》者，僅標明其卷數）

序言

一九二八秋天，作爲《朝日新聞》的職員赴任於上海支局以來，至一九三二年二月回到大阪本社，在整整三年多的時間，尾崎以上海這個國際都市爲據點，親身感受到了中國革命的暴風驟雨。當時，國民革命，即所謂的「北伐」（一九二六年七月）的波瀾，雖然因蔣介石挑起的「四一二」（一九二七）而呈現退潮的趨勢，但是，以江西、湖南爲中心，革命的新運動已經開始。毛澤東的「井岡山革命」揭開序幕，正是尾崎去上海赴任的前一年。在尾崎滯留上海期間，聳動世界耳目的紅軍占領長沙事件發生（一九三〇年七月），遵照「李立三路線」（在一省或數省首先取得勝利）而發動的這一起占領長沙事件，雖然僅三天就告結束，但這一事件確實讓人感覺到了在中國的大陸上正在醞釀著一場地殼變動般的風暴。尾崎就是在「毛澤東路線」形成期的那數年間，在中國現場，全身吸取了這一時代的風潮。另外，在同時存在著革命與反革命的上海，他加深了史沫特萊（註一）、左爾格（註二）等左翼陣營的交往。與他們的交往，作爲其結果，十年後，發生了「左爾格事件」（註三）。

衆所周知，尾崎回國後，作爲中國問題的專家，非常風光地登場了。蘆溝橋事變的前夜，以及日中展開全面戰爭以後，尾崎在日本社會裡所占有的地位，首先就是目光敏銳的中國問題專家。他站在這一位置或地位之上，以《朝日新聞》社爲後台活躍著，參加了「昭和研究會」，成了「近衛內閣特別顧問」。作爲中國問題研究者的尾崎，他當時的一些論述，確實有使人大開眼界的地方。在西安事變的第一報導到日本的那一天寫下來的評論，其準確的預言，使得他自己的名字從此深深地印刻到了人們的頭腦中。他的論文、解說，在國際政局十分微妙並且極爲緊張的這數年間，一直爲外交輿論投下了重要的一石。有心的人，會被他的提問所喚起。他對時勢的洞察分析能力，也將他自己推到了政策制定的中樞機構。如果從這一觀點來看，尾崎的中國問題研究，在某種意義上，形成了他工作的核心，而且形成了他的人格。

中國研究的方法論

尾崎首先指出當時的中國研究中「缺乏科學的方法論」。在這樣的研究狀態下，尾崎自己具體地從「國際關係」以及「民族運動」這兩個視角來觀察、分析中國，在當時是出類拔萃的中國分析。在這種情況下，他對原來的中國研究中所存在著的缺陷，毫不客氣地進行了批判。在他的批判背後，確實對自己在中國的親身體驗——「從左翼的立場上來把握支那問題」，「支那問題的現實展開」和「馬克思主義理論」這些理論方法的有效性充滿著信心。

例如，尾崎說：

在日本，並不是不存在著支那研究，倒不如說反而應該為所謂的支那通過多而擔憂。……這些支那觀，總體來說，應該說都是「東洋」史的史觀。……今天，在支那研究中，成為一大問題的，那就是科學方法的缺少，亦即支那論中方法論的欠缺。（《處於暴風雨中的支那》自序，第一卷第三頁）

不用說，要從根本上理解日支之間的相互關係，其重點不得不放在對經濟、社會諸問題

的闡明上。……我想，我們要究明日支關係，應該排除觀念性的方法，遵從與經濟、社會相關的具體方法。（同上，第一卷第六二頁）

這裡，被稱爲「科學」的方法，無須多言，就是從「左翼立場」來認識的所謂馬克思主義的方法。尾崎的這種「與經濟、社會相關的具體」分析的基礎，在他的《現代支那論》（收載於第二卷）中，從對支那社會的兩大特性，即，「半封建性」和「半殖民地性」的分析中，闡述得再清楚不過了。尾崎對這兩個基本「特性」的分析，不是從別的方面，而是從「國際關係」以及「民族運動」這兩個方面來展開的。從「支那社會」的「半殖民地性」中，導出了「支那與列強資本」的問題，從「半封建性」中，導出了決定「現代支那動向」的「民族運動」的問題。這兩者密切相關，形成了「相輔相成關係」。只要對尾崎的論文、解說多少有點了解的人，都會感覺到，「國際關係」與「民族運動」這兩個視點，其實即使在非常短小的不起眼的時評中，也是極其醒目的。如果把話講絕一點，這兩個分析問題的視角，其實貫穿於他與中國研究相關的全部著作之中。

但是，仔細考慮一下，「現代支那」的「半殖民地性」與「半封建性」這兩個特性本身，在當時的「左翼陣營」中，可以說是一個非常普遍的定義。大凡是以「對支那社會進行科學性解剖」來標榜的論著中，都泛濫著這一類的用詞。還有，像「國際政局」、「民族運動」這樣的遣詞，其本身都未免過於通俗，在那個時代甚至已經可以將之視爲陳詞爛句了。但是，尾崎的獨特之處在於他將這兩個基本定義，其本視角完全掌握在自己手中，運用自如地對中國問題進行了「活分析」。換句話說，以上的這些用語，恰如是他自己創造並將之定型的那樣，從而，也使他的分析充滿了獨特性。這樣，尾崎對中國問題的分析過程、分析結果，即使部分地與他人相同，但這並不是他單純地引用「共產國際理論」或機械地運用階級分析的結果。因此，他的分析過程與結果，與其他的左翼陣營相比，具有不同的性質。

這裡，在尾崎的中國分析中，對其令人吃驚的現實主義精神的研究，我有一種欲罷不能的感覺。對「馬克思主義理論」的有效性問題是如何理解的，對自己信奉的「馬克思主義理論」到底是一種什麼理論，我覺得，尾崎的現實主義精神都已經遠遠地超過了以上這兩個層次，形成了他自己的思考方法。

例如，在日本戰爭爆發後的第二年，南京政府面臨著撤往重慶的局面，尾崎針對這一局勢，這樣寫道：

使政府從上海南京一線往內地撤退一事，對蔣政權而言，實際上並非容易之事。……撤往內地的同時，蔣政權變質——落入共產黨的影響之下——是可以預想得到的。與蔣政權保持著絕大利益關係的列強以及作為蔣政權支柱的支那民族資產階級，尤其是浙江財閥，他們對這一關係是不可能沒有想到的。因此，他們將會拼命地與蔣政權加固關係。這一通常的預測未必沒有道理。但是，現實中，在我們所能看到之處，這種努力，不管是哪一方，幾乎都未有任何表示。

這是爲什麼呢？尾崎分析道：

浙江財閥的消極態度，首先與上海承受了極大的經濟打擊是分不開的。這一打擊，其性質，可以說是幾乎奪去了浙江財閥的發言權。站在列強的立場上來看，他們對日本的反感情緒高漲，停止調停之事確實存在。……然而，列強內部尚未取得共同步調，恐亦是理由之一。列國從其利害關係來看，當然應該防止戰爭之擴大，然而卻無所舉動，或無法有所舉動。其最大理由當歸於支那民族運動的方向之決定，伴隨著這一巨大的壓力，已經開始有所動靜。

然後，他的結論是：

此加速了支那近代歷史賦予的民族解放的要求，民族解放運動已經作為國民政府的指導和國民政府的勢力所難以控制的力量開始發展起來了。（《蔣政權的衰退與新政權的前途》，一九三九年二月版第二卷第三二三頁）

尾崎對國際形勢的分析中，雖然仍有一些讓我們感覺到其意識不明確的地方，但是，就我個人所知，他的這種分析，在當時的各種論說中，仍然是出類拔萃的。在這裡，決定戰局、政局的基本要素被極其簡潔、準確而且毫無遺漏地揭示了出來。在尾崎看來，蔣介石政權的重慶撤退一事，非常明顯，會帶來政權變化的可能，蔣介石政權本身當然也不希望有這樣的事發生。盡管如此，蔣介石政權是果斷地採取了撤退這一路線，而且，與之有著密切利害關係的列強，幾乎沒有挽留之意，這究竟是為什麼？在這裡登場的是複雜的國際政局的變化以及另一個最大的因素，即逐漸發展壯大起來的中國民族運動的力量。尾崎在這兒敘述的觀點，決不是需要什麼特殊的情報才能得出來的觀點，而只是從萬人矚目、不言自明的「蔣政權內地撤退」這一現實中得出來的。這一分析，我們幾乎可以將之視為他的歷史認識、現狀分析的方法論的典型。

不僅僅如此，他的認識方法，時不時地能讓我們覺得是「政治現實主義」的模特兒。例如，《現代支那論》中，有這樣一段：

只是含糊不清地認為英國在支那所占之勢力非常之強，所以對英國必須如此這般的議論、主張，對問題的解決，毫無幫助。應更具體地、徹底地察知英國對支那的歷史性地位、其現有勢力、與支那交往的方法，或者其勢力浸透的特殊性，並且將之與世界形勢變化相結合，推測其政策在今後會向什麼什麼方向轉移，從而，我們也不得不在什麼方面通過什麼什麼方法來進行對應，只有這樣，或許才能樹立妥當的政策。如單單停留在對英國勢力之強大進行實證的階段上，那麼，甚至會因此得出必須打倒英國勢力和必須與英國協調這兩個完全相反的結論來。（《現代支那論》，《支那社會的兩大特性》，第二卷第二〇一頁）

事實上，貫穿於尾崎《現代支那論》中的，不是單純的階級分析、歷史發展規律這一些方法論，確實能讓我們感覺到「活」分析的樣子。他對歷來的「支那論」進行了尖銳的批判，稱之爲「缺乏科學方法」，同時，他更強調的首先是所謂的動態分析。他說：

科學方法是必要的。但是，實際不能停留在顯微鏡上，也決不能是屍體解剖。對活體的解剖，比什麼都必要。即使在一向長期處於假死狀態的支那，事實上還保存著活力，而且，新的運動規律對之起著作用。（同上，自序，第二卷第一九五頁）

使尾崎充分發揮這一分析方法是，大概可以說是針對中國的民族統一戰線這一問題的分析。尾崎對中國的民族運動的重要性，反復加以強調，同時，他對那種機械的、片面的分析，自始至終地加以恰如其分的批評。

現在，看到這一民族戰線的團結意外地鞏固，有些人就說，支那民族運動完全消除了各階層的利害，我覺得這是與事實相反的機械性看法。（同上，《民族運動的特質》，第二卷第二七一頁）

於支那內部，統一戰線不是均質的東西，而是極其不均衡的結合，無寧可以將它看作是包含著各種矛盾，這是極其不均衡的各因素，在一定的條件下努力尋求平衡，努力希望結合的一種形態。（同上，《國民黨與共產黨的關係》，第二卷第二八一頁）

如果僅從尾崎的語言上來說的話，排除機械的分析論，追求全面地、整體地把握，這些方法論，是馬克思主義方法論的一貫主張。如果再跳躍到另一個側面來看，當時，再三強調這些方法論的重要性的，可以說不是別人，正是擔負著統一戰線一端的毛澤東。（寫到這裡，我情不自禁地產生了一種希望，那就是想確認一下當時尾崎對共產國際、中共關係的文書以及毛澤東的論文收集、閱讀的情況。

高田爾郎氏曾經說過，一九四一年，作為「日森情報」的一環，他將譯成日文的毛澤東的《中國革命和中國共產黨》一文親手交給了尾崎。——《尾崎秀實與日森虎雄》，《現代史資料(2)左爾格事件(二)附錄《現代資料月報》，三鈴書房版。）

當然，不用說，知道這一分析方法的必要性與應用這一分析方法，完全不是一回事。作爲新聞記者，尾崎的「直覺」是很有名的，並且據說他自己也對自己的這一「直覺」充滿自信。或許可以這樣說，這種分析方法，與他天生的素質相結合，更加得到了洗煉，在激烈的政局舞台上，充分地將自己的才能發揮了出來。

在這裡，我們要探討尾崎的中國研究乃至中國認識的特質，最有效的方法似乎只能從他的著作中表現出來的「科學方法」，即超人一等的現實主義手法中來尋求。但是，當我盡可能將尾崎數量衆多的論說放在當時的形勢下加以通讀時，覺得要將尾崎的所有的特質全部放在這種「方法」中來尋求其獨特性的話，仍然是不可能的事。直率地說，至少對於我，是被某種難以名狀的爲難和奇妙所糾纏著的。就像最終與左爾格事件相牽連的那樣，在尾崎的內心，基本上還隱藏著另外一個層次上的問題。如果極其簡單地說，尾崎反復指出的「支那民族運動」，爲什麼他就能將之緊緊抓住在手下進行明徹的分析，而別人則完全視而不見或只是觸其皮毛呢？或者即使已經看到了「支那民族運動」的發展，而卻又是爲什麼只是用公式化的、教條主義的眼光來觀察呢？尾崎的中國認識，不正是他理性與感性這兩方面的結合嗎？尾崎對中國問題進行分析的起點、終點，以及他的分析之所以與其他幾乎所有的中國分析都存在著質的區別，其原因就在於一個親自觸摸了中國民族運動的人觸感上。這種觸感或許可以用「黑壓壓地出現在眼前的民族運動」這一存在來表現。尾崎自己將之表現為「支那的正體」（《現代支那論》自序），而且也完全抓住了這一運動的本質。當然，這一切，都是通過他自己的感性而獲得的。

當我們設定了這樣的問題考察尾崎時，其決定性的體驗，當然是三年多的上海生活。尾崎的這一段經歷，是無人不知的事。在這個期間，他幾乎把全部的精力都放到了「支那民族運動」中去了。尾崎為林守仁—山上正義翻譯的《國際無產階級叢書　阿Q正傳》（四六書院一九三一年版）所寫的序文《說中國左翼戰線的現狀》（第三卷第二六九—二七三頁）之中，正如文章中所表現出來的那樣，迸發出了自己的感情。若從人生的經驗、人生的前進道路這一點上來看，為之作序這一體驗，對尾崎來說，成了一種重要的命運之舉。跟幾乎所有的人一樣，人生中的偶然與必然微妙交織在一起。我覺得尾崎在上海所獲得的感性認識，不僅僅只是貫穿其個人一生的事，而且還成了他分析、預測中國的動向以及決定日本的前進路線的最基本的出發點。他在上海的體驗當然是他固有的東西，而調動自己的理性與感性，在上海獲得的中國認識，則更屬於他固有的財產了。正是通過了這種認識，他才確確實實地窺見到了「現代支那的正體」，說得更廣一點，窺見了二十世紀亞洲的秘密。

直率地說，我在讀尾崎的文章時的一個難以抑制的感覺是，他想將他自己體驗到正體和秘密向世人傳播，但在當時言論自由受到壓制的形勢下，卻又不能暢快地完全將之傳播，在這種急不暇待的心情下，顯得有點焦躁不安。正因爲如此，他才在各種場合，一遍又一遍地說著他的「支那民族運動」，以此來喚起人們的注意。但是，只要是運動，那麼，它的實際形態就只能在運動的發展過程中表現出來，尾崎立於「民族運動」這一原理性說明與運動的令人吃驚的多樣性以及瞬息即變的運動實態的夾縫之間，在自己都尚未能夠充分確定的正體面前，不斷地苦悶著，彷徨著。

這裡，如果從思想的角度來看，可能包含著兩個本質性的問題。一個是，尾崎通過自己對中國的認識，被「民族運動」，特別是「運動」這一存在形態深深地吸引住，並將之吸收爲自己自身的思想。若從他大量與中國相關的評論來看，他的主張，如果大膽地說，那就是「別看政權，請看運動吧」，或者也可以說是「別看制度，請看運動吧」。在不斷地評論南京政府—蔣介石政權的過程中，他的這種觀點，躍動在每一個角落。在不斷地指出這個政權所擁有的某種強固性與脆弱性時，最後所展示出來的形象，仍然是席捲中國的「運動」——「民族運動」。下面我們將要看的一段話，或許是反映他的這一觀點的最生動的一段。蘆溝橋事變半年前的一九三七年二月，尾崎在論及「支那與蘇聯」的文章中說：

國民政府立於高漲的民族運動之浪尖，想一舉完成國內統一事業，對外也有著巨大勢力的後盾，得以主張獲取某種地位。但是，問題是國民政府自己不具備領導或控制這一昂揚的民族運動潮流的力量，僅此一點，若有一步走錯，則大有從浪尖頭被摔落下來的可能性。

（《處於暴風雨之中的支那》，第一卷第四七—四八頁）

這一潮流，代表著「不斷發展的支那民眾的動向」，更加具體一點來說，這一革命的主力軍以「一向盲目連方向都不知道而卻以驚人之頑強在這塊土地上營營而生的支那民眾的形象」（同上，自序，第一卷第四頁）表現出來的。以「游擊隊不用說，一切的政治勢力與採取不協同態度的只知對土地的農夫及街頭衣衫襤褸的少年」（《東亞協同體的理念與其形成的客觀基礎》，第二卷第三一二頁）的形象表現出來。

另一個問題則是，據尾崎的看法，這一民族運動的本質，首先具有「自己解放」的性格。自己解放自己，才是這一運動的實質。嚴密地說，這一句話，在尾崎的著作中，僅僅偶爾一見，因爲是僅僅偶爾一見，所以在著作的整體中不易被覺察。但是，無庸置疑，這一定義，才是尾崎把握民族運動，更廣泛一點來說，是尾崎思想整體中的一個關鍵。蘆溝橋事變一發生，尾崎就寫道：

我覺得支那的「赤化」已是難以改變之趨勢。……這是與支那民族運動中命中注定的自己解放這一事實以及今後來自外部的日益增大這一事實相關聯的。

支那的「赤化」，是由支那特殊的複雜性及特殊的內容決定的，我想不一定就非要將它考慮成是與蘇聯同類型的東西。也不能說今後再次惹起國共兩黨分裂的可能性就沒有，即使在這種情況下，所謂「赤化」傾向仍是在所難免。（《從國際關係看支那》，第一卷第一九七頁）

然後，正是在這種規律性之中，雖然話講得比較委婉，尾崎仍然給中國共產黨的獨立性下了結論：

現在，不難想像共產國際與支那共產黨之間的關係。……然而，支那共產黨結成統一戰線的熱情，並不單是根據這些指令關係而形成的。經歷了一九二五至一九二七年的聯合，他們之間似乎有著更加本來的、獨立的東西。從中國共產黨、軍隊現在的指導部的人物來看，毛澤東、朱德、林彪、聶榮臻、周恩來、賀龍、劉伯堅等將領，無一人訪問過莫斯科，全是從鬥爭中走過來的人。這些人中間，自己的妻子、眷屬曾被國民黨殺死的人亦為數不少，然而，他們仍然盡力地與國民黨提攜著。（《現代支那批評》，第二卷第一一七頁）。

在尾崎這樣的筆致之中，我們可以看到他細膩的觀察方法，即，對「自己解放」自己爲目標的中國民族運動——擔負著主要的一端的中國共產黨的獨立性的理解、把握，不是從所謂的「規律」、綱領，而是從人性以及其行動上來尋求事物的本質的。

以上，我對尾崎的中國研究的獨特性，以及其研究乃至認識中的本質的方面進行了闡述。我覺得，在他的分析方法中，與現實主義精神同時，還根據事實本身，將「支那民族運動」的基軸視爲「自己解放」，在眞正的意義上作了盡可能完整的發現和認識。如果將這一點視作尾崎的現代中國研究的精髓的話，絕非過言。

這裡，還有一個不得不加以說明的傾向，這就是，對中國的民族運動，在近代日本，尤其是在明治末期大正以後的我國，是人們最終都沒有能夠完全把握的問題，到了昭和初年，甚至可以說發展到了日本人幾乎不可能理解的地步。對明治憲法體制——天皇制國家確立以後的帝國臣民來說，這種意義上的「民族運動」，是絕對難以理解的。這種不理解由來於從富國強兵走向對外侵略的近代日本內在的最根本性的深層。這期間的詳細情況，已經沒有必要再重複了。回到尾崎個人身上來說，正是從這兒，開始了他悲劇性的、絕望的努力。這以後，在日中全面戰爭的過程中，尾崎的生活、鬥爭，與參與權力的中樞機構，參與「東亞協同體論」，最後與左爾格事件發生牽連這一系列的問題迅速地牽扯到一起去了。

日中全面戰爭的爆發——亞細亞與日本的構想

在日中全面戰爭爆發後一年多的一九三八年十一月公開出版的《現代支那批判》的自序中，尾崎寫道：

至戰爭爆發之前，筆者的態度是一心將主要精力傾注於向國人警告日本所面臨的重大事態。然而，在事變朝著大規模發展以後，我們應該採取的態度當然必須是更積極。在最近的論文中，雖然尚未達到充分的積極與具體，但是，讀者肯定能看得到，我們正在不斷努力地從所謂客觀主義中擺脫。（第二卷第一頁）

被收入《現代支那批判》一書中的，大致是一九三七、一九三八這兩年間撰寫的時局評論。在戰局、時局的急劇發展中寫下來的這些論文，正像尾崎自己所說的那樣，確實帶有比現狀分析更強烈的「從所謂客歡主義中擺脫」的調子，更加準確地說，是漂蕩著一種濃厚的被逼得無可奈何、萬不得已的感情或情緒。《現代支那批判》，正像書名所顯示的那樣，由《支那政治批判》、《日支時局批判》、《支那經濟批判》三章組成。其中，《日支時局批判》，以從蘆溝橋事變至「漢口攻擊戰」爲止時時刻刻都在變化發展著的戰局爲背景，因此，充滿著明顯的迫切感。

然而，尾崎的這一論集中，他想批判什麼呢？或者，在「日支時局」的發展中，他嘗試了什麼樣的批判了呢？給人的第一印象，是要批判「現代支那」，是要站在日本的立場上來批判「支那」的「政治」、「經濟」。但是，這本書中，卻隱藏著極其曲折的意圖。

尾崎在『局部性解決』、『不擴大方針』都完全不被理會」，「國民的大多數只知道向敵人突進，少數的軟弱者對事態的趨勢毫無主張，只是呆然悵惘的形勢下」（同上，第二卷第六六頁），對事件的深刻化作了準確的預測。

因為戰爭，支那在軍事上、政治上、經濟上的力量整體變弱，全國性抵抗能力也不斷減弱，這是事實，但放遠眼光歷史性地看，民族的凝聚力能實現飛躍性的前進。（同上，第二卷第九九頁）

然後，又說：

不管怎麼說，現在支那發生的最大變異，不在南京政府將要瀕臨崩潰這一事實，而在於

支那的民族運動的內容在迅速地左翼化這個事實。（同上，第二卷第七九頁）

在論及中國的將來、國共兩黨的關係問題時，尾崎卓越超群的認識恐怕已經超出了共產國際的認識，這樣說絕非過言。

如今，（國共兩黨的）問題，已經不是同一陣營內部兩個對立集團的問題了，不過是結成一個集團的民族統一體中兩個指導部問題而已。……現今一般的看法是，支那戰爭敗北，其結果，國共兩黨之間產生分裂，進而支那完全喪失抵抗力，以致趨於崩潰。或者與之正相反，強調支那民族統一戰線的頑強性，國共兩黨之間，時至今日已經不會再生分裂。筆者的見解與上述兩者均不同。……我認為，分裂的危險性確實存在，並且，越往今後，這種危險性無寧說就越有增大的傾向。然而，我又看到，即使看到這兩者的分裂，向來支持這兩大政黨而走到一起來的民眾，其內部的統一性，並不是那麼容易就崩潰的。從而，只有保護民眾統一願望的政黨才能保持其勢力，而存在著破壞統一願望傾向的政黨，將在全局的變化中失去意義。（《國共兩黨合作的將來》，一九三七年十一月版第二卷第九二—九三頁）

像許多研究中經常指出的那樣，二十世紀三〇年代所具有的意義，至今都是極其複雜的。這一複雜性，對現代歷史，依然會帶來微妙的而且深刻的影響。僅從中國方面來看，這一時代的各種各樣的路線、方向，一直給解放以後的歷史都帶來了巨大的影響。這已經是衆所周知的事了。二〇年代後半期至日中全面戰爭，國民黨的動向、共產國際、王明路線、還有毛澤東路線等等，知道一複雜關係的人，可以感覺得到尾崎這一段稍稍帶有鳥瞰性的文章中令人欽佩的感觸。這裡可以說，尾崎通過親身體驗而獲得的中國民衆的動向，聳立在他的這一預言的背後。

但是，對於尾崎來說，對中國的情況越是準確地把握，就越是覺得問題朝相反的方向發展，這未免太過於悲劇化了。以民族運動這個核心描繪出來的中國像，在自己的心目中越是鮮明就越覺得與自己的祖國日本所描繪出來的中國像完全顚倒。尾崎的《日支時局批判》，不正是在這種倒錯、破裂之中，將賭注下在歷史的逆轉之中而發出來的悲痛呼喚嗎？

正像尾崎在《自序》中寫下的那樣，「戰爭爆發之前是對國人警告」，然後，「事變發展以後是積極的提醒」，如僅從字面上來看，決不是什麼虛僞。但是，其內容，仍然有著曲折的雙重意義。

接著，我想首先將最能夠直接看透戰爭之際尾崎的心情的一段文字揭示如下，在《長期抗戰的去向〉中，他這樣寫道：

日支事變開始以來已經過了八個月了。戰爭依然在持續著，現在，戰爭何時能結束，誰也預測不到。

自己的村莊裡，豎起了幾根墓標，幾位年青的友人們去了大陸，再也沒有歸來。回頭想一想，不知何時，自己的日常起居也會發生明顯的變化。（《現代支那批判》，第二卷第九四頁）

放眼戰爭的彼方，以曾以豪華的建築而誇耀於世界的首都南京城為首，如蜂巢般地被穿透，在江南平原上默默展開。於我等這樣數次遊賞其地，為其和平的風光所陶醉者，怎能不生感嘆。（《現代支那批判》，《敗北支那的前進道路》，第二卷第八〇頁）

對有著深厚的中國體驗的尾崎來說，在這裡，他自身痛切的個人感懷，抑制不住地流露了出來。儘管如此，他對戰爭本身的認識，似乎保持了斷然的態度。他擊退了「這個事件如果那時那樣那樣的話不就可以不發生了嘛」這種議論，而「不想將這種那種偶發的事情作爲問題」，但又好像是自言自語地說道：

這條道路必定是七〇年資本主義發展過程的一個毫無辦法的歸結。（《現代支那批判》、

《長期抗戰的去向》，第二卷第九五頁）

這句話的意思，在這裡已經不必要詳說了，這是明治以後日本資本主義所展開的「大陸政策」的自然而然的歸結。「不出所料，作爲日本，這是必然要走的道路。」正是從這一認識中，尾崎欲轉而委身於歷史的必然之中，「退卻也好，轉換方向也好，都是不可能的事。」

我們在事變的初期，都預料到了這一事件的重大性，為了兩國，心中希望能夠找到和平手段迅速解決。以後，事情發展到現在，已經全面展開。時至今日，半途而廢的解決方法已經絕對不允許，唯一的道路就是戰勝支那，否則別無他路可尋。不再揮舞假面，集中精力與支那鬥爭，除此之外，絕無生路。（《現代支那批判》，《長期戰爭下的諸問題》，第二卷第一〇五頁）

當然，我沒有理由僅憑文字就此接受尾崎的這一主張，也不想單純地將之視作某種轉換。與直至左爾格事件的全部過程結合起來看，對於尾崎個人，還有尾崎對形勢的預測，問題遠遠比這複雜得多，微妙得多。但日中戰爭的全面展開這一現實，對尾崎的思想與行動給予了強烈的衝擊，這一點似乎是無庸置疑的。確實，尾崎心裡很明白，「退卻也好，轉換方向也好，都是不可能的事」，在現實形勢下，也看穿了在「不再揮舞假面，……鬥爭」以外別無出路。但是，尾崎的這種認識，在他心目中，決不是僅僅意味著與對手「支那」之間的軍事鬥爭，無寧說更多的是意味著與自我自身的鬥爭，還有在日本國內的鬥爭。這一認識直接與日本的社會意識形態的改造聯繫在一起。關於這些問題的關係，尾崎在多處作了暗示。「為配合眼前的形勢，必須有應急對策，此應急之策就是改造日本社會的組織。」（《長期戰爭下的諸問題》，第二卷第一〇四頁）「今日，在日本舉國與支那扭打在一起的形勢下，這早已不是單單實現大陸政策的問題了，而早已成了日本本身的問題。」（《長期抗戰的去向》第二卷第九五頁）

然後，尾崎說：

日本國民、日本社會，從深深的底層開始被動搖。……政治指導部不得不看準這一方向，謀求對應的政策。然而這兩者中間，存在著數重官僚、資本家的既成機構，這些既成機構，形成了最高政治指導部與民眾之間的絕緣體——至少是不良導體。（《漢口攻略以後的形勢》，第二卷第一二八頁）

民眾或是已經開始懂得了自己面對著的困難是非同尋常的。……我們確信，大眾已經從深層之處舉著自己的解決方策登場了。正是這種期待，對內也好，對外也好，真正的勇氣才一定能夠發揮出來。（《漢口攻略戰的意義》，第二卷第一二三頁）

剛才我寫到「事變開始後」的尾崎，他的「從所謂客觀主義中擺脫」，「積極的態度」帶有曲折的雙重意義。尾崎，一方面委身於「日本七十年來資本主義發展過程的一個毫無辦法的歸結」、「必然要走的道路」之中，在某種意義上可以說是委身於「理性的狡智」之中，幾乎表現出了隨波逐流的態度，認爲只有「不再揮舞假面，集中精力與支那鬥爭」，才是日本的唯一的一條出路。但同時另一方面，他又將這一事態後的鬥爭視作根本的鬥爭，確信日本社會意識形態的變革——「大衆已經從深層之處舉著自己的解決方策登場了」。可以說，尾崎從這以後的公開社會活動，幾乎是沿著這兩個方向進行的。他在一九三八年七月，作爲近衛內閣的特別顧問，在國內政治上，參與了制定所謂「近衛新體制」的策劃，在對外政策上，也側身於與「支那事變處理」相關政策的立案以及「東亞協同體論」的塵囂之中。就促使外交輿論騷動一時的「東亞協同體論」而言，尾崎對這一協同體論，多次反復地聲稱「東亞協同體論」與其他的理論不同，這是從「支那事變的具體進展」中產生的，正是歷史的產物，而且，又與「亞洲門羅主義」、「東亞經綸論」等不同，「東亞協同體論」的意義在於「意識到支那民族問題的意義，反過來能夠眞正地促使我們考慮本國的重新組織」。（《東亞協同體的理念與其成立的客觀基礎》，第二卷第三一八頁）這個時期，對尾崎的一生來說，是最風光的時期。他可以自由地出入於首相官邸，接近內閣的最中樞人物，煞費苦心地鼓吹自己的構想。在這一段時期內，通過書記長官風見章，作爲近衛內閣的智囊，他有著他人無法比擬的觀察決定政策的過程以及權力變動的極好機會，從而也有了根據自己的思維方法，爲事態多少有點改善而不惜傾注精力的可能。對「東亞協同體論」以及圍繞「東亞協同體論」的爭議的那種陷入太深、欲罷不能的感覺，也可以將它考慮成是這一延續的必然結果。

但是，盡管如此，他的構想，隨著現實的推移，在自己的胸懷中不得不將之熄滅。對於近衛內閣的「東亞新秩序建設」聲明（＝「東亞協同體論」）中將中國視作「中國呑併的別名」這種做法，寫下了「根據具體實踐，新秩序論者對之不得不回答」（《現代支那論》，第二卷第二八六頁）的尾崎，認清了「與民族問題相比，『東亞協同體論』是多麼的淒慘與渺小啊」，「應該淸楚地認識到這一點」。（《東亞協同體論的理念與其成立的客觀基礎》，第二卷第三一四頁）他的這種思想，在一九三九年年一月辭去了近衛內閣的特別顧問以後，變得更加切實了。

「東亞新秩序論」＝「東亞協同體論」，隨著近衛內閣轉換成平沼內閣，急劇地失去了它政治上的地位以及政策上的支持，尤其是國民再組織問題，隨著東亞協同體論本身的發展，

也使它經受了一次挫折，陷入了可悲的境地。（《東亞新秩序論的現在與將來》，第二卷第三五九頁）

若要說尾崎對近衛或者「東亞新秩序建設」聲明是否抱有何種幻想什麼的，畢竟是難以想像的。對尾崎來說，「東亞新秩序建設」的「淒慘」與「渺小」，應該從當初一開始，心中就是非常明白的。但是，作爲現實政治中的一個人，要說他採取了完全撇開的態度，這也是難以斷言的。從他當時寫下來的東西中表達出來的，可以說是被夾在僅能容身的日中關係之間不得不發出來的悲鳴，從中甚至都似乎可以看到他因掙扎而扭動著的身軀。從引用的文章中也可以淸楚地看出，在尾崎的心目中，「東亞協同體論」與「國民再組織問題」，幾乎是一個內容的兩個方面，也許這正是尾崎接近近衛內閣的基本想法。但是，他懷著深深的熱情寫下的「日本社會組織的改造」，「從深層之處站起來的大衆」這一些構想，在現實中即刻土崩瓦解了。這些構想，說不定是日中戰爭全面爆發以後在他腦中一瞬即逝的夢想。經過了這樣一種「可悲的境地」，「一次挫折」以後，他面對將來，又寫下了如下一段暗示性的文章。

如反復所述的那樣，必須建設「東亞新秩序」的現實基礎，這才是各種（問題）的根本。

（同上，第二卷第三五九頁）

形成所有問題的根本的「現實基礎」，當然也意味著中國的「地殼變動」——抗日民族運動的發展，尤其是抗戰主體的質變，以及對採取了新形態的中國的展望。他在好幾個具體問題上，對中國的「新型的民主主義形態」（《汪兆銘問題的新發展》，第二卷第三七二頁），「支那經濟的非資本主義性發展」（《現代支那批判》，第二卷第一七四頁）的可能性，作了毫無保留的闡述。

以後，尾崎在左爾格事件的《第九回訊問調查書》中，大聲說道，「我所說的『東亞新 秩序社會』……是在日本國內的革命勢力非常弱小的現實」中，「日本如要實現這一轉換，蘇聯、擺脫資本主義機構的日本以及完全掌握領導權的中國共產黨支那，此三者必須緊密地提攜援助。使此三者的緊密結合成爲核心，首先將目標定在東亞諸民族的民族共同體的確立上。」（《現代史資料(2)》左爾格事件(二)》，三鈴書房版第一二八——一二九頁）尾崎向左爾格談及日本社會革命的現實預測——日本因疲敝而爆發革命的可能性時，已經是在太平洋戰爭爆發的前夜，亦即在他自己被逮捕的數月之前。從《東亞新秩序建設》聲明的發表（一九三八年十一月）到太平洋戰爭的爆發（一九四一年十二月），時代像激流一樣發展著，尾崎也就在這一激流中惡戰苦鬥著。但是，就在這短短的兩三年中，在日中兩國關係的夾縫中掙扎扭動著的尾崎，與日夜都夢想著歷史逆轉的尾崎之間，很明顯地存在著一條鴻溝。通觀尾崎的一生，這期間他所描述的思想活動軌跡，眞可以說是一條過於孤獨、孤軍奮戰的道路。這裡，超越日本，然後再超越中國，實現世界革命的夢想，只是以一個倒錯的形象打上了一個句號而已。

「我本來並不是一個純粹的共產黨人」（《上申書》，《獄中書簡》）這句話，在對尾崎的評價中，圍繞著尾崎的歷史地位，屢屢被引用。

在這裡，我並不想過深地涉及這一問題，因爲關於這句話，與變節、假裝變節等問題牽扯在一起，這個問題不僅僅是非常嚴密的思想性問題，而且有時候甚至是需要通過心理分析才能發現答案的問題。然而，因爲這裡的主題是「尾崎秀實與中國」，所以，對他在這裡所揭示的問題性質，似乎仍然有必要作一個解答來。這或許是一個在近代日本與中國的關係之中重新評定尾崎的歷史地位的課題。

日中關係的夾縫之間——日本、中國、世界

尾崎在《獄中書簡》中，談到了宮崎滔天的《三十三年之夢》，他這樣寫道：

讀了《三十三年之夢》，有一種說不出來的愉快。……滔天初次溯揚子江而上進入上海時，感動萬分而情不自禁地潸然淚下的場面，我深有同感。我最初來到上海時的感動，是一

生中最難忘懷的事之一。（《感情如星星般降落》，第四卷第一七四頁）

還有，在一九四三年八月三十一日的信中，要求家裡人送來北一輝的《支那革命外史》。（第四卷第九二頁）

在其他的書簡中，還可以發現他要求送來的歷史、哲學、傳記、社會科學等多學科的書籍的書，並寫下了許多讀後感。這些與「現代支那」相關的研究書籍，或者像《黃河之水》（鳥山喜一）、《長安之春》（石田幹之助）等等，雖是先人的著作，但都激起了他的許多回憶。

回顧歷史，在日本與中國之間，存在著無數編織日中關係史的人們，從右翼到左翼，從軍人、革命家、政客、浪人、商人到娼婦、流氓，幾乎所有種類的人都被包含在其中。然而，如僅限於在歷史舞台的正面登場的人來說，其歷史歸結姑且不問，但若要將這些人分門別類的話，那麼，這兒或許存在著一個重要的界限，那就是是否自始至終都將中國革命與日本的變革以及世界革命，即中國、日本、世界這三者聯繫在一起的問題。

從其主張來看，尾崎確實是一位共產主義者，也是一位國際主義者。「社會主義不是在一國國家就能以完整的形式確立的，社會主義是一種等待世界革命才能實現的制度。」（《檢事訊問訊錄》，《現代史資料(2)　左爾格事件(二)》，三鈴書房版第二八五頁）「不用說，我意圖中所謂的『東亞新秩序社會』……應使之爲世界革命的一環。」（《司法警官訊問記錄》，同上，第一二九頁）正是因爲這個緣故，尾崎才置日本革命於心中，參與了中國革命，並對蘇聯採取了協力的態度。這又是尾崎其人其思想其行動被定性爲共產主義的原因。尾崎帶著某種感懷重溫宮崎滔天、北一輝時，或許已經超越了自己個人的主義、主張，可以肯定地說，在他們之間，存在著一個相似的磁場。

這裡，有一個動不動就被遺漏的問題，例如，宮崎滔天，他絕不是單純地爲了「支那革命」的「支那革命主義者」，也不是通過與孫文的結交純粹無瑕地爲中國革命而獻身的熱情漢，他首先應該是一位「爲了世界革命的支那根據地主義者」。在《三十三年之夢》中，滔天淋漓盡致地說道：「余信人類同胞之義，故異弱肉強食之現狀。余奉世界一家之說，故憎現今國家之競爭。所忌不可不除，所憎不可不破。……故余遂至以世界革命者自任。」這絕不是單單停在口頭上的東西。在追踪滔天的思想與行動軌跡時，他的這種構想呈現出最緊張的姿態可能是在一九〇五年——日俄戰爭前後。這一時期，正是中國革命同盟會成立，尼古拉・拉塞爾、格爾雪尼等俄國革命家來訪日本，然後又有因日俄戰爭而引起的日本社會的裂變，更有因日俄武力衝突而引起的國家間的決裂等一系列重大事件發生的時期，滔天在這一時期展示的藍圖是，在「支那內地」建立「根據地」，採取「曠日時久之策」，等待歐美內部的「社會革命之亂」的爆發，如果「列國來干涉，則惹起世界革命之動亂」。在滔天看來，這也是「國家帝國主義與社會革命、世界主義決戰」的時期。（《支那革命與列國》，《宮崎滔天全集》

平凡社版第二卷第六〇八頁）這原是滔天描繪的一場夢，並且還是作爲一個日本人的滔天寄託在「支那革命」中的一場夢。但是，綜觀這一時期的整個歷史，不用懷疑，這是在體制的動搖之中，根據逐漸萌芽於明治末期的「亞細亞革命」——「亞細亞主義」的思想而閃出的世界革命的光芒。

北一輝，在這個時期內，全身心投入了「支那革命」＝「辛亥革命」，後來又終於轉回到了面向日本的改革，轉向了超國家主義，這是衆所周知的事。他在《支那革命外史》中，提倡日本的「革命性對外政策」，發動「俄支戰爭」——「對俄一戰」，將中國進行「武斷地大統一」，然後廢棄「日英同盟」，將英國從「南支那」驅逐出去。這種構想最終轉向了超國家主義。在有名的《日本改造法案大綱》中，出現了「於強取他人寸土之同時，……若有必要，應有奪取全世界之遠大抱負」這種令人吃驚的飛躍。

當然，我在這兒將尾崎的《獄中書簡》中偶爾出現的兩個人的事情提出來，並不是想將他們作爲論據，以此爲參照物將尾崎也適當地安排到這一譜系的某一個位置上去。也不是想設定尾崎是民族主義者還是國際主義者這兩個問題而從中來兩者擇一。不管從時代上來說也好，從形勢的變化發展上來說也好，他們之間都存在著巨大的差異。這個差異，應該將之視作必須仔細研究的新課題。盡管如此，單從與中國的關係這一點來看，對於近代日中兩國關係的錯綜複雜，我不禁產生了諸多的感慨。

被所謂的「中國問題」所觸發，並將「中國問題」放在與日本問題有本質性關聯的角度上加以摸索的人們，如果將他們行動中的各種差異都捨去，就會發現，隨著明治、大正、昭和這一時代的推移，他們的活動範圍在逐漸地縮小，而其活動的領域卻不斷地往權力構造的高處升。例如，稻天的行動，可以說是民間志士的活動。他周圍的人或者與他相關的人，是所謂的「浪人」或者是在野的政治家們。北一輝作爲民間右翼團體的台柱和重要人物，隱然擁有著某種勢力，爲了「國家改造」，逐漸地向權力力中樞靠攏，想以此來撼動權力中樞的這棵大樹。然後就是尾崎，尾崎作爲內閣的智囊，事實上已經站到了權力中樞機構的周圍，憑著這樣的地位，他可以全身心地投入到他自己的「東亞新秩序社會」——「世界革命的一環」這一構想中去。但是，不用說，尾崎抱著自己的這一構想進行活動時，他也就成了一個最孤獨的革命者或最單獨的革命者。在孤獨的環境中，他越過了海洋，將自己孤獨的影子與德國通信員、納粹黨黨員左爾格聯結了起來。不，倒不如說是不得不與左爾格聯結在一起。日本的近代國家體制是如何急速地對國內進行壓制、迫害，同時對國外進行侵略的，尾崎的事例就是一個縮影。如果從這一觀點來看，尾崎的活動，不正是在這種壓制、迫害的過程中依然拼命努力的幾乎是戲劇性的軌跡嗎？

回顧這段歷史，使我產生了這樣一個感想，即在近代日本，大凡對體制持有批判態度，並且在相對開放的意識中思考問題的人，幾乎都在中國尋求自己發展的舞台，想通過中國的革命，來展望日本的變革，展望世界革命。對於這些人來說，只有中國革命才是通向世界革命的道路。可以說，這才是良性的「亞細亞主義」的基礎，才是近代日中關係應有的構造。在近代史上，中國對我國所具有的重大意義之一，難道不應該從這兒來尋求嗎？

（原文刊自《近代日本的中國認識》，中央編譯出版社，一九九九年四月）

譯註

註一：Agnes Smedley, 1890-1950，美國女作家、新聞記者，長期滯留於中國，從事革命報導。

註二：Richard Sorge, 1895-1944，德國人。

註三：指太平洋戰爭爆發前，以將日本政府的機密、日本國內的形勢及駐日德國大使館的秘密洩漏給蘇聯之疑，一九四一年十月，與之牽連的德國人左爾格、尾崎秀實等人被捕處刑的事件。

始自於絕望的希望

大江健三郎　演講
李　薇　譯

我已經是個老人，在思考未來的時候，對於也許不久的將來會離開人世的自己本身，我並不做什麼考慮，心裡想的更多的是生活在將來的年輕人、他們的那個時代、他們的那個世界。我因此而深深憂慮。

我想到，自己在戰後那些年曾經被給予希望，一直有一個心願，就是希望與因日本人而遭受戰爭殘害的亞洲、特別是中國人民眞正和解，而現實能夠告訴我們未來會是那樣嗎？我懷疑。在小泉首相參拜靖國神社的那天晚上，與我有著同樣憂慮的知識界人士向大家講述的南原繁對未來的那個期望，今天正當年的日本人是否都懂得呢？如果現在的日本人沒有那樣的祈盼，將來的日本人又怎能把握好自己的思想和生存呢？

一、二十五歲首次訪華的經歷

這次能到北京訪問，是承蒙中國社會科學院的邀請，承蒙我所崇敬的、思念的朋友們的邀請。我由衷地珍惜這次訪問，感到格外興奮。他們爲我這個上了年紀的作家，準備了我所期待的最豐富的日程。

我是已經七十一歲的作家，如果我想再一次訪問中國，也許只有帶家屬私人旅行的機會了吧。我第一次訪問中國，是在二十五歲那年，剛剛成爲一名作家。其實，在日本文學代表團裡，與其說我是作家，不如說我僅僅是一名成員而已。那是一九六〇年六月的事情了。

那一年，在日本連續爆發了前所未有的群衆大遊行，抗議日本政府把日美安全保障條約定位爲軍事條約。當時我認爲，日本在亞洲的孤立將意味著我們這些年輕日本人的未來空間會越來越狹窄，所以，我參加了遊行抗議活動。正是在這個過程中，我和另一名作家被作爲年輕團員吸收到反對修改安保條約的文學家代表團裡。

由於這個代表團的性質，日程裡安排了與中國領導人的會見。當然，對於我來說，其實只是在稍後的席位上看著團裡的主要成員與領導人對話。對於熱衷閱讀中國現代史的我（現在上了年紀，回過頭看自己，這一生的大部分時間除了讀書，就是用於寫書了）來說，在那個位置上細細眺望中國的歷史偉人，覺得他們猶如茂密森林中的參天大樹。在這裡特別想告訴大家，我這個人最愛的，就是書和樹。

下面我引用自己的日記，裡面提到一些人的名字，因爲他們已經作爲偉大的歷史象徵深刻地印在我們的心裡，所以請允許省去敬稱。我當時寫到，毛澤東、周恩來、許廣平、陳毅、郭沫若，還有文學家茅盾、老舍、巴金、趙樹理……，那是多麼茂密的森林啊！

在北京逗留期間的一天，這些偉人群像中的一位，曾經非常和藹可親地主動與我交談。我們在北京逗留的六月末，正值日本國會即將審議安保條約修改方案，審議的前夜，東京的遊行隊伍包圍了國會大廈，與機動隊（相當於武裝員警—譯者）發生衝突，女學生樺美智子死亡。這個事件發生後的第三天，周恩來總理在王府井全聚德烤鴨店宴請我們代表團。在門口迎接我們一行的周總理特別對走在一行人最後邊的我說：我對於你們學校學生的不幸表示哀悼。總理是用法語講這句話的。他甚至知道我是學法國文學專業的。我感到非常震撼，激動得面對著名烤鴨一口都沒咽下。

當時我想起了魯迅的文章，是指一九二六年發生的三・一八事件。由於中國政府沒有採取強硬態度對抗日本干涉中國內政，北京的學生和市民組織了遊行示威，在國務院門前與軍隊發生衝突，遭到開槍鎮壓，四十七名死者中包括劉和珍等魯迅在北京女子師範大學教授的兩名學生。後面我還要講到是什麼契機使我從魯迅文集中摘錄了「希望」這個辭彙。我回憶著抄自《華蓋集續編》（翻譯這本書的是曾經和我一起參加過東京遊行的竹內好）的一段話，看著周總理，我感慨，眼前的這位人物是和魯迅經歷了同一個時代的人啊，就是他在主動向我打招呼……。

魯迅是這樣講的：「我目睹中國女子的辦事，是始於去年的，雖然是少數，但看那幹練堅決，百折不回的氣概，曾經屢次爲之感歎。至於這一回在彈雨中互相救助，雖殞身不恤的事實，則更足爲中國女子的勇毅，雖遭陰謀秘計，壓抑至數千年，而終於沒有消亡的明證了。倘要尋求這一次死傷者對於將來的意義，意義就在此罷。

苟活者在淡紅色的血色中，會依稀看見微茫的希望；眞的猛士，將更奮然而前行。

嗚呼，我說不出話，但以此紀念劉和珍君！」

那天晚上，我的腦子裡不斷出現魯迅的文章，沒有一點食欲。我當時特別希望把見到周總理的感想儘快地告訴日本的年輕人。我想，即便像我這種魯迅所說的「碌碌無爲」的人，也應當做點什麼，無論怎樣，我要繼續學習魯迅的著作。我當時還希望，我不應當再讓周總理這樣的偉大歷史人物爲了我花費他寶貴的任何一分鐘。後來我一直堅守著這個原則。

二、魯迅作品伴我讀到老年

這個開場白可能長了些，說這些也是向社科院表示感謝，因爲大家爲我安排的整個日程遵循了我的原則，體現了我的願望。

首先，日程中包括了和北大附中學生對話的機會。我是個作家，對教育是外行，但我要向孩子們講述的是，在日本的山林地區長大的我是如何從母親那裡得到了翻譯成日文的魯迅的短篇小說，這些作品是如何令我愛不釋手地讀到老年，而我又從中受到了哪些影響。

此外，根據日程安排，將用一整天的時間召開我的作品研討會，中國的學者們將從多個角度和我交換意見，這在日本也是前所未有的。我這個人的性格不是嫉妒心理型的（我夫人是我年輕時代曾經影響過我的好朋友的妹妹，我們結婚已經五十多年了，按她的話講，結婚前和結婚後我從來沒有嫉妒過什麼），但是，對於村上春樹的小說在中國各地的暢銷和熱烈研討，我倒是有些嫉妒，所以特別高興參加爲我準備的研討會。

日程中還包括今天社科院在這裡爲我組織的這場演講會，我想你們都能夠理解，我最後提到它並不是我以爲這個日程安排的分量輕。

我要說的是，這是繼二〇〇〇年後，我在這裡的第二次演講。那一次，雖然不是我對中國的第一次訪問，卻是我在中國知識份子面前的第一次演講。

六年前，我在演講中提到了我的憂慮，即日本在亞洲正在走向孤立，日本國內民粹主義趨勢逐漸顯現。我不僅對北京的聽衆講過我的這個擔憂，也對東京的聽衆做出過提醒：千萬不能讓日本歷史上多次重複的「鎖國」再次發生了！事實是，我所憂慮的事情正在發生。

這次來社科院演講，一方面感到高興，另一方面感到緊迫。因爲，我已經七十一歲了，也許沒有第三次機會，作爲一名對中國知識界抱著敬意的作家，也爲了和我抱有同樣意念的日本的那些朋友，我要盡我的力量。坦率地說，站在這裡講話的我，心情是沉重的。在這六年裡，我與中國社會科學院的學者保持著親密的友好交流關係，在我東京的書房裡，一直自豪地、珍貴地擺放著「中國社會科學院外國文學研究所名譽研究員」的證書！

六年來，可以說我的擔憂一直揮之不去。我長期以來所崇敬的巴金先生以高齡去世了。勇敢、誠實、卓越的文學精神貫穿於巴金的一生，他的人格的威嚴永遠閃爍著光芒。聽到他去世的消息，我把我的哀思寫在了給社科院朋友的私人信函中，據說被發表在報紙上，也許有些人讀到了。在那篇悼文中，我談到了我的憂慮。

我在巴金的悼文裡對日本政府走向與中國和解相反方向的強硬態度表示了憂慮。最近的八月十五日，小泉首相強行參拜靖國神社。當天晚上，早有預感的我和我所信賴的知識界人士組織了大型抗議集會。

在今天的演講中，我應當向大家介紹八月十五日晚上我在東京大學安田講堂面對一千兩百多與我同樣憂慮的老人、壯年以及青年人（包括很多女性聽眾）所演講的內容。

三、我們共有深刻的危機感

在八月十五日的集會上，我們所有發表演講的人都事先統一了基調，大家都從對政治哲學家、教育家南原繁的思想分析展開，聯繫當今日本的政治和社會狀況，探討對南原繁理念的理解。

南原繁是日中戰爭、太平洋戰爭期間東京大學法學部的教授，戰後不久曾經擔任東京大學的校長。在擔任校長期間，他頻繁地對學生和一般市民發表演講，其中許多在出版後被廣泛閱讀。演講的內容集中在戰後日本人如何重新做一名國民、重新做眞正的人以及如何復興已成爲戰爭廢墟的國家等問題上。

南原繁特別提到的是核武器問題。他說：「遭受了長崎、廣島爆炸傷害的人類第一個原子彈受害國日本，擔負著重建自己和平新國家以及把戰爭殘害的情況和廢棄戰爭的決心告知全世界的義務。這不僅是對太平洋戰爭應盡的責任和應付的代價，也是日本的出路，是日本民族對世界歷史的使命。」

關於中國問題，他說：「決定日本民族命運和未來的，只能是重新建立在眞正和平基礎上的日中兩國關係正常化。它的實現需要一個根本的條件，那就是日本國民要對七七事變以來的戰爭責任做出深刻的反省、深刻的認識。」

我只親耳聆聽過一次南原繁的演講，那是一九六三年十二月一日紀念學生出征二十周年時所作的題爲「放棄戰爭的再次宣誓」。我以一名老作家的身份，把自己對那次演講的深刻印象講給人們、特別是年輕人聽。

南原在演講中談到，戰敗前的兩年，日軍越來越被動，徵兵令下達到大學，凡達到兵役年齡的學生都要上戰場，即所謂「學生出征」。作爲送行的教授，心情複雜。學生當中有的已經「對戰爭疑惑和憂慮」。當自己的教授同事對學生繼續唱著「大義名分」、「道德意義」的高調時，不能否認有的學生確實已經認識到那是一場沒有任何正義可言的侵略戰爭。要把這些學生趕上戰場，怎麼對他們說呢？南原在演講中對當時的情況做了如下叙述，我在這裡引用南原著作集中的原話。

「我不能對他們說『即便違抗國家的命令也要依照自己的良心做事』。我不敢說。（省略）我對學生講的是，『國家正面臨生死存亡的關頭，不論個人的意志如何，我們必須依照國民整體的意志行動。我們熱愛這個祖國，必須和祖國共命運。要知道，一個民族和一個個人一樣，終將經歷很多失敗和錯誤。因此，我們的民族將付出巨大的犧牲和代價。不過，這些付出將帶給我們日本民族和國家眞正的覺醒和發展。』」

我在八月十五日演講的時候引用了南原的話。當晚回到家裡時，已經收到批評的郵件。發件人認爲，南原沒有阻止學生出征，而學生中一定有的死在了戰場，而且有許多亞洲人、婦女和兒童被那些出征的學生殺死。怎麼能允許教授的沉默呢？

這話說得對。面對不得不出征的學生，南原沒有說出眞正想說的話，對自己的反省和懊悔成爲他戰後行動的動力，他爲此而付出了努力。我聆聽南原演講正值戰爭結束第十八年，南原不得不擔心的是，處在戰後重建中的日本，本應對自己民族所付出的「巨大犧牲和代價」、以及對近鄰民族帶去的更大犧牲有更深刻的反省，走上「眞正自覺的發展之路」，但是這個「民族國家」卻正在淡忘這個自覺……。下面再引用他演講的一段話。

「……向內外宣佈放棄戰爭、廢除一切軍備的我國，今天在戰後同一個憲法下卻擁有不亞於戰前的二十幾萬兵力，由此可見建設新日本精神的變化，這一切正是對自己的抹殺、對自我的否定，這麼說可能更合適。別的暫且不論，與此關聯的最重要的問題是，戰後的新教育理念已經發生了動搖和混亂。現在的政府、各政黨口口聲聲自由與和平，但其精神內涵和志向已經發生了重大變化。

「這不僅僅是為政者或政治家中的問題，在我們的一般國民中間也同樣存在，所謂戰前派（包括戰中派），在戰後十八年來，已經淡化了對戰爭的反省和戰後初期的決心，甚至已經忘卻，這是非常令人擔憂的。」

南原這種沉重的恐懼在他的另一段長話中表達得十分透徹。請允許我再次引用。

「就我國自身而言，儼然稱為『聖戰』、打著肇國精神、『八紘一宇』的大旗，稱美英為鬼畜，以把他們趕出亞洲取得東亞新秩序的霸權為我民族神聖使命，在中國大陸和東南亞各島施行暴虐，殘害數百萬無辜生命的那場戰爭，如果不是我們民族的暴舉和錯誤、不是對同胞和人類的犯罪，又能是什麼呢！我們所擔心的是，現在，對所謂『大東亞戰爭』的重新評價以及對其意義的強調，不論意圖和動機是什麼，都將導致所謂東亞新秩序亡靈的再次復活，導致毀滅共產中國的戰爭。實際上，我們的國民中有的人還沒有從大東亞共榮圈的夢中醒來，『夢，再來一次吧』的希望仍舊殘存。」

關於最後這一段引用，特別是對於倒數第二句南原繁的痛切擔憂，有幾個發來的郵件、特別是五六十歲的聽衆回饋說，南原作爲一名謹愼的哲學家，在思考未來時，恐懼的心理常常困擾著他。當時的擔憂就是指「毀滅中國的戰爭」。

其實，當今，在與中國相處中，儘管日本緊緊追隨著美國，一旦挑起戰爭，無論國土還是民族，首先從地球上「覆滅」的是日本和日本人。這一點連我們當中最健忘的人們（包括那些對廣島、長崎的事件根本不瞭解、對那些受到光輻射而終生痛苦並已經年邁的受害人的情況也根本不想知道的人）都應當想像得到。剛才我講到南原繁的核心思想，他在一九六三年的演講中透露了兩個最大的擔心。第一是日中關係的惡化；第二是籠罩世界的核武器。

我們不能否認的是，戰後經歷了六十一年，與南原演講的時代相比，為「大東亞戰爭」和「東亞新秩序」正名的叫囂更加露骨，在一些報紙上佔據相當的版面，尤其是出現在面向大衆的電視等媒體上。小泉首相認為自己的行動與這種復古性的論調無關、是個人「內心的問題」，今年八月十五日參拜了供奉著「大東亞戰爭」「東亞新秩序」思想的具體實施者的甲級戰犯的靖國神社。之後的輿論調查結果表明，有近百分之五十的日本人對小泉的參拜表示支持。這是戰後最大的歷史轉捩點。

我在這裡能向大家說的是，八月十五日晚我們以南原繁的思想為主題、面對一千二百多名認真的聽衆演講，我們大家共有著深刻的危機感——這樣一個事實，以及將來我們不應當無能為力——這樣一個期盼。

四、我越發堅信「希望」的存在

我作為一名步入老境的作家，從少年時代開始，六十多年來一直崇敬著一位中國的文學家，那就是思維最敏銳、民族危機感最強烈的魯迅。我最先接觸到的是魯迅的短篇小說，在不斷接觸和閱讀魯迅作品的全部過程中，我從來沒有間斷做讀書筆記，其中包括對魯迅作品中提到的「希望」這個話語的理解等。實際上，我在很多場合都引用了我的這些讀書筆記。無論是最初對魯迅的話語的解讀，還是半個多世紀過後的今天的理解，隨著年齡的增長，認識在不斷地加深。下面，我特別想就魯迅所說的「希望」談談我的想法。

如前所述，閱讀魯迅已經伴隨我的一生。日本剛戰敗的時候，我還是個少年，我家在四國的山村，沒有優厚的文化背景，這種條件下的我又是如何閱讀到魯迅短篇小說的呢？這個問題在很長一段時期連我自己也像個謎。因爲這次北京之行中我要在北大附中演講，會提到這件事，所以非常認眞地要把記憶中母親給我的那本很小的《魯迅選集》找出來。在我的讀書筆記上記錄了那本書是由佐藤春夫、增田涉翻譯、岩波書店出版，後來又通過書店得知那個版本是一九三五年出版的。關於這本書的來歷，我也是在母親去世之前才聽她說的。我母親的一位自小要好的朋友，她曾在東京的女子大學學習，接觸過中國的現代文學，後來作了教師。在我出生的那年（一九三五年），這位朋友在探望產後的母親時，送給了母親那本魯迅的書。兩年後，蘆溝橋事變，戰爭爆發。我母親害怕周圍的監視，把那本書珍藏在了一個小箱子裡，把敵對國文學家的《魯迅選集》藏起來了。戰爭臨近結束時，父親去世，我失去了上中學的希望。記得當時生活非常艱苦，爲生活奔波的母親那時已經沒有看書的餘地了。

但是，戰後第二年，新憲法頒佈，半年後憲法開始實施的同時又頒佈了教育基本法。我們大多數日本人心中所充斥的，就是剛才講過的南原繁講座中提到的對新生日本的決心和希望。我講過，南原是一位依照和平憲法致力於教育改革的學者，其實我也是那個改革的受益者。村裡辦起了新制中學，我高興極了。我母親就是在那時把珍藏在箱子裡的《魯迅選集》給了我。那年我十二歲，已經可以讀《孔乙己》、《故鄉》，我還專門把《故鄉》的最後一段抄寫在了學校發給學生的粗糙的寫字紙上。我現在引用竹內好對那一段的翻譯。

「我想：希望本是無所謂有，無所謂無的。這正如地上的路；其實地上本沒有路，走的人多了，也便成了路。」

魯迅的這句話，對於當時十二歲的我來說能理解得了嗎？我重複著他的話，好像懂了，又好像沒懂。但十二歲的我非常珍愛這句話，我覺得魯迅這個人太了不起了。

我十九歲的時候開始了大學生活，開始閱讀更多魯迅的書。魯迅所說的「希望」一直深深地印在我的腦海裡，爲此我不知寫過多少讀書筆記（僅在新制中學讀書時的筆記就有很多冊），也多次把他的話抄錄下來。

我在《華蓋集續編》裡讀到一段，我想在這裡讀給大家。這是那篇悼念被殺害女學生的文章之後，在更加嚴峻的情況下，魯迅前往廈門之前向北京女子師範學校的學生會發表的最後公開演講，是記錄下來的。

「我們所可以自慰的，想來想去，也還是所謂對於將來的希望。希望是附麗於存在的，有存在，便有希望，有希望，便是光明。如果歷史家的話不是誑話，則世界上的事物可還沒有因為黑暗而長存的先例。黑暗只能附麗於漸就滅亡的事物，一滅亡，黑暗也就一同滅亡了，它不永久。然而將來是永遠要有的，並且總要光明起來；只要不做黑暗的附著物，為光明而滅亡，則我們一定有悠久的將來，而且一定是光明的將來。」

我仍然記得自己在讀了這個談話後的感想。我特別意識到自己進入大學生活就是開始了人生新的階段。十二歲時對《故鄉》的閱讀其實並沒有理解透澈，曾經在筆記中寫過「希望」將怎樣才能出現呢？現在，魯迅面對現實危機，站在猶如一堵高牆的黑暗前，把希望解釋得那麼透徹。再聯想到《故鄉》的結尾，魯迅向我們保證希望是存在的！他，是屬於希望的！十九歲的我終於破解了十二歲以來未解的這道題。隨著人生歲月的流逝，我越發堅信這個道理。

五、我們必須改變毫無反省的狀態

我從一開始就告訴大家，站在中國社會科學院講台上的我，內心是非常憂慮的。這是我眞實的並不情願的感受。我已經是個老人，在思考未來的時候，對於也許不久的將來會離開人世的自己本身，我並不做什麼考慮，心裡想的更多的是生活在將來的年輕人、他們的那個時代、他們的那個世界。我因此而深深憂慮。

我想到，自己在戰後那些年曾經被給予希望，一直有一個心願，就是希望與因日本人而遭受戰爭殘害的亞洲、特別是中國人民眞正和解，而現實能夠告訴我們未來會是那樣嗎？我懷疑。在小泉首相參拜靖國神社的那天晚上，與我有著同樣憂慮的知識界人士向大家講述的南原繁對未來的那個期望，今天正當年的日本人是否都懂得呢？如果現在的日本人沒有那樣的祈盼，將來的日本人又怎能把握好自己的思想和生存呢？

伴隨著自己的這些憂慮、或者說儘管有這些憂慮，現在我想告訴大家的有兩點。當然，這只是我的強烈的祈盼，並不是說我已經看到了在不久的將來實現的可能。也許在我的有生之年看不到這個可能。也正因爲如此，我要把我的祈盼講給你們。

我用漢語的祈盼（日文為「希求」——譯者）這個詞，它出現在帶給戰敗後日本人再生希望的憲法中，也出現在教育基本法中，教育基本法與憲法在思想上、在豐富思想的感情上都是貫通的。我十二歲的時候，曾經請教新制中學的老師，被允許把教育基本法的文章抄寫在筆記本上（我總是把認為好的文章抄下來，這是小時候母親教的，這個習慣保持到老，這也是自學者的學習方法），就是因爲我深深地被「祈盼」這個詞所牽動。

那麼，剛才說過，我想告訴大家兩點，第一點，三年前我的一個朋友死于白血病，他就是愛德華·薩義德，直到他過早去世之前，他一直主張巴勒斯坦的正義，批判當前充斥世界的美國的文化帝國主義。

他死後，日本的年輕電影人拍攝了記錄薩義德生平的紀錄片，其中有對他的同事們的採訪。他們說，薩義德在他的晚年並沒有找到解決巴勒斯坦問題的辦法，但是，隨著死亡的臨近，薩義德逐漸變爲「意思性樂觀主義」，他認爲，世界的人們不會永遠這樣，也許要經歷很長時間，但巴勒斯坦問題是一定會得到解決的。薩義德的朋友們認爲，雖然「不清楚他講的很長時間到底是多久」，但對薩義德的「意思性樂觀主義」有同感，並表示要繼承他的遺志。

那麼我也是這樣想，雖然我憂慮現在的日本人與亞洲的人民、特別是位於其中心的中國人民之間很難達成眞正的和解，也許需要很長的時間，但我應當抱著最終能夠達成和解的「意思性樂觀主義」度過自己的晚年。因爲，如果我們不這樣做，亞洲的人們、特別是日本人又怎能對未來抱有眞正的希望呢……。

我現在講我要告訴大家的第二點，回到剛才南原繁一生主張的思想上，對於把想像思考作爲職業核心的我來說，南原思想是一個象徵性的存在，我稱之爲「倫理性想像力」。我所尊敬的日本的部分知識界人士感到最痛苦的是，現在的大部分日本人已經不再具有對那場戰爭的記憶。

可能更多的人會說，如果老人失去了戰爭的記憶，那年輕人就更記不得，因爲他們本來就沒有那個記憶。但是，正因爲年輕人是可以通過教育瞭解過去的，所以我用「意思性樂觀主義」更正自己的憂慮。我想呼籲把教育作爲核心管道，運用「倫理的想像力」喚起日本人對未來的構想。如果說爲了推動自我教育需要具體的教材，那我們周圍不是有很多嗎，問題在於需要勇氣面對現實。更坦率地說，就是我們要改變現在這種毫無反省的狀態。我們要爲我們的未來擁抱「倫理性想像力」的祈盼。

我還是要朝著這個目標，把它作爲自己晚年的工作，加入到保衛憲法第九條、保衛教育基本法的運動中。已經有老年、壯年、青年和婦女等有覺悟的日本人走在了這條道路上。誠然，我們所面對的是猛烈的逆風……。

（這是大江健三郎二〇〇六年九月九日在中國社會科學院的講演，李薇譯，小標題為編者所加。）

講演者小傳

大江健三郎，一九三五年生，日本作家，諾貝爾文學獎得主（一九九四年），出生於愛媛縣森林中一個小山村，一九五四年考入東京大學專修法國文學專業。早期作品有《奇妙的工作》、《死者的奢華》、《飼育》、《掐去病芽，勒死壞種》等。二十八歲那年創作的長篇小說《個人的體驗》，為他三十年後獲得諾貝爾文學獎。另一部諾獎獲獎作品是其後發表的《萬延元年的Football》。此外還有《同時代的遊戲》、《M/T與森林中的奇異故事》、《致思華年的信》、《燃燒的綠樹》、《空翻》、《被偷換的孩子》、《愁容童子》等作品。其作品在中國受到廣泛的喜愛和閱讀，因為其作品表現了對社會、歷史、國家、民族、心靈以及青少年成長的思考和關懷，體現出知識份子的社會批評、文化批評與良知，還因為他對中國以及中國文學所懷有的誠摯而善意的關心。

通過《人間》認識世界

李　娜

【讀者來函】

《人間》編輯：您好！

上月收到寄來的《二・二八六十周年特輯》，非常感謝！從這期特輯，不但瞭解更多有關二二八的資料，而且看到有關光復初期美術、當代劇場與民衆文化，以及紀錄片《國境邊陲》的介紹。受益良多。

我看了人間發行的紀錄片《國境邊陲》，驚歎於影像的力量。

對台灣原住民族在台灣現代化進程中的處境，我以往的瞭解，在於年輕人離開部落、落於城市底層，以及部落傳統與文化的分崩離析，而台灣「多元社會」與族群文化保護的倡議之中，原住民不能免於因「觀光化」而加速流失的命運。

然而，他們具體的生存細節，到底如何？

我曾到過南部屏東魯凱族的好茶，看到只有老人的空村和荒蕪的小學；也曾因對「霧社事件」的興趣，兩次到埔里的霧社，重返曾爲戰鬥現場的小學校。但幾次匆忙的「參觀」，並不能讓我眞正進入原住民的日常生活與所思所想。《國境邊陲》以相隔十幾年的拍攝記錄，帶我穿過自己浮泛的印象與想像，見證蘭嶼島上達悟族人的生活與文化變遷。

「飛魚祭」中，族人祈求飛魚能「歡喜」而來，記得類似的祈禱存在于不同的原住民族群。漁獵文明對人與獵物、與自然的關係有獨特的認識。獵物是自然、祖靈對人的恩賜，愛護獵物，求其「歡喜」，並非僅只爲了「豐收」。一些族群出獵前的祈禱，只以老弱的動物爲獵，讓動物亦能維持其族群繁衍。原始生存與自然的密切關係，讓人懂得敬畏、謙卑、愛惜、不貪與分享。「分享」這個詞，在不久之前的原住民各族中，仍有眞實不虛的意義。這是從切實的生存經驗中生成的文化。

原住民的「分享」文化在散失之中，都市中「分享」卻是時尚。冠以「分享」的常是「美好經驗」，其輕飄甜膩，或許透露了都市人對冷漠、隔絕之生存命運的恐懼。

然而如何才能與這樣的生存——爲商業文明隔絕、物化的，爲各種權威的意識形態所侵犯、扭曲、壓抑的——抗爭？

看到夏曼・藍波安與郭建平的「回歸」，基於一個重要的認識，如藍波安所說，作爲在都市受現代教育並生存其間的原住民「知青」，在都市從事原住民抗爭運動，而事實上，他們與所來之地，與族群的生活與文化傳統，已然是隔膜的。因而，回到蘭嶼重新「學習」漁獵，體會族群習俗、禁忌的來源與意義，並參與、領導島上的反核廢料運動以維護家園——這是原住民知識份子尋找「主體」的艱難而切實的途徑吧。

這樣的回歸，對照當代台灣的族群政治，當有別樣的意義？我曾閱讀幾位與台灣基督教長老教會有較爲密切淵源的賽德克知識份子有關「霧社事件」的論述，驚訝於其對自我族群歷史的論述，在意圖打破舊日「汙名」與「神話」的同時，也製造著新的神話與謊言。其與台灣政治權威的變換以及「新文化」建構的關係，自不待言。這或許是原住民知識份子的「個案」，然而未必沒有某種代表性。藍波安、郭建平的路途，讓我想到，以「出草」之「傳統」重新論述「霧社事件」的賽德克知識份子，從都市的現實處境與利益出發，實則已與「傳統」告別。當「原住民」成爲一種可資利用的「政治正確」，那血液與情感的「原鄉」，已漸行漸遠。所謂「主體」，實已迷失。

同時，蘭嶼反核廢料的運動，也成爲台灣社運份子和知識者的批判實踐與自我認知的場域。而自日本來到台灣的櫻井大造，首次在台灣演出的帳篷劇，是有關日本核問題的〈出核害記〉，證明了亞洲地區現代化進程中的共同命運，以及由此建立新的「公共場」的可能性。「野戰之月—海筆子」，通過「劇場」之中「身體的表現」，聚合亞洲地區流動的似「水草」般無所依憑的弱小力量，召喚歷史，介入現實。

在此之中，明瞭、去除心靈的奴役，方能確立自我獨立面對世界的「主體」。我接觸櫻井大造的帳篷劇，也看到鍾喬有關台灣民衆劇場的論述，深爲觸動的，正是他們對劇場作爲一種「行動」的場，

「重新召喚主體的力量」的期待；以及，對知識份子的「啓蒙」迷信的反省。

我接受大學教育的時期，一九九三—一九九七，正是大陸在天安門事件後迅速建立政治穩定、經濟發展的新秩序時期，我的大學在「享樂」、「時尚」和「個人奮鬥」的氛圍中懵懂度過，即便懷疑也並未主動去尋求那切近的歷史的眞相，更無論對大時代中的自我的獨立審視。我知道自己過於遲鈍，也慶倖能通過周圍的師友，通過一些如《人間》這樣的地方，逐漸認識世界，逐漸在他者的經驗中看到自我的可能。

在大陸，這樣一個經濟飛速增長背後掩藏著結構性危機的時代，這樣一個股市瘋狂、人心亢奮而荒蕪的時代，我試探自身「物化」的層面和深度，感覺自己的柔弱和恐懼。

我能做些什麼？身爲一個大陸的「台灣文學研究者」，對我而言，關注兩岸的問題，文學文化、政經民生，關注大陸、台灣以及正在東亞流動以連帶的櫻井的「帳篷劇」，既是「專業」所在，更是「自我救助」。

過幾天，櫻井帶著他的「野戰之月—水筆子」，將來北京，爲九月在京的演出做準備工作。我和一些同事、朋友也參與其中，從演講活動到有關搭建帳篷、團員食宿。

如果台灣的民衆戲劇能來大陸，我也盼望能有機會做些什麼。

二〇〇七年五月二十四日・北京

國家圖書館出版品預行編目資料

學習楊逵精神／陳映真總編輯. --初版.
-- 臺北市：人間，2007 [民 96]
面；公分. --（人間思想與創作叢刊；
二〇〇七年. 夏）

ISBN 978-986-6777-01-1（平裝）

1. 楊逵 - 傳記 2. 帝國主義 - 論文，講詞等
3. 臺灣 - 歷史 - 日據時期（1895 - 1945）-
論文，講詞等

673.22807 96011846

人間思想與創作叢刊
二〇〇七年・夏

學習楊逵精神

發行人／呂正敏
編輯委員／林哲元、施善繼、陳光興、曾健民
黃志翔、葉芸芸、趙剛、鄭鴻生
關曉榮、鍾喬、藍博洲（按姓氏
筆劃順序）
總編輯／陳映眞
常務編輯／范振國
執行編輯／陳乃慈
網路編輯／李俊傑
出版者／人間出版社
地址／108台北市長沙街二段64號3樓
電話／(02)2389-8806
郵撥帳號／11746473 人間出版社
印刷／承印實業股份有限公司
電話／(02)29555284
總經銷／聯經出版事業股份有限公司
訂書專線／(02)26418661
登記證／局版台業字第三六八五號
ISBN／978-986-6777-01-1
初版一刷／二〇〇七年六月
定價／新台幣三八〇元